中世学研究 1

幻想の京都モデル

中世学研究会 編

高志書院

はじめに

日本中世史の研究において、一九八〇年代から重要性が叫ばれるようになった学際的な協業の主要な舞台の一つとなったのが、山梨県笛吹市(旧石和町)の帝京大学文化財研究所(旧山梨文化財研究所)で七月第一土・日曜を定例日として開催されてきた「考古学と中世史研究会」であった。網野善彦・石井進が牽引した一九九〇～九五年の六回(I期)、小野正敏・五味文彦・萩原三雄が中心となった二〇〇三～一五年の一三回(II期)、あわせて一九回の研究会は多くの成果を挙げ、考古学と文献史学の協業なしに中世史を語ることができないことを示し続けてきた。

「考古学と中世史研究会」が二〇一五年をもって閉幕することが発表された直後から、同会と関わりながら自らの研究を形作ってきた研究者の間で、こうした学際的な研究交流の場が失われてしまうのを惜しむ声が上がった。とはいえ、長く続いた研究会がピリオドを打つからには、それなりの理由がある。協業が本格化した当初のI期に比べると、II期の研究会が各方面に与えたインパクトが必ずしも大きくなかったのは事実であろう。I期と比べると個別のテーマを深く掘り下げる傾向がみられたのは確かで、シンポジウムの実現性を優先したためか、考古学と文献史学以外の分野はやや疎外され、特に民俗学はほとんど関与することがなくなるなど、結果的に協業の枠組みが限定された内向的な研究会となって、次第に行き詰まってしまったのかもしれない。

そこで、新たな研究会を立ち上げるにあたっては、II期の中心であった考古学と文献史学だけでなく、東洋史学や西洋史学、民俗学、地理学、建築史学、美術史学、文化人類学、文学、分析化学、生態学など、あらゆる学問分野を糾合し、それぞれの強味と弱点を相互に理解しあった上で踏み込んだ協業に挑み、そこから次の研究の地平を切り拓いて、日本中世史を世界史や人類史の中に位置付けながら描こうという志を立て、研究会の名称を「中世学研究会」とした。旧来の学問的枠組みを超越した新しい科学としての「中世学」を樹立するまでの道のりは遥かに遠いが、シンポジウムの報告者・参加者、そしてこの本を手に取っていただいた読者の皆さんの協力を得ながら、その学問的方法の確立に向けて歩んでいきたい。

中世学研究会

目次

鎌倉幕府の成立と〝京都文化〟誕生のパラドックス
──文化的多核化のインパクト──

桃崎有一郎

緒言──問題設定

西日本と東日本では、社会や文化に質的差異がある。かつて網野善彦は、方言の分布、土器の類型、牧の分布、所領の形態(西国は狭少で散在する傾向が高い)、族的結合のあり方(男系中心でイエ的社会の東国と、女系の姻戚が重視されるムラ的社会の西国)等を総合して、そう結論した。そうした差異が、双方の中心的な都市に凝縮されて現れたであろうことは推測に難くない。網野も京都と鎌倉を対比して、「西の都・京都に対し、東の首都・鎌倉」「東国国家の都」等と表現している(1)。

ただ、厳密に考えると、西日本・東日本の違いと、京都・鎌倉の問題は、次元を異にする問題だ。西日本・東日本の違いは面的な広がりを持つ領域的問題である。そして、その違いが縄文人と弥生人の人類学的な差異にまで遡りそうなことを思えば、それは畢竟、日本列島にいつ誰が渡来したかという、人類移動の諸段階を視野に入れた長期的問題となる。

一方、京都・鎌倉の違いの問題、特に鎌倉に集中的に現れた中世東国文化の成立・影響の問題は、そうした広い領域中の核となる一点の問題である。そして、鎌倉が何より政治の中心として成立した都市である以上、そこで発生する文化史的諸現象は政治史的な諸段階の影響を直接蒙ったはずであり、したがって個別具体的な契機・事件とその理由を追究可能な、局所的問題と考えることができる。本稿はそうした観点に立ち、鎌倉という都市の成立が、いわゆる〝京都文化〟の成立と変容に与えた積極的役割を考えたい。

なお、本稿は、京都文化の鎌倉文化に対する圧倒的優位性を信じて疑わない研究者が大多数を占める昨今の中世史学界に対して、〈こうした考え方はできないか？〉というアイディアを提言することに主眼を置いている。史料や先行研究の調査・提示に網羅性を尽くせてはおらず、課題も多いが、その趣旨を御理解頂きたい。

1 「鎌倉」の出現と鎌倉文化

鎌倉という都市の成立を重視すれば、自ずから鎌倉幕府の成立に最大級の意義を認めることになる。周知の通り、鎌倉幕府の成立には諸説あるが、筆者はそれを治承四年（一一八〇）十～十二月、特に十二月十二日の鎌倉の新造亭への頼朝の移徙に求める石井進の説を支持する(2)。「鎌倉殿をいただく軍事政権としての特徴は出そろっている」からであり、『吾妻鏡』に、その日をもって頼朝を「推而為鎌倉主」したとあるからである。

『吾妻鏡』は後世の編纂物に過ぎないが、編纂主体は明らかに得宗専制政権下の鎌倉幕府であり、鎌倉幕府の成立問題には、当事者である幕府自身の声にもっと耳を傾けるべきだ。それが頼朝段階の認識と完全に一致しているとは筆者も考えていないが、少なくとも当事者の幕府が右の歴史認識を持っていたことは、軽視すべきでない。

また、頼朝段階の認識を導き出すことも、不可能ではない。『吾妻鏡』に記録された当時の幕府儀礼から、まさに当事者の頼朝らが儀礼に載せて発信した主張を読み取れるからであり、そこに見出せる彼ら自身の自己規定（アイデンティティの表明）を、重要な情報源とすることができる。その考え方に立つ時、転居の自由がないはずの流人の地位を朝廷から解除される前に移徙儀礼を行ったことは、頼朝が(平家の牛耳る)朝廷の法体系から離脱すると宣言したに等しいこと、そして移徙に伴って遂行された垸飯・弓始(的始)・吉書始の各儀礼が、傍輩(御家人)連合の発足、武人組織の発足、行政組織の発足を主張する儀礼であること、したがってその日こそ「関東(鎌倉幕府)」の出発の日であると、頼朝勢力が主張したと見るべきだと、筆者はかつて指摘した(3)。

かくして成立した政権所在地・鎌倉には、特徴的な独自文化が存在した。例えば小笠懸だ。『吾妻鏡』(吉川本)元暦元年(一一八四)五月十九日条に「有小笠懸、是土風也、非此儀者、不可有他見物之由、武衛(源頼朝)被仰之、客等(平頼盛・一条能保)太入興云々」とある。小笠懸は、笠懸の馬場を逆走して、本来なら弓手《ゆんで》(左)側に見える的を射るものを、逆に馬手《めて》(右)側に見ながら射るという、超高度な射芸である(弓は必ず左手に持って右手で引き絞る)。頼朝がそれを「土風」＝坂東の風土的慣習と述べたことから、坂東には(西国にない)固有の騎射文化が存在したことが明らかだ。

そうした武芸に着目すると、京都と鎌倉の間で、「牛追物」の移入と拒絶という文化的交流があった事実が注意される。牛追物は犬追物の牛バージョンで、牛を追物射《おものい》に射た射芸と考えられる。鎌倉では、幕府成立初期に牛追物が行われた記録があるが、ほどなく途絶えた。その事実を髙橋昌明は、京風儀礼である流鏑馬が鎌倉に普及したことで、東国の土俗的・実戦的な射芸が廃れたもの、と解釈した(4)。近藤好和も、平家滅亡以前の鎌倉の射芸は牛追物と小笠懸であり、それが東国在地の射芸であると見なしている(5)。

しかし実は、そうした考え方は論理的に成立し難い。髙橋・近藤が主張するように牛追物が東国独自の射芸なら、先に引用した『吾妻鏡』で、「小笠懸以外には見物に値するものはこの土地にはありません」と述べた頼朝の言葉が、嘘になるからだ。実際、摂関政治期に、源頼光らが京都北郊の市原野で牛追物を行ったと『古今著聞集』(巻第九、武勇第一二)に伝えられており、牛追物が東国独自の射芸でないことには、疑問の余地がない。恐らく、従来の理解とは逆に、牛追物は畿内から鎌倉に持ち込まれたのだろう。

それにしても、牛追物は『吾妻鏡』に三件しか実施例がなく、[6]すぐ廃れた。なぜ、わざわざ京から移入しながら廃れさせたのか。それは、鎌倉幕府が求めた弓馬術の水準の問題であった可能性が高い。

文治三年(一一八七)、鶴岡八幡宮の放生会で流鏑馬を射る射手が足りなくなった時、囚人として捕らえられていた諏方盛澄を釈放して御家人に列し、射手とする案が出た。頼朝は赦免の条件として、地面に立てた五寸の串に挿した小土器を射るよう命じた。盛澄がそれを果たすと、ほとんど表面積がない串自体を射るよう命じて、盛澄はそれも果たした(『吾妻鏡』八月十五日条)。

頼朝時代に鎌倉幕府で求められた射芸とは、実にこのような超高度な水準だった。とすれば、牛追物が廃れた理由も、自ずから推測可能だ。牛は標的として大きすぎ、牛追物を行っても大した芸・鍛錬にならなかったのだ、と。その後、戦国時代に至るまで、牛よりすばしこく小さい犬を標的にする犬追物が廃れずに隆盛したのは、それくらいの難しさが、武士社会で芸を競うのにちょうどよいと考えられたからだろう。

こう考えた時、弓馬術についての西国と東国の相違には、従来大きな誤解があったと認めざるを得ない。それが最も顕著に現れているのは、流鏑馬の研究史である。

流鏑馬の源流は明らかでないが、主に二つの説がある。鴇田泉は、畿内住人の在地習俗として存在した射芸と、諸国一宮神事の射芸が融合して流鏑馬が生まれたとし、後に鎌倉幕府では、それが北条氏による御家人支配・国家支配の道具として利用されたと主張した。[7]また髙橋昌明は、治暦二年(一〇六六)に没した藤原明衡の著『新猿楽記』が流鏑馬の初見であることから、流鏑馬は都で生まれ、その源流は衛府の騎射芸だと推測した。そして前期鎌倉幕府で盛んに流鏑馬の技術や故実が蒐集・研究されたのは、幕府の主体を成す東国武士が弓馬芸について実は疎かったことの裏返しで、京都・西国系の「本物」の武士・武芸＝弓馬術に対する、野蛮で〝偽物〟の東国武士の劣等感の克服作業だと主張した。[8]

二説とも、流鏑馬を西国発祥と捉えている点で共通しているが、いずれも根拠が薄弱だ。流鏑馬が畿内の在地習俗だった証拠はなく、諸国一宮の整備は鎌倉期にさえ済んでおらず、流鏑馬の出現より遅い。また流鏑馬と衛府の騎射の細部が綿密に比較検討されたことはなく、東国武士を野蛮・偽物・劣等感と断罪的に評価することは、これも根拠が薄い上に、学問としての冷静さが十分でない。流鏑馬を西国（京都）発祥だと証明もしくは強く示唆する証拠は、研究史上、一つも示されたことがないと断言できる。むしろ、流鏑馬成立期の同時代史料を洗えば、流鏑馬が都人にとって外来文化だったことを強く示唆する史料に事欠かない。

そもそも流鏑馬の研究史は、「流鏑馬」という言葉が何に由来するのかさえ、深く検討してこなかった。紙幅の都合があるので、詳しい考証は別の機会を期するが、「流鏑馬」は日本人の造語だ。漢籍にどれだけ求めても、「流鏑馬」という熟語は見えない。ただ、「流鏑」という言葉ならある。それは「飛来する矢」を意味する言葉で、中国の史書や詩文に比較的多くの用例を得られる。したがって、「流鏑馬」という造語を造るには、紀伝道・文章道の知識が必須で、「流鏑馬」という言葉を考案したのは儒学者の類に違いない。

もっとも、それをヤブサメと読ませたことや、その技芸の内容が京で生まれたかは、別問題だ。ただ、少なくとも、ヤブサメが都人にとって外来語だったことは間違いない。流鏑馬の初見である『中右記』嘉保三年（一〇九六）四月二十九日条に「上皇（白河）於鳥羽殿馬場殿御覧流鏑馬《ヤフサメ》」、とある。「流鏑馬」と書いてヤブサメと読むのが常識なら、記主藤原宗忠がわざわざ「流鏑馬」にヤブサメと読み仮名を振るはずがない。また『殿暦』永久四年（一一一六）五月九日条には、「辰剋帰富家次、向離宮馬場、昨日ヤフサメ・競馬今日見之」とある。記主藤原忠実は、ヤブサメと耳で聞いたはよいものの、漢字変換できず、片仮名で書かざるを得なかったのだろう。さらに『長秋記』（後掲史料1）天承元年（一一三一）九月二十日条には、「城南寺祭也……後於馬場殿、有以武佐女」とある。記主源師時は、ヤブサメという言葉を完全に聞き取れず、イブサメと聞き取り、漢字変換できずに万葉仮名のように発音だけ記したのだろう（イブサメと判断したのは、射る技芸だからだろう）。流鏑馬が史料に現れ始めた院政期、幅広い階層の廷臣がヤブサメを適切に漢字変換できなかった。ならば、ヤブサメが彼らにとって外来語であり、つまりヤブサメが京を発祥の地としないと考えるほかない。

また、流鏑馬が衛府の騎射に由来しないことを強く示唆する証拠も、少なくない。一つは担い手の相違だ。衛府が端午節（五月五日節）に練武として行う騎射は、特定の氏族によって行われた。端午節騎射は十世紀半ばの冷泉朝を最後に廃れるが、その予行演習として行われた近衛府の手結（荒手結と真手結）は、後々まで続いた。その射手の出自を探ると、『玉葉』治承四年《(一一八〇)》五月六日条に記録された右近衛府真手結では、射手は府生下毛野武春・秦重房・秦兼仲、番長播磨貞弘・下毛野敦直・秦兼重・秦恒久・秦公次、近衛秦兼秋・秦兼茂・秦兼助・下毛野武宗・下野厚文・中臣近行・下毛野敦久・下毛野武依・中臣忠友・下毛野厚近、将監中原資清の二〇人だった。つまり端午節騎射は、近衛府の下級官人を世襲する氏族によって丸抱えされる形で担われていた。

一方、流鏑馬の場合はどうか。先に関連史料を列挙しておこう。

史料1　『長秋記』天承元年九月二十日条

城南寺祭也、有御見物云々、仍着布衣参、後於馬場殿、（a）有以武佐女、献射手人、／（b）信濃守盛重《(藤原)》・相模前司重時《(源)》・大夫尉盛道《(藤原)》・同資遠・散位重方・清方・左馬助光安・兵部丞義国《(源)》・検非違使知時・季則・親安・為《(源)》義・光忠・大炊助重成等也、正弘《(平)》・義成《(源)》依病不献射手、埒用竹如前年、一番盛重射手射之、無過失、盛重自感立舞、衆人解頤云々、（c）為義射手上時、張代弓、出自袋張令持之、射時二的立弓手、重方射手不中一的、盛道射手老人云々、清方射手一人茎《(ママ)》長、重成射手乗早走云々、仁和寺二人大僧正被候云々、（d）重成射手敦身二郎正弘、敦身王大夫孫、件王大夫、二条殿春日詣、為重宗射手射笠懸者也、彼時馬馳切女手射的、今度件男三的馳切射女手、自然合旧儀歟、

史料2　『今鏡』（第六-ふぢなみの下-かりがね）

鳥羽にて(a)しらかはの院《白河》やぶさめ《流鏑馬》といふこと御覧じけるに、(b)たきぐち《滝口》なにがしとかいふものいん《射》としけるに、(c)あに《兄》ゝてつはもの《兵》ゝおぼえ《覚》ある家のものにて侍るなるが、まと《的》たてけるをみ給て……。

史料3 『中右記』嘉保三年《一〇九六》五月二日条

(a)今日御覧《大殿師実・関白師通》流鏑馬、武者十二人、仰常祇候人々所令進也、(b)〈泰仲朝臣《高階》・能遠《高階》、、《朝臣》・清実《源》、、・行綱《藤原》、、・《アキママ》重仲《高階》・為隆《藤原》・業房《源》・宗盛《平》・朝実《源》・仲兼《高階》・貞度《平》、(c)各武士一人所進也〉、……立的一々射之、為隆・業房・貞度等郎等尤得其体、就中貞度郎従已抜群、人々感嘆、余興未尽、……今日又(d)上皇《白河》於鳥羽殿、仰武者所等有流鏑馬興云々、

右の史料2(b)や史料3(b)から明らかな通り、流鏑馬の射手は滝口・武者所の武者、つまり衛府の外部から供給されており、衛府の下級武官の世襲氏族、いわば衛府の内部から供給される衛府の騎射(手結)とは明らかに異なる。しかも、その下級武官の世襲氏族、具体的には下毛野・秦・播磨・中臣・中原などの各氏は、武士にならず、あくまで衛府に密着して生きてゆく氏族だ。それに対して、流鏑馬の担い手は滝口(滝口武士)・武者所であり、「兵の覚えある家の者」(史料2(c))、「武士」(史料3(c))とも明記されている。流鏑馬は武士が担った芸であり、そこが衛府の騎射と全く違う。それならば、衛府の騎射手結と流鏑馬には、源流・来歴を異にする部分があると推察すべきである。

さらに流鏑馬の射手の供給源に着目すると、史料1(b)・史料3(b)による限り、受領を歴任する集団か地方に地盤を持つ武者、つまり地方との太いパイプを持つ者だ。史料1(d)はその地方出身の射手が個人名で判明する貴重な事例で、重成という者が敦身王大夫の孫、敦身二郎正弘を射手に供出している。この重成は、美濃で活動していた形跡がある源重実の子だろう(『尊卑分脈』)。敦身王大夫は、永治二年《一一四二》十月某日美濃国茜部荘住人中文案(「東大寺文書四ノ十三」、『平安遺文』六―二四六九)に「字厚見王大夫政則者、厚見郡司、茜部・平田両庄下司也」と見える人物で、美

第１図　『年中行事絵巻』の衛府の五月節騎射

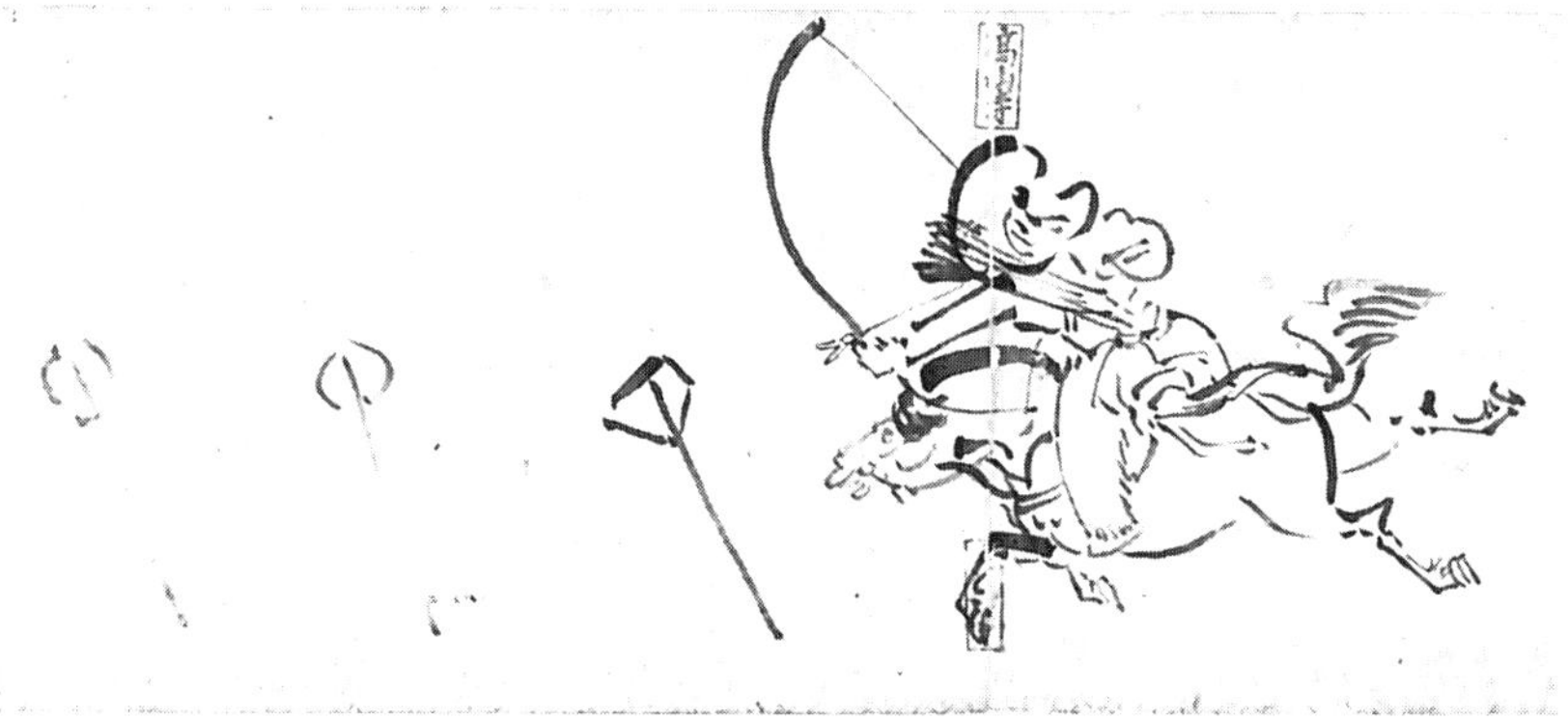

第２図　『鳥獣人物戯画』の流鏑馬

濃に根を下ろして郡司や東大寺領荘園の下司を勤めた、全くの地方有力者である。流鏑馬が都で、衛府で生まれたなら、流鏑馬の射手がこうした地方人を主な供給源とするとは考え難い。

流鏑馬と端午節騎射（騎射手結）には、装束や設備の面で、共通点もある。たとえば、水干を着用すること（第１・２図）、そして流鏑馬の場合は第２図に、また端午節騎射の場合は『玉葉』五月六日条に「武宗〈午、三、中的〉」とあることから明らかなように、的の数が三つであることなどだ。

しかしその一方で、無視できない相違点がある。五月節騎射では、甲形《よろいがた》・冑《かぶと》形《がた》というものを着用する（『延喜式』左右近衛府、同左右兵衛府、『儀式』巻第八―五月五日節儀）。繊維製の服に、鎧や兜の形を描いたものだ。また五月節騎射では、

第３図　『鳥獣人物戯画』の田楽

征《そ》矢《や》という（先端が尖った）実戦用の鏃を用いた矢を使う。五月節騎射は、明らかに実際の戦争を念頭に置いた行事である。それはその源流となった、古代中国の節日の練武における騎射が、儒教の《礼》思想で帝王の責務とされた、練武（戦闘・用兵訓練）に由来することから当然である。

一方、流鏑馬は水干に行騰を着用し、綾《あや》藺《い》笠《がさ》をかぶり、狩俣《かりまた》の鏑矢を用いる。狩俣はU字形の、狩猟用の鏃だ。綾藺笠は藺草の茎を編んだ笠で、大きく扁平な鍔《つば》が日除けの機能を果たしながら、引き絞った弓の弦が当たっても簡単に変形して曲がり、射撃を邪魔しない笠である（第２図）。そして院政・鎌倉期には、綾藺笠はしばしば田楽の時に着用された（第３図）。つまり、流鏑馬の装束は田楽の発祥地である村落社会や狩の場面で着用されるものであり、帝王の軍の練武という性質が、装束上どこにも表現されていない。流鏑馬は中央の帝王の行事ではなく、地方の武士・民の行事だと自ら主張しているのであり、これを無視して京で、衛府で生まれたと見ることは到底できない。

むしろ注目すべきは、右でも言及した田楽との関係だ。前述の通り、流鏑馬の初見は『中右記』嘉保三年四月二十九日条である。その嘉保三年は十二月十七日に改元して永長元年となったが、実はその年こそ、六～七月に永長の大田楽が都を席捲した年だった。都での田楽の大流行と、都での流鏑馬の出現が同じ年であり、しかも双方が綾藺笠という特徴的な笠をかぶる行事であったことを、偶然として片づけるのは難しい。

両者の関係はまだある。永長の大田楽は、そもそも祇園御霊会を契機として発生した現象だ。そして祇園御霊会の目的は、周知の通り、疫神追却である。一方、流鏑馬は四月~五月に行われることが多かったが、それは朝廷の小五月《さつき》という行事が五月上旬に行われたことに由来するらしい。なぜなら、後白河~後鳥羽院政期に、新日吉社の小五月会で流鏑馬が行われていたからだ。これも詳しく考証する紙幅がないが、小五月は、五月節騎射とも呼ばれた端午節騎射から派生した騎射行事で、五月節騎射が廃れた後も院や摂関家などの最上級権門で私的に開催され、また儒教的な帝王の責務に由来する五月節騎射よりも厳格さを欠く、どちらかといえば遊興の性質が濃い行事だった。

ところで、五月五日節に騎射をする風習は中国では確認できないので、わが国独自の風習と思われるが、わが国でのその風習は、推古朝の「薬猟」に遡る(『日本書紀』推古天皇十九・二十・二十二年の各年の五月五日条)。薬猟とは、若い鹿を捕獲して薬用の角=鹿茸を採取する狩である。五月五日の端午節そのものは古代中国に源流を持ち、それは菖蒲や薬玉を用いた疫神追却の民間行事だった。五月五日に薬を使う中国行事が、わが国ではなぜか騎射と結びついて、騎射で薬を採取する薬猟になった。

薬猟は推古朝を最後に廃れたが、五月五日に王(天皇)の主催で廷臣総出で騎射を行う風習は残り、飛鳥・奈良時代には節日(暦上の特別な節目となる日。特に三月三日・五月五日・七月七日・九月九日の、奇数月のゾロ目の日)に皇帝観覧のもとで練武を行う中国の風習と合体して、恒例行事の五月節騎射となり、後に小五月、さらに神社の小五月会流鏑馬を派生させてゆく。

この流鏑馬の日程に影響を与えた五月節が、本来は菖蒲の薬効による疫神追却の民間行事だったことに注意されたい(中国では一貫して、五月五日はそうした行事を行う日であり、騎射を行った例はない)。流鏑馬の初見と同じ年の永長の大田楽も、疫神追却を目的とする祇園御霊会を機に大流行した。詳細な経緯の解明は今後の課題だが、田楽の大流行と流鏑馬の出現は、恐らく疫神追却を鍵としてつながる一つの現象である。そして田楽が朝廷で流行したのは、院や廷臣などの都の貴人にとって、田楽が地方の民の芸として面白かったからだ。ならば、ほぼ同時に出現した流鏑馬もまた、同じではなかったか。ヤブサメが都人にとって外来語であり、恐らく（東国を含む）地方の方言、下手をしたら外国語に由来するかもしれない、と思われることも、その推定を支持している。

まさにその地方に、しかも京とは全く異なる風土的慣習が根づいていた東国の鎌倉に、幕府ができた時、流鏑馬はどうなったか。源頼朝が流鏑馬故実の蒐集に熱心だったこと、特に都から訪れた西行法師から秀郷流流鏑馬故実を聞き出そうと執心していたことは（『吾妻鏡』文治二年（一一八六）八月十五日条）、諸先学が指摘した通りだ。その事実を、鎌倉（東国）武士の都（西国）武士に対する憧れ・劣等感の解消意欲の発露と捉える研究（髙橋昌明説）もあるが、それは『吾妻鏡』を誤読している。西行が訪れた時、幕府で交わされた問答は、次の史料に詳しい。

史料4　『吾妻鏡』嘉禎三年（一二三七）七月十九日条

北条五郎時頼、始可被射来月放生会流鏑馬之間、此間初於鶴岡馬場有其儀、今日、武州（北条泰時）為扶持之、被出流鏑馬屋、駿河前司（三浦義村）以下宿老等参集、于時招海野左衛門尉幸氏、被談子細、是旧労之上、幕下将軍（源頼朝）御代、為八人射手之内歟、故実之堪能被知人之故歟、……（a）於故右大将家御前、被凝弓箭談議之時、一文字ニ弓ヲ持ツ事、諸人一同儀歟、然而（b）佐藤兵衛尉憲清入道〈西行〉云、弓ヲバ拳ヨリ押立テ可引之様ニ可持也、流鏑馬、矢ヲ挟之時、一文字ニ持事ハ非礼也者、倩案、此事殊勝也、（c）一文字ニ持テバ、誠ニ弓ヲ引テ、即可射之体ニハ不見、聊遅キ姿也、上ヲ少キ揚テ、水走リニ可持之由ヲ被仰下之間、下河辺〈行平〉工藤〈景光〉両庄司、和田〈義盛〉望月〈重隆〉藤沢〈清親〉等三金吾、并諏方大夫〈盛隆〉（澄カ）愛甲三郎〈季隆〉等、頗甘心、各不及異議、承知訖、然者是計ヲ可被直歟者、（d）義村（三浦）云、此事令聞此説、思出訖、正触耳事候キ、面白候ト云々、（e）武州（泰時）亦入興、弓持様、向後可用此説云々、

坂東出身の幕府の御家人らは、流鏑馬の射手を勤めるにあたり、射撃を終えて次の射撃に移るまでの間、馬を馳せながら弓を一文字に(水平に)寝かせていた(a)。いかにも儀式めいた所作だからだろう。ところが西行がいうには、弓を斜めに(正面から見て「╱」の形になるように)持ち、今にも引きそうな形で持つべきといい、一文字に寝かせるのは「礼に非ず」という(b)。

それが「礼でない」とはいかなる意味か、ということは、《礼》思想についての体系的でまとまった知識がなければ理解できない。それをまとめることは日本古代史・中世史が放置してきた作業で、この質問に正しく答えられる研究者は恐らく一人もいない。その《礼》思想については、機会を得てまとまった説明を施したいが、今は紙幅がない。法制史の概説の一部として、その概要だけ簡単に論じた文章を書いたので、必要に応じて参照されたい(9)。

頼朝がいうには、一矢射てから弓を水平に倒し、また垂直に立てて一矢射るのでは、動きにロスが多すぎるので、西行説は実戦に近くて筋が通るという(c)。しかし、だからといって、西行こそ真の騎射術を都で習得し、坂東武士がそれを知らなかった、と結論づけるのは早計だ。重要なのは、過酷な戦場の現場を何度も生き抜いてきた坂東武士が、あえて実戦風でなく儀式めいた所作を好み、逆に、西行(佐藤義清)が実戦経験皆無(少なくとも保元の乱~源平合戦のような本格的な戦争経験は皆無)であるにもかかわらず、実戦風を好んだという事実である。ここでは、儀礼らしさを好む実戦世界の住人=坂東武士と、実戦らしさを好む儀礼世界の住人=西行という形で、経験と嗜好が逆転している。

ならば、次のように考えるべきだろう。坂東武士は、身も蓋もない実戦を重ねてきたからこそ、命のやり取りを伴わない儀礼では、実用性に欠ける儀礼めいた所作を好み、逆に西行は実戦経験がないに等しいからこそ、実戦らしい所作を好んだ、と。

さらに重要なのは、その約半世紀後、北条時頼の流鏑馬の修練に伴って右の流鏑馬談議が回顧された時の、人々の反応である。西行の流鏑馬談議を若き日に聞いていた三浦義村は、「思い出した。聞いたことがある」とコメントした(d)。ということは、義村はそれまでの半世紀間、西行説を忘れており、実践してこなかったことを意味する。また、西行との流鏑馬談議について、それに参加した御家人から聞かされた執権北条泰時は、「今からこの(西行の)説を用いよ」と述べた(e)。これもまた、幕府で西行説がそれまで実践されてこなかった証拠だ。

つまり、頼朝は西行説に感心し、幕府に取り入れて御家人らに実践させたような印象を受けるが、それは誤解で、西行説は聞き流されたのである。もし幕府の坂東武士が、自分たちの野蛮さに劣等感を感じ、その克服のために京の洗練された流鏑馬の故実を習得するのに躍起になっていたのなら、そのようなことが起こるはずがない。幕府の坂東武士は、劣等感など感じておらず、自分たちの流儀を曲げなかったのである。

この流鏑馬は、発祥にも伝播にも、未解明の点が多い。流鏑馬は鎌倉時代に一挙に全国へと広がった。鴇田泉は、畿内在地の射芸が諸国一宮制度を媒介して広がり流鏑馬を生んだと推測したが[10]、恐らくそうではない。鎌倉時代を通じて、国内のどの神社が一宮か確定しなかった国は、少なくない。一宮制度は鎌倉時代を終えるまで、全国一律の制度として完成することがなかった。したがって、その未完成の制度を媒介して一律に流鏑馬が伝播したと考えることは困難だ。

ところで、鎌倉時代に確認できる諸国諸社の流鏑馬の祭日は、五月五日か八月十六日である。五月五日が端午節や、そこから派生した小五月の式日の踏襲であるのはいうまでもない。しかし、注目すべきは八月十六日の方だ。八月十六日は八幡宮の放生会の式日である。しかし、八幡宮の本家本元である宇佐八幡宮・石清水八幡宮では、放生会の日に決して流鏑馬を行わない。八月十六日に流鏑馬を行うのは、鎌倉の鶴岡八幡宮だけの、独自の風習だ。

そもそも、八幡宮の本来の放生会の式日は八月十五日であって、十六日ではない。十六日に行うのは、十五日だけでは一連の行事を消化できなくなった鶴岡八幡宮が、流鏑馬等を行う「馬場の儀」だけを切り分けて翌十六日に行わせたものだ。したがって八月十六日という諸国諸社の流鏑馬の式日は、間違いなく鶴岡八幡宮放生会の流鏑馬の模倣である。つまり、流鏑馬の全国的伝播は諸国一宮制等に由来するのではなく、明らかに鎌倉幕府の成立に由来する。

その、本来行わない流鏑馬を八幡宮の放生会で行うようになった理由は、文治三年に始まった事実から見て、文治元年に実現した平家追討の所願成就を謝する報賽として、頼朝が始めたからであった可能性が高い。つまり、八月十六日に流鏑馬を行う風習は、鎌倉幕府の創業と一体不可分の関係にある。鎌倉という都市が、そして鎌倉幕府が、全国に広がる文化の発信源＝核として、鎌倉初期から機能し始めていた明証である。

2 鎌倉文化の伝播と混淆

従来、京都と鎌倉の文化の伝播といえば、専ら京都文化の鎌倉における摂取・追求という側面ばかり取り上げられ、そこには〈京都文化に憧れ、劣等感を抱く田舎の坂東武士〉という、実は証明されたことがない暗黙の先入観が幅を利かせていた。しかし、それは「文化」を本来の語義で、つまり〈獣に近い地方の野蛮人に、人間らしく文明的・理性的な思考・行動様式を、帝王の素晴らしい徳化によって、暴力でなく文(特に詩文)の力によって与えて成長させる〉という意味で捉えた、儒教的な中華思想に囚われた考え方だ。

そうした特定の文化を絶対視し優越視する立場を離れ、全ての文化に対等な価値を認めて相対化する観点に立ってみれば、京都→鎌倉という一方通行で文化が伝播するはずがないことは、常識的に自明だ。本節では、従来ほとんど関心を持たれなかった、鎌倉→京都という方向の文化(思考・行動様式)の伝播を跡づけ、もって京都文化の絶対的優位性を疑わない一部の中世史研究への警鐘としたい。

京都に鎌倉武士の文化が伝播する大きな契機は、少なくとも四つあった。一つは、平氏政権の時代に設けられ、鎌倉幕府に引き継がれた京都大番役だ。全国の武士が定期的・恒常的に京に流入するこの制度は、必ずや京都に地方文化が流入する回路として機能したに違いない。二つ目は承久の乱だ。乱の結果、京の東郊に六波羅探題が設置され、探題である北条氏が多数の被官を東国から連れ込み、また六波羅に勤める多数の在京人が東国から供給された。その結果、京都を武士が車馬で横行したり、武士が大内裏跡を馬蹄で蹂躙して馬術の訓練を行うようなことが多発し、執権泰時はその禁圧に心を砕かねばならなかった[11]。三つ目は元寇で、海外からの外敵襲来に備えて、九州や山陰の守護が現地に赴任し、西国に所領を持つ地頭御家人が現地に下向する原則が生まれたことで、大量の関東武士が西遷し、関東の文化を西国に持ち込み、軋轢を生んだ。四つ目は後醍醐天皇の倒幕で、滅んだ得宗家と関係者を除き、鎌倉幕府の構成員が強制的に京都に集められたことで、鎌倉文化が図らずも京都に大規模に流入した。

その一方、鎌倉中期に御家人後藤基政が将軍・執権・御家人の詠歌を撰んで編んだ『東撰和歌六帖』が成立し、また御家人の笠間時朝が私家集『前長門守時朝入京田舎打聞集』を編むなど、鎌倉中期までに関東武士の教養は拡大の一途をたどった。時朝の歌集に明らかな通り、検非違使となって京都奉公した経験などによって、京で知識人との交流に恵まれる機会が増え、それが関東武士独自の観点から和歌に価値を見出す文化を生んでいた。これを京都文化への憧れ・二番煎じと断ずることはたやすいが、それでは大事なことを見落としてしまう。関東武士が、京から取り入れた言語表現で自分たちの独自の思考様式を表現する術を手に入れたことが、何より重要なことだ。多彩で幅広い表現手法を学びつつあった関東武士は、次第に饒舌になってゆく。

もちろん、自己表現は言語だけではない。行動様式そのものが自己表現の最たるものであり、関東武士は言葉でなく行動で、独自の思考様式を京都に注ぎ込んでいった。

承久の乱で朝廷が敗れてから六年後の安貞元年(一二二七)の夏、京の近郊の吉祥院という寺の前の河で鮎を取る男がいた。そこへ寺の神人(寺社に所属して神に奉仕する民)が現れて「ここは寺の境内で、殺生禁制の場所なので釣りをやめよ」と制止したが、男は聞き入れず、逆に神人を打擲し、刃傷に及んだ。事件を聞いた関白近衛家実が調査を命じると、大納言土御門定通の所行と判明した。

追及された定通は居直って「前に魚を捕った武士が制止されなかったのに、私を制止するのは納得できない」と反論した。そして「その武士は相模太郎(北条時房息時盛ヵ)で、彼は殺生禁制の川だと知らず、指摘したら黙って去った。知りながら捕り、指摘されても抗弁する定通とは違う」と指摘されると、定通は「武士の威厳は恐れ、私を軽んじるのか」と激昂し、「我又武士也、早向其所、件神人皆悉斬首可見申」と凄んだ(『明月記』四月七日条)。

土御門定通の父は、鎌倉時代初頭に朝廷を牛耳って「源博陸(源氏の関白)」といわれた源通親で(『玉葉』建久九年正月七日条、正治三年正月一日条)、定通は事件当時に大納言、血統上も(父系も母系も)武士ではない。それでも彼は「自分も武士だ」と断言した。しかも、自分を甘く見る者を全員斬首しようという発想は、確かに武士の思考様式だ。

こうした定通の行動の源は、一つしか考えられない。妻が執権北条義時の娘だったことだ。義時は承久の乱で幕府を糾合して後鳥羽上皇率いる朝廷に完勝し、三人の上皇の配流と仲恭天皇の廃位を断行して、朝廷を完全に屈服させた。義時は武士が朝廷より優越し、この国の最高権力者となったことを初めて天下に知らしめた。定通はその義時の婿となったことで、武士的な思考様式を開花させ、右の自覚を表明するに至ったのだろう。

四年後の寛喜三年(一二三一)には、ある相論で指名手配された下手人の身柄を差し出すよう、御厨子所供御人の沙汰者の刑部丞という者に検非違使庁が命じたところ、刑部丞の妻が「悪遠江守朝臣子武士」を語らって味方に引き入れ、彼を使って使庁の下部を追い散らす事件があった(『明月記』四月十七日条)。この「悪遠江守」は相模の三浦一族の佐原盛連だが、彼とその子孫こそ、関東武士的行動様式を遠慮なく京・西国社会で発揮し、現地社会を激しく揺さぶった典型的人物である。

その二年後の天福元年(一二三三)、その「関東遠江守」＝佐原盛連が誅されたという情報が、京都にもたらされた(『明月記』

五月二十二日条)。幕府に制止されたにもかかわらず強引に上洛したため、途上で殺されたといい、上洛制止の理由は「在京之時悪事犯乱非例人之故乎」と推測されている。佐原盛連は相当悪評が高く、幕府の容認限度を超えたようだ。ところが、問題は盛連の誅殺で済まなかった。

盛連は、娘を右少将藤原実任に嫁がせていた。舅の盛連が誅されて一ヶ月にも満たない同年六月、この実任が京中で左近大夫親賢という者と遭遇し、礼節相論になった。中世社会には路頭礼といって、通行中に出会った相手に、敬意を表して謙譲の態度を示すために取るべき行儀を定めた礼節の体系が存在した。[12] この時、乗馬で進んでいた親賢は、実任の振る舞いを無礼と咎め、飛礫で暴行を加えた。するとその後、出仕先からの帰途に、実任の侍らが逆襲して親賢一行を襲い、「凌礫打破頭及小刃傷」という大事件を起こした。興味深いのは、事件を記録した藤原定家が「此羽林悪遠江婿也、習縁者歟」と推測したことだ(『明月記』六月十三日条)。確かに、この藤原実任の度を超した暴力的性向は、舅の悪遠江=佐原盛連の影響だった可能性が高い。前述の北条義時と土御門定通の関係を見ても、関東武士と廷臣の婚姻関係が「縁者に習ふ」という模倣行為を誘発し、荒々しい関東武士の行動様式を廷臣が真似る回路として機能したことは、間違いない。

こうして関東武士が実際に荒々しく振る舞い、何度も事件を起こして実績を作った結果、関東武士=恐ろしい「荒夷」というイメージは定着し、一人歩きし始めた。次の『平家物語』の著名な一文は、ちょうど『平家物語』が成立する鎌倉期のイメージの投影だろう。

史料5　『平家物語』(巻第五-富士川)

(a)いくさは又おやもうたれよ、子もうたれよ、死ぬればのりこへたゝかふ候。(b)西国のいくさと申は、おやうたれぬれば孝養し、いみあけてよせ、子うたれぬれば、そのおもひなげきによせ候はず。兵粮米つきぬれば、田つくり、かりおさめてよせ、夏はあつしといひ、冬はさむしときらひ候。東国にはすべて其儀候はず。

これは、初陣の平維盛から、坂東武士について問われた斎藤実盛が答えた内容だ。そこに見える東国武士と西国武士の特色は、根源にいくらかの事実を含んでいようが、鮮烈な対比になるよう文学的に操作され、面白おかしく書かれてしまっている。そうした極端さ、ある種のコミカルさは、これも著名な『男衾三郎絵詞』で極致に達する。

史料6 『男衾三郎絵詞』

男衾三郎、兄には一様変はりたり。「弓矢取る物の家よく作りては、何かはせん。庭草引くな、俄事のあらん時、乗飼にせんずるぞ。(a)馬庭の末に生首絶やすな、切り懸けよ。此の門外通らん乞食・修行者めらは、益ある物ぞ、蟇目鏑にて、駆け立て〳〵追物射にせよ。若者共、政澄、(b)武勇の家に生まれたれば、其の道を嗜むべし。月花に心を清まして、哥を詠み、管絃を習ひては、何のせんかあらん。軍の陣に向かひて、箏を弾き、笛を吹くべきか。(c)この家の中にあらんものどもは、女・女童に至るまで、習ふべくは、この身嗜め、荒馬従へ、馳け引きして、大矢・強弓好むべし。惣じては、兵の見目よき妻持ちたるは、命脆き相ぞ」

右には、京都の価値観の合致する吉見二郎(兄)像と、それとは相容れない殺伐とした(東国的な)男衾三郎(弟)像が、ほとんど戯画的に描かれている。ただし、こうした対比が現実離れしているとしても、ここまで誇張した表現が作品として成立していた(読み手の共感を得ると期待された)ことが重要だ。こうした鬼のような関東武士のイメージは確かに流布しており、しかもそれを裏づけるような行動を、確かに関東武士は取っていた。

史料7 『大川寺縁起』

扨ても此の比聞きし悪遠江なにがしとかやの孫に葦名次郎左衛門とて(a)おそろしき荒夷有り。異賊征罰のためとて、当国の守護にて下向して在国多年の後、遠江守とぞ申しける。長高く力人に勝れ、弓矢の道群に抜けたり。(b)実に死生不知の兵者にて、物の命を殺すに哀れを知らず、仏をも恐れず神をも憚らず、国中の神社寺領を云はず、万の鹿かせぎ取尽けり。……晩に及んで池の主大蛇浮び出でたるを、自ら馬に乗り、一矢射連ぬと奥をさしておよがせ、大蛇に乗りうつり太刀を以て其の背に立てつゝ、磯へ引上げて忽ちにきりころす。(c)其の有様、凡そ人のしわざに非ず、鬼神なんどの振舞とぞ見えける。

右は、著名な「悪遠江」佐原盛連の孫・葦名次郎左衛門の「鬼神」のような振舞を伝えたものだ。『三浦系図』に、三浦義明―佐原義連―佐原盛連(悪遠江守)―葦名盛宗―葦名盛貞(二郎左衛門尉、判官)の世系が見える。盛貞は中先代の乱で足利尊氏方として相模片瀬原で討死したという。『足利尊氏関東下向宿次・合戦注文』に、建武二年八月十九日の辻堂・片瀬原合戦の戦没者として見える三浦葦名判官入道道円に該当しよう。

元寇後の異国警固のため、日本海に面する伯耆の守護として現地に下向した葦名次郎左衛門盛貞は、膂力と弓術に優れ、恐怖心と生命への愛護心が欠如し、仏神も恐れず寺社領を蹂躙し、鹿を取り尽くす人物だった。その盛貞が、現地人から池の主として恐れられた大蛇に自ら飛び乗って斬り殺す様子を見て、現地人は「人間ではなく鬼神などの振る舞いだ」と恐れたという。これもどちらかといえば戯画的だが、話に現実離れした部分がなく、具体性に富み、関東武士の実態として、史実性を認めてよさそうだ。細部がこの通りではなかったにせよ、関東武士は確かに、文学作品や絵巻に戯画化されても仕方ないような、当たらずといえども遠からずの荒々しい思考・行動様式を持ち込み、西国の文化を揺さぶっていた。

3 京都が〝他者の目〟から批評される日

そうした流れの上で、鎌倉後期には、二つの文化が本来的な違和感や蔑視を超えて、相互理解の兆しを見せ始める。本節では兼好法師の『徒然草』を主な材料にして、その具体相と歴史的意義を探ろう。

兼好の観察眼や思考様式は、必ずしも鎌倉時代人を代表するものではない。彼と同じように考える人は、鎌倉・南北朝・室町期の朝廷に必ずしも多くなかったし、兼好自身もまた、都人という出生に起因して、必ずしも古い都人の価値観から自由ではなかった。

例えば、都人の地方(特に東国)文化に対する蔑視は、彼の中にも生きていた。「何事も、辺土は賤しく、かたくななれども、天王寺の舞楽のみ都に恥ぢず」(二二〇段)という一文などがそれに該当し、「辺土(地方)」の人の振る舞いは「賤しく頑な」で都での評価に堪えない、という一般則を認めた上で、兼好は話を展開している。

この一般則は中世後期にも消えず、室町初期の世阿弥などは、『中楽談儀』で「たとへば、鎌倉声の、事によつて、正直に成時の有がごとし」といい切ったように、「鎌倉」とは「正直(正しく真っ直ぐ)」でないものの代名詞と化していた。ただ、それは幕府が京に置かれた室町時代に、鎌倉が日本の政治的中心でなくなり、また田舎に戻ってそれきり確定した結果とも考えられる。

実際に鎌倉がまだ生きた政治の中心だった鎌倉時代には、もう少し柔軟な考え方が存在した。その一例として、兼好は次の話を書き記している。

史料8 『徒然草』(一四一段)

悲田院堯蓮上人は、俗姓は三浦の某とかや、双なき武者なり。故郷の人の来りて、物語すとて、「(a)吾妻人こそ、言ひつる事は頼まるれ、都の人は、ことうけのみよくて、実なし」と言ひしを、(b)聖、「それはさこそおぼすらめども、おのれは都に久しく住みて、馴れて見侍るに、人の心劣れりとは思ひ侍らず。なべて心柔らかに、情ある故に、人の言ふほどの事、けやけく否びが難くて、万え言ひ放たず、心弱くことうけしつ。偽りせんとは思はねど、乏しく、叶はぬ人のみあれば、自ら、本意通らぬ事多かるべし。(c)吾妻人は我が方なれど、げには、心の色なく、情おくれ、偏にすぐよかなるものなれば、始めより否と言ひて止みぬ。賑はひ豊かなれば、人には頼まるゝぞかし」とことわられ侍りしこそ、(d)この聖、声うち歪み、荒々しくて、聖教の細やかなる理いと弁へずもやと思ひしに、この一言の後、心にくゝなりて、多かる中に寺をも住持せらるゝは、かく柔らぎたる所ありて、その益もあるにこそと覚え侍りし。

右の話は、今日にも尾を引く、いわゆる〈京都人は腹黒い〉説の原型だ。三浦氏出身の悲田院堯蓮上人は、同郷の人と京で出会い、愚痴を聞かされる。「関東人は頼まれればきちんと引き受けるが、京都人は言葉だけ丁重で引き受ける意思を示しながら、実際には何もしてくれる気がない」と(a)。それに対し、堯蓮は反論する。「一見そうなのだが、私のように長く都に住むと、どうも都人は心が冷たいとばかりはいえなそうだ。彼らは心が柔らかく、情けがあるので、頼まれると言下に否定できず、心が弱くてついつい引き受けるような言葉を吐いてしまう。嘘をつく気はないのだが、富裕でないので、結果的に頼まれごとを果たせないのだ」と(b)。

そして、関東人については、次のように指摘する。「関東人は私の同胞だが、心の機微に乏しく、情けも薄く、何かと真っ直ぐに捉え、発言し、振る舞うばかりだ。だから頼まれても断りたければ、無下に断ってしまう。そして一度引き受けた頼まれごとがきちんと果たされることが多いのは、関東人の方が豊かだからだ」と(c)。

この話で何より興味深いのは、京都人が京都文化を弁護しているのでは**ない**ことだ。京都人から見て、心が劣り、とても京都文化に理解を示す水準にないと思われていた関東人が、それも武士出身の人物が、京都人の一見腹黒い振る舞いについて、相応の理由を見つけ、弁護していた。これは筆者の知る限り、関東人(武士)が、単なる憧れを超えて、京都文化と関東文化を冷静に分析した、初めての事例である。

重要なのは、その相互理解が関東文化の側から生まれたことだ。もっとも、それは京都文化の宿命でもある。京都人にとって、文化とは京都文化しか存在しない。それは儒教的な《礼》思想に裏打ちされた至高の帝王の徳化の文化であり、それに比肩するもの、いわば〝文化〟と呼ぶに値するものは、ほかに日本に存在しない。京都文化と関東の関係は、関東が京都の文化(徳化)に憧れ、学び、模倣し、馴染み、最終的に同化すべきであって、相手の文化に理解を示すべきは関東側に決まっており、断じて京都文化の側ではない。そのため、京都文化は構造的に、他文化に理解を示すことが不可能に近い文化である。

ところが、関東文化にはそうした制約が存在しない。そのため、関東文化と京都文化を等しく天秤に乗せ、冷静に分析する視角を持つことができた。それは決して、京都文化が持てない視角だ。その視角から見た時、堯蓮上人は故郷の関東を贔屓する言動を取らず、むしろその故郷を見下してきた京都人の思考様式に理解を示し、「彼らも悪人ではない」と関東人に教え諭す心の余裕を手に入れていた。

そして、そうした視角で語る堯蓮が関東武士、特にあの悪遠江を輩出した三浦氏出身であることの意義は、極めて大きい。彼の思考様式は、明らかに鎌倉幕府の坂東御家人出身であることに立脚している。それは、彼の言動が「声うち歪み、荒々しく」と、いかにも武士風に記録されたことからも明らかだ(d)。とすれば、京都文化を他文化と比較して冷静に分析し、その長所と短所を見抜き、言語化して語るという作業がこの国で可能になったのは、まさに鎌倉幕府の誕生という政治史的出来事にこそ由来した、と考えることができる。

鎌倉幕府は、日本に京都以外の文化の核を生み出し、日本を初めて本格的な多極型(二極型)社会へと転換させた。そうして京都以外の核(極)が誕生したことで、京都も、その文化も、初めて相対化され、批評と分析の対象になったのである。そう考えた時、鎌倉幕府の成立は、一般に考えられている政治史的なもの以上の意義を、日本史上にもたらしたと結論せざるを得ない。それは、日本人が初めて、「京都」以外の選択肢を手に入れたことだ。

兼好は『徒然草』で、次のような批判を繰り返した。「吾妻の人の都の人に交り、都の人の吾妻に行きて身を立て、また本寺・本山を離れぬる顕密の僧、すべて我が俗にあらずして人に交れる、見ぐるし」と(一六五段)。京都人も関東人も、あらゆる人間は生まれた場所で身を立てるべきで、関東人が京都社会で生き、京都人が関東社会で立身するのはいずれも見苦しい、という。

実際、鎌倉幕府が成立して京都社会に与えた大きな影響の一つは、京都で食えない人々の就職先が、関東に出現したことだ。特に四代将軍藤原頼経以降、摂家や王家から将軍を迎えたことで、その近習や世話をする従者が大量に鎌倉に流入した。摂家将軍や親王将軍は、鎌倉に来たからといって、坂東武士風の生活をするわけではない。彼らは京での生活様式の大部分を、原則としてそのまま鎌倉に持ち込んだ。それに要する人材も、どうしても鎌倉に流入せざるを得ないのである。

その中には、文筆官僚が多い。例えば戦国時代まで評定衆として室町幕府を支えた摂津氏の祖中原師員も、元は摂家の九条道家に仕え、道家の子頼経が将軍として下向したため、鎌倉幕府に仕え、その事務能力によって子孫を室町幕府まで生き残らせた人物だ。また、数の上では陰陽師が目立つ。『徒然草』（二二四段）にも、「陰陽師有宗《（安倍）》入道、鎌倉より上りて、尋ねまうで来りしが」云々と、兼好の身近に実例がいたことが見える。恐らく、そうした実例を見て、兼好は苦々しく思い、前述の意見を述べたのだろう。

それにしても、なぜ兼好は京都と関東で、人と社会が混交することを嫌ったのか。そこには、彼特有の、〈人は生来宿命づけられた分業を踏み越えずに果たすべき〉という思想があった。次に掲げる段は、それを最も端的に表明している。

史料9　『徒然草』（八〇段）

人ごとに、我が身にうとき事をのみぞ好める。法師は兵の道を立て、夷は弓ひく術知らず、仏法知りたる気色し、連歌し、管弦を嗜みあへり。されど、（a）おろかなる己れが道よりは、なほ人に思ひ侮られぬべし。／法師のみにもあらず、上達部・殿上人、上ざままで、おしなべて武を好む人多かり。百度戦ひて百度勝つとも、未だ武勇の名を定め難し。その故は、運に乗じて敵を砕く時、勇者にあらずといふ人なし。兵尽き、矢窮まりて、つひに敵に降らず、死をやすくして後、始めて名を顕はすべき道なり。生けらんほどは武に誇るべからず。（b）人倫に遠く、禽獣に近き振舞、その家にあらずは、好みて益なきことなり。

兼好は、武士が弓術に習熟せず、僧のように仏法を説き、遁世者のように連歌し、廷臣のように管絃を嗜むことを嫌った。理由は後段に明らかだ。親から受け継いだ生来の仕事に励んでこそ、十全にその仕事を果たせる(a)。誕生時から技術と覚悟を仕込まれ、人生の時間を最大限、その仕事の訓練と実践に費やせるからだ。だから兼好は「万の道の人、たとひ不堪なりといへども、堪能の非家の人にならぶ時、必ず勝る」(一八七段)とか、安達泰盛の慎重すぎる(ように見える)馬選びの逸話を引いて「道を知らざらん人、かばかり恐れなんや」(一八五段)と述べて、「家」単位での分業の必要性・底力を説く。

その考えに立つ時、武士でない者が武器を執り、戦を好む鎌倉末期〜南北朝初期の風潮を、兼好は嫌悪した。彼らには、運を超えて命のやり取りに徹する、武士としての覚悟と凄みがない。死が確定した時こそ発揮される、武士の底力が彼らにはない。そしてそもそも、ここが重要なのだが、武士とは人間が行うべきでない、本来なら獣に近い振る舞いであり、いわば社会の必要悪であって、それを担う家に生まれなかった幸運な者が、あえて手を染めるべき所行ではない、というのである(b)。殺生を事とする武士は褒められた仕事ではないが、社会秩序を維持するための強制力としてなくてはならない。それを担う不幸な夷には同情の余地があるが、彼らはその宿命を受け入れ、最大限の仕事をする準備をすべきだし、逆にその宿命を負わない者が中途半端に首を突っ込むべきでない、ということだ。

こうした分業、というより京都側から地方へ、朝廷から武士への一方的な分業の押しつけについては、鎌倉初期に、すでに気づいていた人物がある。鴨長明は『方丈記』で、養和の飢饉で地方の不作が京都の飢餓を招いたことに触れて、「京のならひ、何わざにつけても、源は田舎をこそ頼めるに、たえて上るものなければ、さのみやは操も作りあへん」云々という日本社会の根本的な構造の弱点を、自覚せざるを得なかった。田舎に生産させ京都で消費するという分業は、畢竟、田舎からの収奪で京都は成り立っているという事実へと帰着する。しかしこの問題に目を向けた言説は、鎌倉時代にはほかに見られない。倫理的にも当然視されたことであったし、長明や兼好のような洞察力は特殊だったのだろう。

話を戻せば、生来の職業だけをやり通せ、という兼好の考え方の根底には、各人が固有の職責に過不足なく徹するよう求める《礼》思想と、仏教的な宿業という考え方があったと推察されるが、それよりここで重要なのは、〈関東武士は出生上、必要悪の荒夷として振る舞わねばならない職業的・宿命的責務を抱えているから、そう振る舞うのだ〉という結論が、容易に導かれることだ。つまり、関東武士は生来、人面獣心の野蛮人なのではない。職業上の責務として、荒夷として振る舞う努力をしているのであり、彼らの荒々しさは人間としての本性ではなく、いわば一種の職業病なのだ、という結論に、兼好は近づいていたようだ。

ある時、兼好は「ある荒夷のおそろしげなる」、つまり強面の関東武士と同席し、彼から「子はいるか」と訊かれた。「一人もない」と答えると、武士は「さては、もののあはれは知り給はじ。情なき御心にぞのもし給ふらんと、いと恐ろし。子故にこそ、万のあはれは思ひ知らるれ」と述べた（一四二段）。子がいてこそ「もののあはれ（物ごとの機微に心を動かされる繊細な感性）」が身につくものなのに、その機会がなくては情けもきちんと身につくまい、と「荒夷」が京都人の兼好を教え諭し、哀れんだのである。

これは、荒夷こそ情けを持たない野獣だと断定していた京都人から見て、驚くべき主客転倒の説教だった。兼好は「恩愛の道ならでは、かかる者の心に慈悲ありなんや」とコメントし、親子関係はこうした荒夷にも慈悲の心を生む特別なものだ、とだけ述べて済ませているが、荒夷もまた同じ人間であること、したがって荒夷という生き方は職業的に作られたキャラクター設定の忠実な上演に過ぎない、ということに気づいた可能性が高い。

それが何を意味するかといえば、京都人の「荒夷」理解＝関東人への理解の進展が、関東武士との接触で促されつつあったということだ。本物の「荒夷」と身近に共存する社会は、それまで大多数の京都人にとって観念上の（知識の上だけでの)存在に過ぎなかった「夷」の実態の理解を、大いに進めた可能性が高い。それもまた鎌倉幕府の成立がもたらしたとなれば、鎌倉幕府の成立とは、京都文化の深化をもたらす起爆剤だったと、見なすことができる。

日本社会の秩序が、朝廷と荒夷(幕府)の分業で成り立っているという現実を正しいと受け入れた兼好は、それならば、京都と荒夷の価値観の相違は、職業倫理の違いであり、それは職業が異なる以上当然に存在し、そしてそれぞれの職業を最大限に果たさせるために認めざるを得ない違いだと、気づいていた形跡がある。

例えば、北条一族の有力者大仏宣時の回顧談で、若い頃、夜分に執権北条時頼に呼ばれ、酒に付き合うよう命じられて、台所にあった小土器に少しこびりついていた味噌だけを肴に酒を飲んだ、という著名な逸話がある(二一五段)。兼好があえてこの談話を記録したのは、鎌倉特有の文化への好奇心に由来するだろう。

その鎌倉特有の文化が何であったかは、一八四段に明らかだ。これも著名な話で、時頼の母の松下禅尼(安達義景の姉妹)が、破れた障子を全て張り替えず、わざわざ破れた部分だけ自ら修繕する姿を時頼に見せて、「世を治むる道、倹約を本とす」という統治者の心構えを教育した話である。兼好は「天下を保つ程の人を、子にて持たれける、誠に、ただ人にはあらざりけるとぞ」とコメントしたが、これこそ問題の核心だ。

朝廷で何度発令されても顧みられない倹約令とは違い、関東では徹底した倹約が実践されていた。それも、関東の最高権力者、というより事実上の日本の最高権力者である得宗家が、わずかな味噌で酒を飲み、障子を一部分だけ修繕するような、極端な倹約を実践していたのである。形式上の最高権力者である朝廷で、そこまで倹約が徹底されたことはない。

その違いがどこにあるかを、兼好は見抜いていた。「天下を保つ程の人」という自覚の強弱である。朝廷や天皇・治天に薄弱なその自覚が、関東の得宗家や外戚安達氏では強烈だった。その統治者たる強い自覚は、それが弱い京都・朝廷では決して生み出さない思考様式、つまり文化を、確実に生み出していた。兼好はそれに気づき、記録したのである。

それに気づいたのは兼好だけではなかった。仁治三年（一二四二）頃成立の『東関紀行』に、

鎌倉のはじめを申せば、故右大将家（源頼朝）ときこえ給ふ、水の尾の御門（清和）の九つの世のはつえを武き人にうけたり。さりにし治承のすゑに あたりて、義兵をあげて朝敵をなびかすより、恩賞しきりに隴山のあとをつぎて、将軍のめしをえたり。営館をこの所にしめ、仏神をその砌にあがめ奉るよりこの方、今繁昌の地となれり。

と、鎌倉の繁昌に対する素直な讃美が見られる。それは頼朝の朝廷に対する貢献を評価したもので、それだけなら、従来の京都一極主義というべき価値観と大差ないが、執権泰時の統治を讃美した次の一文は、そのレベルを超えている。

茂れるさゝ原の中にあまたふみわけたる道ありて、行く末もまよひぬべきに、故武蔵の前司（北条泰時）、道のたよりの輩に仰せて植ゑおかれたる柳も、いまだ蔭とたのむまではなけれども、かつがつまづ道のしるべとなれるも哀なり。もろこしの召公奭《せき》は周の武王の弟也、成王の三公として燕といふ国をつかさどりき。……かの前の司も、此の召公の跡を追うて、人をはぐゝみ物を憐むあまり、道のほとりの往還の類までも、思ひよりて植ゑおかれたる柳なれば、これを見む輩、皆かの召公を忍びけむ国の民のごとくにをしみ育てゝ、行く末のかげとたのまむこと、その本意は定めて違はじとこそおぼゆれ。

古代中国の周の創業者・武王の弟で明君という召公奭に泰時を例えている。何ということもない文学的技巧に見えるが、京都の朝廷の根幹にある儒教の《礼》思想的価値観では、周は社会・王朝の理想像であり、周代の明君に例えることは、最大級の讃辞である。朝廷が信じる価値観の通りに泰時が振る舞った、という意味では、まだ京都にしか価値観の尺度はないという京都一極主義を脱していないが、荒夷だから見下す、という幼稚な排外主義から完全に脱却

して、泰時を讃美している点に、京都文化の成長を認めてよい。

似たような泰時讃美は、貞応二年（一二二三）頃成立の『海道記』にも見える。

> そもそも相摸国鎌倉郡は、下界の麁渋苑、天朝の築塩州なり。武将の林をなす、万栄の花万にひらけ、勇士道に昌へたり。……干戈、威、厳しくして、梟鳥敢てかけらず。誅戮、罪きびしくして、虎狼永く絶えたり。この故に、一朝の春の梢《こずえ》は東風にあふがれて恵をまし、四海の潮の音は、東日に照らされて波を澄ませり。貴賤臣妾の往還する多くの駅《むまや》の道、隣をしめ、朝儀国務の理乱は、万緒の機、かたがたに織りなす。……家屋は扃《とざし》を忘れて夜の戸を排《おしひら》き、人倫は心調へて誇るともおごらず、憲政の至り、おさまりてみゆ。

右の泰時に対する讃美の根幹が、幕府の施政（治績）への讃美であることは明らかだ。鎌倉幕府への高評価とは、右に見える泰時の撫民や、『徒然草』に見えた時頼・松下禅尼の逸話等、統治者たる地位の責任を強く自覚した北条氏の評価、つまり政道の高評価にほかならない。関東武士の「荒夷」としての振る舞いは、この正しい政道のために必要だと信じる余地があるからこそ、社会で受け入れるべき、という結論を導ける。それに引き替え、後醍醐天皇の一派に代表されるような無闇な戦争嗜好・暴力嗜好には、そうした評価は与えられない。彼らは真摯な政道を果たさず、この国の治安維持も国防も担わず、ただ暴力を好む。だから兼好はこれを非難するのである。

朝廷は古代のある段階で、地方の隅々まで統治する責任感を失った（最初からなかったのではないかと、筆者は疑っている）。それに対して鎌倉幕府、特に執権政治とは、久々に（もしかしたら初めて）登場した、その責任感を持った政権だった。その結果、朝廷にない文化が生まれ、しかも朝廷側の人間が一定の共感を示さざるを得なくなった。

こうした幕府の強みは、しかし得宗専制政治の爛熟によって、急速に失われてゆく。特に、統治者としての理念がほとんど見出せない平頼綱政権や、頼綱一族を虐殺して幕府史上最高の独裁制へと邁進して挫折し、最終的に政務を投げ出した北条貞時、そして得宗自身が専制政治を行う能力さえ欠き、極度の人材不足の中で姻戚安達氏と御内人長崎氏が何とか幕府を回すだけで精一杯だった高時期には、もはや時頼期までの責任感は見られない。

しかも、兼好が最も嫌った無闇な暴力によって後醍醐天皇が鎌倉幕府を倒し、驚くべき自己中心的思想で公武社会を統一した結果(13)、京都と鎌倉の二極は強引に融合させられた。後醍醐は、鎌倉という極を消して全て京都文化寄りに融合させるつもりだったと考えられるが、もちろん現実にそうはならなかった。

建武政権期の建武元年(一三三四)頃に書かれた著名な『二条河原落書』は、その趨勢を端的に「此比都ニハヤル物……京・鎌倉ヲコキマゼテ」と述べている。本稿の最後に、この力づくの統一でいかなる混淆が起こったかを落書に探ろう。

まず、「為中(田舎)美物ニアキミチテ、マナ板烏帽子ユカメツヽ、気色メキタル京侍」とあるように、政治の中心が京都だけになった結果、地方の物産が大量に流入した。そして建武政権に登用された大量の武士が、慣れない朝廷流の出仕をすることになり、「キツケヌ冠・上ノキヌ、持モナラハヌ笏持テ、内裏マシハリ珍シヤ」と揶揄された。

大量に流入した武士は、もちろん、〈郷に入っては郷に従え〉と振る舞ったわけではない。むしろ関東・地方・武士の流儀をそのまま西国・京・公家社会に持ち込んだ。それは、京の公家社会だけで回っていた価値観、特に礼節の体系を、外部から揺さぶり、無視し、壊していった。特に、互いの身分や、それに応じた移動手段(徒歩・馬・車・輿など)によって、細かく厳密に定まっていた路頭礼は、蹂躙されていった。京中で公家が武士と同居した必然的結末である。落書が「関東武士ノカコ出仕」「路次の礼儀、辻々ハナシ、花山桃林サヒシクテ、牛馬華洛ニ遍満ス」と嘆いたのがそれで、京都の路頭礼は崩壊した。

その挙げ句に起こったのが、著名な土岐頼遠の狼藉事件である。それは建武政権崩壊後、北朝を擁して室町幕府が京都を支配していた康永元年(一三四二)の出来事だが、光厳上皇の一行と京中で遭遇した美濃の守護土岐頼遠が、「院の御幸だから道を譲れ」と迫る上皇の従者に対して、「何ニ院ト云フカ、犬ト云カ、犬ナラバ射テ落サン」といい放って上皇の車を包囲し、馬で走りながら「追物射ニ」射るという、著名な暴挙である。

政権を主導していた執政足利直義は直ちに頼遠を処刑したが、頼遠の述懐と伝えられる「此比洛中ニテ、頼遠ナドヲ下スベキ者ハ覚ヌ者ヲ」(『太平記』巻二三―土岐頼遠参合御幸致狼籍事付雲客下車事)という一言こそ、問題の核心である。公武社会は、権勢・実力を自覚する武士が京都の礼節体系を破壊する趨勢に、どう向き合うかという問題に直面した。そして、それをどう解決するかは、次の時代の課題となった。

そうした文化の対立・淘汰だけでなく、文化の混淆も起こった。「犬田楽ハ関東ノホロブル物ト云ナガラ、田楽ハナヲハヤルナリ」といわれたように、鎌倉幕府末期に無闇に流行り、幕府滅亡の遠因になったとさえいわれた闘犬・田楽が、京で大流行した。

それだけならば単なる流行の伝染だが、従来武家社会だけで享受された遊興的な武芸が武士によって京に持ち込まれ、その魅力に憑かれた廷臣が見様見真似、下手の横好きで犬追物や小笠懸など、高度な弓馬術を行い始めた。「弓モ引キエヌ犬追物、落馬矢数ニマサリタリ、誰ヲ師匠トナケレトモ、遍ハヤル小笠懸、事新キ風情也」というのがそれで、小笠懸のような最難関の弓馬術が遍く流行るなど、鎌倉時代には考えられなかったことだ。兼好が憎んだ生得的分業の軽視であり、落書も「非職の兵仗ハヤリツヽ」と非難している。

かくして、本来なら家と不可分にして一対一に結びついていたはずの芸が混淆し、京都と鎌倉(公家・武家社会)が混淆していった。「譜代・非成ノ差別ナク、自由狼藉ノ世界也」と落書が嘆いたその結末は、中世日本に初めて訪れた〝職業選択の自由〟として、前向きに評価することも可能だろう。

そして最も興味深いのは、それが京都(公家)の文化にも鎌倉(武士)の文化にも存在しなかった、新しいあり方ということだ。二つの文化を強引に混ぜ合わせた結果、どちらの文化にも存在しなかった性質が創発され、第三の文化を生んだのである。

こうした新時代の(中世後期的な)文化の創発は、その後の南北朝内乱でさらに促されただろう。なぜなら、その内乱は、奥州の北畠顕家が大軍を率いて東海道沿いに二度も京を目指して攻め上ったり、足利尊氏が鎌倉から京へ攻め上り、そのまま海路瀬戸内海を通って九州まで落ち延び、再起して瀬戸内海を逆行して都を攻め落とす、といったような、従来考えられない規模の人の移動を、約六〇年の間に何度も起こした戦争だったからだ。南北朝内乱は、列島規模で日本人をシャッフルした。それが東と西、京と地方の文化をどう変えていったか、その解明は今後の課題である。

結語と展望――「荒夷」の新しい価値観――

鎌倉幕府の成立は、明らかに新たな価値観の源泉の成立であった。幕府は武士という特殊な職業、つまり敵の命を奪い、自分の命を捨てる専門家の集団であったため、そうでない京都では生まれない価値観を生んだ。それに関連して、『徒然草』（一三七段）に「兵の軍に出づるは、死に近きことを知りて、家をも忘れ、身をも忘る……閑かなる山の奥、無常の敵、競ひ来らざらんや。その死に臨める事、軍の陳（陣）に進めるにおなじ」とある。兼好は、武士が戦陣で死に向かって一目散に走り、他の全てが眼中に入らなくなることに例えて、武士でなくとも、山中に隠居していても、「無常の敵」＝死という敵は襲ってくるのであり、それに対峙する時の心境は右の戦陣の武士と同じだ、と述べた。こうした例え話は、武士と身近に接し、武士の文化の流入を受けてこそ、初めて生まれる話法と考えるべきだろう。

死を（無常の）「敵」と捉え、戦のようにそれと対峙する、というその着想自体が、戦争を仕事とする武士社会からこそ生まれるにふさわしい。元仁二年（一二二五）、北条政子が死去した時の感慨を、関東武士の宇都宮朝業は『信生法師日記』に次のように記した。

元仁二年の春二月の十日頃、京を出づ……善光寺より二位殿（北条政子）の御風邪の御訪に参りて侍れば、いつしかはかなくならせ給ひぬるにぞ、有為無常の理り、これに驚くべきにあらねど……（a）中にも、矛の先を退かず、盾の面に身を捨てむと顧みざる武士の類ひ、その数仕へ奉れども、無常の敵をば靡かさざりける慣らひなれば、空しき屍をのみ送り奉りて……。

いかなる敵に対しても退かず、戦いを挑み続ける武士でも、「無常の敵（＝死）」には勝てないものだ（a）、という死生観と表現は、武士以外からは生まれまい。それは「荒夷」という生き様から生まれる美学であり、京都からは生まれない文化だ。同じく京都からは生まれない、政道への責任感に基づく文化を生んだ点でも、鎌倉幕府の文化は特筆に値する。

本来の語義に遡れば、「文化」とは本来、天下に一つしかないものだ。文化とは徳化の中心であり、帝王（天子）の所在地であり、残る全ての田舎の野蛮人を導くことだ、というのが儒教の《礼》思想であり、日本の朝廷の基本的信念だった。

しかし、帝王に似た政治権力がもう一つ〝田舎〟に出現し、従来の帝王よりも帝王らしく徳のある振る舞い（真摯な政道の実践）をしたことで、従来の帝王＝天皇（や治天）は、それと比較される時代に入った。その結果、君臨する者は威張るだけでは駄目で、相応の責務を果たさねば君臨する資格がない、という考え方が生まれた。上流社会から見れば下らない、一つ一つの下々の民事紛争＝雑訴に向き合う政道を鎌倉の執権政治が実践したことで、そうしたことを京都の帝王（天皇や治天）もした方がいいのではないか、という考え方が生まれてしまった。鎌倉幕府の評定制に刺激されて、朝廷が院評定制を設け、雑訴をそれなりに重要な仕事と認識して取り組むようになったのは、明らかにその結果である。

そうした内実の重要さもさることながら、何より重要なのは、蝦夷を除けば、平安遷都以来、鎌倉の文化が日本で二番目のまとまった文化だった点だ。文化といえば、価値観の尺度といえば京都のそれしか存在しなかった中で、鎌倉幕府は史上初めて、選択肢というものを日本文化に与えた。それは京都の文化を相対化し、別の尺度からの批評・批判精神に晒した。もはや京都の文化は、あるがままに胡座を掻いていられなくなった。しかし、批評・批判に晒され、関東・鎌倉・武士の文化と天秤にかけられ、長所・短所や優劣を論じられたことで、京都文化は鍛えられ、無用のものが淘汰され、批評・批判に耐えるものが残るようになった。その意味で、鎌倉幕府の成立は、京都文化の発展を促したといってよい。

さらにいえば、日本に、京都の一つの文化しか存在しなければ、〝京都文化〟という捉え方は必要ない。ただ〝文化〟と呼べばよい(Creator のように、西欧語なら頭文字を大文字にするような使い方で)。〝京都文化〟は、日本に〝京都文化でない文化〟が存在してこそ、初めて必要となり、意味を持つ言葉だ。とすれば、極めて逆説的だが、鎌倉幕府の成立と、それに伴う鎌倉文化の成立こそが、初めて〝京都文化〟なる一文化を浮き彫りにし、生み出したといっても過言ではない。《礼》思想的な単一・抽象的な「文化」から、〝京都文化〟への脱皮は、鎌倉幕府がもたらした。その意味で、鎌倉幕府の成立がその後の日本文化に与えた影響は計り知れない。

そうして鎌倉幕府がもたらした文化の二極化、建武政権がもたらした両文化の強引な結合、そして南北朝内乱がもたらした日本全国の文化のシャッフルの末に、足利義満による公武統一政権の達成、すなわち建武政権よりはるかに安定的で持続的な京都文化と武士文化の同居が、十四世紀の末に京都で実現する。それが京都文化と武士文化にいかなる影響を与え、両文化の間でいかなる創発を生み出し、それが後の日本文化にいかなる意義を持ったかは、今後追究したい課題である。

註

（1）網野善彦『東と西の語る日本の歴史』（講談社、一九九八、初出一九八二）、引用部は二二三頁・二二四頁。
（2）石井進『日本の歴史7 鎌倉幕府』（中央公論社、一九七四）二〇五頁。
（3）桃崎有一郎「鎌倉幕府の儀礼と年中行事」（五味文彦ほか編『現代語訳吾妻鏡別巻 鎌倉時代を探る』吉川弘文館、二〇一六）。
（4）髙橋昌明「鶴岡八幡宮流鏑馬神事の成立」（『武士の成立 武士像の創出』東京大学出版会、一九九九、初出一九九六）。
（5）近藤好和「武器からみた中世武士論」（『中世的武具の成立と武士』吉川弘文館、二〇〇〇、初出一九九七）。
（6）養和二年四月五日条・寿永元年六月七日条・文治三年十月二日条のみ。
（7）鴇田泉「流鏑馬行事の成立」（『お茶の水女子大学人文科学紀要』四〇、一九八七）。
（8）前掲註（4）髙橋論考。
（9）桃崎有一郎「古代における法と礼」（高谷知佳・小石川裕介編著『日本法史から何がみえるか』有斐閣、二〇一八、第一部第一章）。
（10）鴇田泉「流鏑馬行事と鎌倉武士団」（『芸能史研究』九九、一九八七）。
（11）桃崎有一郎『平安京はいらなかった―古代の夢を喰らう中世―』（吉川弘文館、二〇一六）。
（12）桃崎有一郎『中世京都の空間構造と礼節体系』（思文閣出版、二〇一〇）等参照。
（13）桃崎有一郎「建武政権論」（『岩波講座日本歴史 第7巻 中世2』岩波書店、二〇一四）。

中世球磨郡の仏像制作と京都

――「京都造像様式」の受容と地域社会――

有木 芳隆

はじめに

本稿では、京都で成立した各時代の規範的な仏像様式が、地域社会においてどのように受容され仏像制作に反映されたのかを、中世肥後国球磨郡のいくつかの在銘仏像を手がかりとして考察する。銘記によって制作年代が判明する仏像を検討することで、それぞれの時代の仏像制作の担い手が変遷し、京都の仏像様式の受容のあり方も変化していくことを検証できるものと思われる。

熊本県（肥後国）球磨郡は、県南辺部に位置し九州山地に囲まれた盆地地形（南北約一五キロ、東西約三〇キロ）で東西には球磨川が貫流し、南境は宮崎・鹿児島両県に接している（第1図）。

球磨郡を対象として取り上げたのは、①南九州という京都からみて最も辺境地域に位置すること、②全国的にみても、同地が他地域を圧して在銘像や紀年銘像など中近世の仏像に恵まれた地域であるためである。これまでの寺社堂宇調査

第１図　球磨郡略図

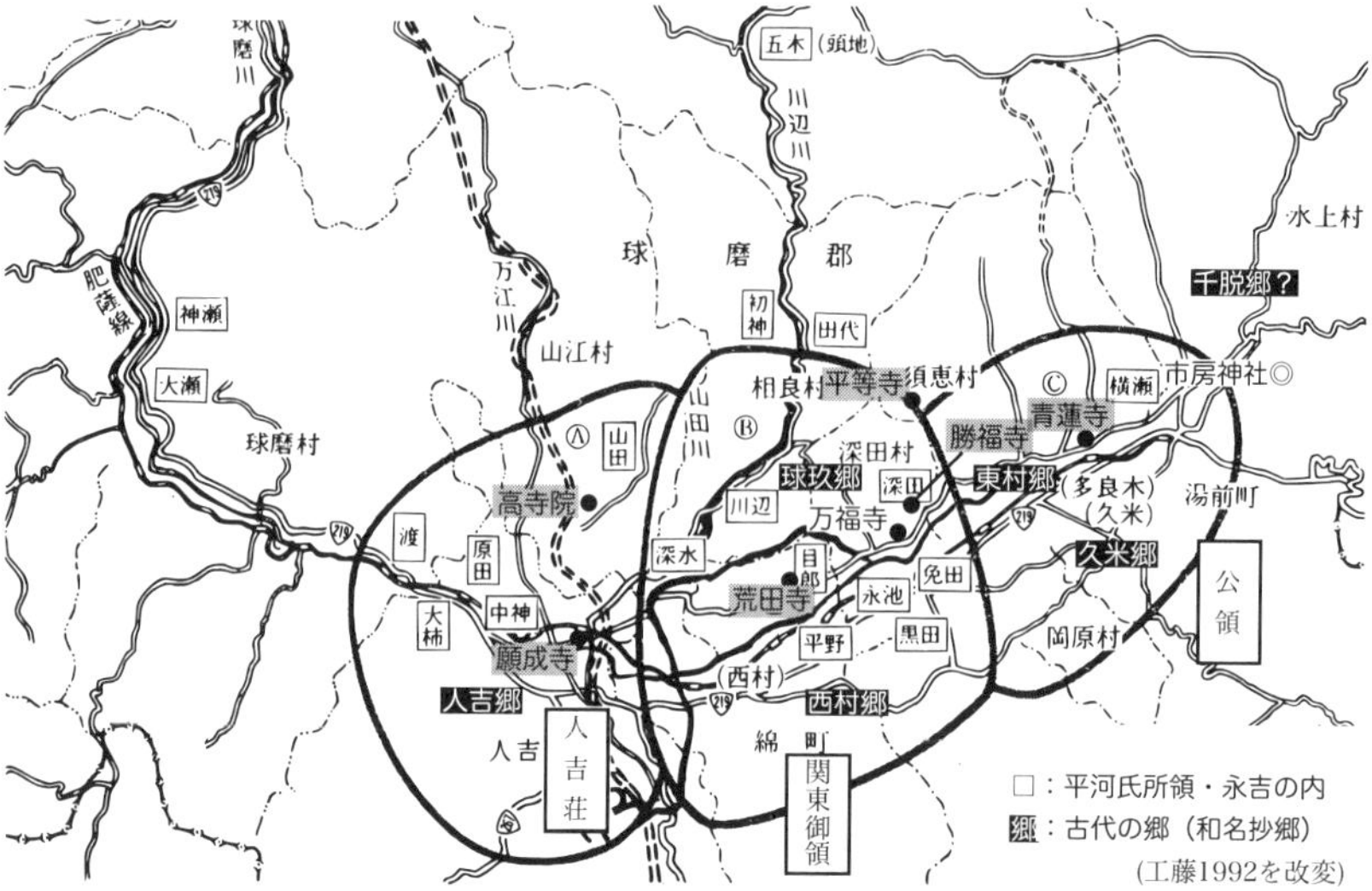

第２図　中世前期の球磨郡(小川 2016b より転載、一部改変)

をもとに地域内の「在銘仏神像」(懸仏等を含む)を数え上げてみると、平安〜室町時代を通じて、じつに約一一〇例にのぼる〔平田一九八三、熊本県美一九八三〕。また、「相良家文書」をはじめとする地域史料にも恵まれており、地域社会の状況と仏像制作のあり方を並行して検討できるためでもある。なお、本稿で仮に「京都造像様式」と称する仏像の制作様式は、例えば日本彫刻史でいう「定朝様」「安阿弥(=快慶)様」のように、京都を中心とする畿内において成立し、「規範的造像様式」として各地域へ伝播していったものをいう。

本稿では、(1)まず、平安時代末期の球磨郡在地領主たちによる造像について考察する。同地域では、これまでの仏像調査により十二世紀第2四半期から第3四半期にいたる紀年銘仏像が六例発見されている。九州全体でも十一〜十二世紀在銘作例(木彫仏)は二〇例に満たないことを考えると、これは驚異的な集中度である。

(2)つづいて、十三世紀初頭に球磨郡に入部した遠江国御家人相良氏による仏像制作を取り上げる。球磨地域では、それ以前とうって変わって十二世紀第4四半期から十三世紀第1四半期までの紀年銘作例が存せず、仏像制作が停滞した様相を呈する。

十三世紀第2四半期以降は紀年銘仏像も散見されるようになるが数量的には前時代にはおよばない。また前時代との大きな相違は、院摂関家周辺で活動した京都の「僧綱位仏師」の手になる先端的作風の仏像が、相良氏によって当地に持ち込まれたことである。その典型例として青蓮寺（球磨郡多良木町）の本尊阿弥陀三尊像（永仁三年：一二九五）の場合を取り上げる。

(3)十五〜十六世紀の村落小領主たちによる仏像制作の場合。十五世紀以降、それまでに比べて仏像制作数が飛躍的に増大する。その理由は、造像の主たる担い手が上級領主層から村落の小領主たちに移行したためと考えられる。このような現象は全国的に共通のものであるが、球磨郡の場合、複数の紀年銘仏像によって、発願者である小領主たちと制作者＝受注者である仏師の動向を検証できる点が重要である。

前述のように十二世紀から十六世紀までの紀年銘仏神像は一一〇例を数え、これらの紀年銘像の個々の銘文分析は手つかずのものが多いのだが、本稿では上記の三点に焦点をあてて各時代の仏像制作の特徴を述べてみたい。

1　平安時代末期の在地領主たちの造像

本節では四軀の仏像を取り上げて、在地領主たちの京都造像様式＝「定朝様」（この時代の規範的様式）受容のあり方を考察する。

平安時代後期の球磨地域では、律令制以来の郡司系譜に属するらしい郡内最大勢力の須恵氏、下球磨地域（球磨郡を貫流する球磨川の下流域）の人吉氏、中球磨に平河氏、菊池氏の一族合志氏、上球磨に久米氏が勢力を有する地域秩序が形成されていた（第2図）［工藤 一九九二、小川 二〇一四・二〇一六a・b］。

球磨郡では、作風から十世紀以前の作と判断される仏神像は二、三例しか知られていないが、十一〜十二世紀と判断される仏像は七〇軀以上にのぼる。ことに特筆すべきは、近年の調査によって十二世紀の在銘の仏像が新たに複数発見され、地域社会における造像状況が具体的に明らかになりつつあることである。この時代の地方造像が在銘仏像から窺い知れるのは、全国的にみても稀少なケースといえる。なかでも須恵氏と平河氏関係の在銘仏像が複数確認されているので、これらを手がかりとして球磨の仏像制作と京都様式の受容のあり方を検討したい。本節で検討の対象にするのは以下の仏像である。

①無　銘　　木造釈迦如来坐像（あさぎり町須恵・阿蘇釈迦堂）
②保延七年（一一四一）銘　木造釈迦如来坐像（錦町・荒田観音堂、平河氏ゆかりの仏像か）
③仁平二年（一一五二）銘　木造毘沙門天立像（あさぎり町須恵・阿蘇釈迦堂）
④久寿三年（一一五六）銘　木造毘沙門天立像（あさぎり町深田・勝福寺跡毘沙門堂、①③④は須恵氏ゆかりの仏像）

（※当地の在銘仏像は、以上の他に大治五年〔一一三〇〕銘木造釈迦如来坐像、同年銘木造薬師如来坐像〔現在は熊本市個人蔵〕、久安三年〔一一四七〕銘木造毘沙門天立像がある）

これらの在銘仏像を対象として、当地の仏像の願主や制作にあたった仏師の系譜問題などを論じたことがあるが［有木 二〇一四b、二〇一六］、本稿では在地領主の造像活動の特徴を示すと考えられる①～④の仏像に限定して考察する。

⑴　須恵氏の造像

「球磨郡田数領主等目録写」（建久八年、『相良家文書』2）によると、須恵氏は「蓮花王院人吉庄六百丁　政所　藤原高家　字須恵小太良」、「鎌倉殿御領五百丁　須恵小太良家基領百五十丁」、「公田九百丁　藤原家基三百丁　字須恵小太良」というように球磨全域に所領を持ち、郡内最大の勢力であった。

【平等寺跡阿蘇釈迦堂の仏像】（あさぎり町須恵阿蘇）

阿蘇釈迦堂は球磨郡のほぼ中央部、阿蘇谷に位置し、近世まではこの地に須恵氏ゆかりの平等寺が存した。この寺は平安末期に東寺の永厳が球磨に下って創建し、本尊・釈迦如来坐像は永厳「守来之本尊」と伝える（『歴代嗣成独集覧』巻之二）。この伝承は『図像抄』の選者、平等房永厳（仁平元年：一一五一寂）に附会したものと思われるが、永万二年（一一六六）二月、興福寺僧兼朝が球磨郡平等寺において『悉曇反音略釈』一巻を述したという史料がのこされており、この時期に当寺が存したことは明らかである［佐藤 一九八七］。

第３図　①釈迦如来坐像（阿蘇釈迦堂）

【①本尊の釈迦如来坐像（第３図）】（無銘、像高八五・一センチ）

本像の品質構造はヒノキ材とみられる針葉樹材製で、頭・体幹部を前後二材で造り内刳りのうえ、頸部で割り首とする寄木造。背面には背板状に別の一材をあて、膝前部も別材製とする。

本像は無銘像ながら、大きな肉髻や丸くふくらみのある面貌、ゆるやかな曲線で構成された体軀、浅く流麗な衣文表現など典型的な平安時代後期の「定朝様」彫刻様式に従った作例である。しかも面貌や体軀、衣文などに破綻のない表現は、京都仏師の作と比べても遜色のないものといえる。永厳が「都から守来」という同書の記述にも何らかの根拠が存すると思われる。しかし一方で、像内の仕上げ方はいささか無骨なもので、像内を平滑に仕上げ、場合によっては漆塗り仕上げなどとする院や京都貴族の造像とは趣がやや異なっている点も認められる。

第４図　③毘沙門天像（阿蘇釈迦堂）

【③木造毘沙門天立像（第４図）**】**（仁平二年：一一五二、像高一〇三・一センチ）。

本像の品質構造はヒノキ材とみられる針葉樹材製。頭体幹部は、前後に二材を内刳りして矧ぎつけたものである。

【銘　記】「仁平二年壬申四月六日庚午／造立之／藤原家實幷良峯氏」

この体内銘文により本像が仁平二年（一一五二）に造立されたことが判明した。願主は「藤原家実」と「良峯氏」。阿蘇釈迦堂＝平等寺が「須恵氏」の寺院であることや、「建久八年図田帳」にみえる須恵一族の系字「家」字をもちいていることからも、この「藤原家実」は「須恵家実」なのであろう。また、家実夫人として「良峯氏」と記されているが、良峯は平河氏の本姓であり、当地の有力在地領主であった須恵と平河の姻戚関係が知られる興味深い一次史料でもある［有木二〇一六］。

本像は、後補の彩色が分厚く塗られているものの面貌表現は引き締まった端正なもので、体型も軽快で破綻がなく平安後期の通例の神将像形式に従ったものである。本尊釈迦如来坐像と同様に、中央仏師の作と比べても遜色のない作風である。

第5図　④毘沙門天像（勝福寺蔵）

【勝福寺跡毘沙門堂の仏像】（あさぎり町深田荒茂）

阿蘇釈迦堂から直線距離約二キロに位置する勝福寺は、明治初年に廃絶し現在は毘沙門堂のみが存する。本堂周辺は、須恵氏の根拠地のひとつである。ここには三軀の平安後期作の毘沙門天像が存し、うち二軀に銘文が記されている。

【④木造毘沙門天立像（第5図）】（久寿三年：一一五六、像高二三七・二センチ）

本像は勝福寺跡毘沙門堂諸仏像のひとつで、球磨地域最大の毘沙門天像。近世までは同じ毘沙門堂にまつられている久安三年銘（一一四七）毘沙門天像と同じく、本堂の後背に位置する勝福寺岳山上の毘沙門堂にまつられていた。

品質構造はクス材とみられる広葉樹材製。寄木造。

【銘　記】「奉造立毗沙門天王像一躰高七尺／右為當□（郷カ）領主藤原家永幷藤原氏御息災／延命増長福壽也勸進僧源与為二世聖／成就也佛師僧経助為現當悉地成就也／為多治助則并藤原氏／一家平安也／久壽三年四月二日奉安置」

この銘文により藤原（須恵）家永夫妻を願主として、勧進僧源与、仏師僧経助が制作したことが判明した。

本像も平安後期の神将像形式の定型に従った作風であり、これだけの巨像を大きな破綻なくまとめ上げた仏師僧経助の技術の高さが認められる。ことに、割りにくいクスの巨木を縦に割り矧いでいるあたりには苦心の様が見て取れる。ただ一方で、阿蘇釈迦堂の③仁平二年銘毘沙門天像（第4図）に比べると、面貌表現はやや平板であり、身体付きも（巨像であるためでもあるが）ややぎこちない点がある。

第６図　②釈迦如来像（荒田観音堂）

(2) 平河氏の造像

つぎに平河氏の仏像をみてみよう。平河氏も「球磨郡田数領主等目録写」（『相良家文書』２）に「鎌倉殿御領五百丁（中略）永吉三百丁／地頭良峯師高子息字平／紀平次」とみえ、当地の有力在地領主である。平河氏ゆかりの平安時代仏像を伝えるのは、中球磨地域の荒田観音堂（錦町荒田木上・旧荒田寺。第２図参照）。下球磨の高寺院（山江村山田）も平河氏関連寺院である可能性があり〔松本 一九七七、小川 二〇一六b〕、ここにも平安時代後期作の三軀の毘沙門天像がまつられている。

【②荒田観音堂の釈迦如来坐像（第６図）】（保延七年：一一四一、像高九七・〇センチ）

年欠「良峯姓先祖書」（「平河文書」12、『熊本県史料』中世篇三）に「荒田寺別当依高」「木上荒田寺座主」などとあり、荒田観音堂は荒田寺の後身で本像も平河氏を願主として造像された可能性が高い。

材質は樹種鑑定により、当時の仏像としては珍しいホオ材と判明。構造は一材製で、頭体幹部の耳後の線で前後に割り矧いで内刳りを施した割り矧ぎ造。

【銘　記】「　奉造立釋迦如来像／天台僧林与／天台僧林与／保延七年二月十四日」

天台僧林与についてはほかに史料がないが、勝福寺毘沙門堂の④久寿三年（一一五六）木造毘沙門天立像（第5図）銘記に「勧進僧源与」とあり、天台系の法縁にある人物なのだろう。

本像は大きな肉髻や丸くふくらみのある面貌、ゆるやかな曲線で構成された体軀、浅く流麗な衣文表現など定朝様如来像の定型に従ったもので銘記の示す時代と矛盾しない作風である。ただ、阿蘇釈迦堂の①釈迦如来坐像（第3図）と並べると、面貌表現の張りのある細やかさや体軀の起伏、衣文造形の細かさなどの点で、この荒田観音堂の②釈迦如来像は一段と地域性の強い作風といえるだろう。

⑶　在地領主たちの京都造像様式受容

以下、各像相互の関係についてまとめ、在地領主たちの京都様式受容のあり方を考察する。

阿蘇釈迦堂の①釈迦如来坐像と③仁平二年（一一五二）毘沙門天立像は、郡司級在地領主の須恵氏を願主として制作されたもので作風は破綻がなく、京都仏師の作と比べてもさほどの遜色もなくそれらに準ずるものといえる。一方、同じく須恵氏一族を願主としている勝福寺跡毘沙門堂の④久寿三年（一一五六）毘沙門天立像と、平河氏を願主として制作された荒田観音堂の②保延七年（一一四一）釈迦如来坐像は、よく定朝様を吸収した仏像ではあるが、前者に比べると地域性が際立つ作風である。③仁平二年毘沙門天立像と④久寿三年毘沙門天立像を比べても、③像の方が軽快に腰を捻った体型のバランスが良く、体軀も引き締まっている。

①③像が、全国的に通常に仏像の材木として使われるヒノキ材製であり、④像が九州の仏像に多く使われているクス材製、②像は通常は用いられないホオ材製である点からも、①③像の制作にはより優れた技術をもつ仏師が招請され、②④像は九州内の比較的限られた地域で活動していた仏師が手がけたのではないかと推定されるのである。

上記の考察から見えてくるものは何であろうか。小川弘和氏は阿蘇釈迦堂＝平等寺を中心とする阿蘇谷を、その規模からいって「球磨郡内の中核的聖域空間」であったと評価する［小川 二〇一六b］。小川氏によれば中世九州は大宰府を軸に形成され、その支配を各地で支えたのは府官系武士団であった。肥後にあっては菊池郡を名字の地とする菊池氏が、大宰府安楽寺と連携しつつ菊池川水系域を掌握し、鳥羽院政期には院権力の肥後への浸透と菊池氏の勢力拡大・一国規模の地域権力化がセットになって展開。さらに後白河院政期になると、八条院と連携した平頼盛が肥後国掌握をめざして菊池氏と結びつく。球磨郡は蓮華王院領（領家八条院）「球磨御領」とされ、頼盛の所領「安富領」も設定される。菊池氏の支族合志氏が球磨に所領を得たのも（「球磨郡田数領主等目録写」）、この一連の動きのなかでのことと指摘する。そして、鳥羽～後白河院政期の変動期にあって現地球磨郡での調整役となったのが、郡司級領主須恵氏であったと小川氏は推定している［小川 二〇一四・二〇一六a・b］。

改めて先述の①～④像の作風を比較すると、②と④像に対して阿蘇釈迦堂の①③像は面貌や体軀、衣文など破綻のない作風で、京都仏師の作と比べても遜色がないものの、①釈迦像内はやや無骨な仕上げ方になっている点が留意される。これを「地域性の強い作風から一頭地抜けてはいるが京都の仏像そのものとも言い難い作風」と評価するなら、その作者（仏師）の出自を、九州では文化的にもっとも京都に近い、観世音寺や安楽寺を擁する大宰府周辺の仏像工房＝仏所（その存否について議論があるが）にもとめることができないだろうか。

阿蘇谷＝平等寺阿蘇釈迦堂一帯を「球磨郡の中核的聖域空間」と評価するなら、そこは須恵氏宗家の支配するところであり、他氏同族より一段と優れた仏師を招請することが可能であっただろう。つまり「須恵氏宗家は、↓大宰府などのより京都に近い技術をもつ仏師を招請しての造像」。「平河氏や須恵氏支族などは、↓②④像にみられるように、球磨郡周辺等で活動していたとみられる地域性の強い仏師による造像」、という構図が想定されるのである。

③仁平二年（一一五二）像の願主として「藤原（須恵）家実」とあり、阿蘇谷から二キロほど離れた勝福寺の、阿蘇釈迦

堂像からわずか四年あまり後の④久寿三年(一一五六)像の願主として「藤原(須恵)家永」とあるのも、阿蘇谷の須恵家実は「宗家の当主」、勝福寺の須恵家永は「須恵氏支族の当主」と解すことで③像と④像の作風の違いを説明できる。

院政期に勢力を拡げた菊池氏が、鳥羽院との関係を形成して肥後一国棟梁の地位を樹立していき、「京都(鳥羽院)→肥後国府(菊池氏)→球磨郡(須恵氏)」という都鄙に連なる人的関係がうかがえるとする小川氏の指摘は、須恵氏宗家と須恵氏支族や平河氏ら在地領主間の仏像の質の相違ともよく整合するものといえよう。

ここまで、平安時代末期の球磨郡在地領主たちの仏像制作のあり方を考察してみた。須恵氏平河氏らは仏像制作を競い、京都造像様式＝「定朝様」を規範として抵抗なく受容したことが確かめられた。洗練された如来像や巨大な毘沙門天像は、その偉容を他氏や荘民に示し、示威の役割を果たすものとしても機能したことであろう。

ただし京都様式の受容といっても、院摂関家周辺などの仏像との技術的な巧拙は存し、京都の仏像が直移入されることはなく、京都から仏師が下向することもなかった。④久寿三年(一一五六)勝福寺毘沙門堂の毘沙門天像の場合のように、制作した仏師は京都仏師ではなく地方在住の仏師と想定される。いわば京都様式＝定朝様は間接的に受容されたといえるだろう。また、須恵氏宗家による造像とみられる①③阿蘇釈迦堂像と、須恵氏支族の発願とみられる④勝福寺像、平河氏の②荒田観音堂像の場合に観察されたように、仏像の制作にあたって京都―大宰府―球磨郡、という京都とのそれぞれの「距離」が反映されているらしいことも認められるであろう。

2　相良氏の造像と在地の造像―十三世紀、多良木相良氏の場合

本節では三軀の十三世紀在銘仏像を取り上げて、相良氏の京都造像様式受容と在地の造像活動について考察する。

相良氏と球磨郡のかかわりを示す史料の初見は、遠江国相良荘を本貫とする相良長頼が、畠山合戦の功により人吉荘地頭職に補任された元久二年(一二〇五)鎌倉将軍家下文案(『相良家文書』3)である。近世の相良家史(『歴代参考』等)によれば、それより以前、建久四年(一一九三)長頼の父、相良頼景が上球磨の公領内多良木村に入部していたというが明証を欠く。相良長頼の没後(建長三年:一二五一)、その子息たちのうち多良木(上球磨)を拠点とした頼氏が人吉荘惣地頭職を継承して嫡流家となり(上相良家)、頼俊は人吉荘内(下球磨)経徳名などの地頭職を継承した(下相良家と通称するが、小川弘和氏によれば「上相良家」「下相良家」という呼称は適切ではなく、それぞれ「多良木相良家」「佐牟田相良家」とすべきという[小川 二〇一八])。十三世紀後半に相良氏は球磨郡内で二流に分かれ、次第に自立を強めた人吉の下相良(佐牟田家)が南北朝内乱を経て上相良(多良木家)を圧倒していった。

十三世紀の当地では仏像の制作数が前時代より減少しており、在銘仏像もわずかに四件のみである。本節ではこのうち三件の仏像を取り上げて検討する。

①承久二年(一二二〇)銘　木造勢至菩薩立像(山江村・高寺院、仏師源覚)
②正応元年(一二八八)銘　木造地蔵菩薩立像(多良木町・青蓮寺、蓮光房作カ)
③永仁三年(一二九五)銘　木造阿弥陀三尊像(多良木町・青蓮寺、仏師法印院玄)
(※十三世紀の在銘作例としては上球磨・湯前町の城泉寺阿弥陀堂・木造阿弥陀三尊像〔寛喜元年:一二二九〕もあるのだが、願主等、造像の経緯が明らかでないため、ここでは取り上げない)

(1) 各仏像について

【①山江村(下球磨)・高寺院の木造勢至菩薩立像(第7図)】(承久二年:一二二〇、像高五九・九㌢)

本像は昭和十八年頃、当院に寄進されたものでそれ以前の伝来は明らかでない。材質はヒノキ材製で、構造は頭体

第７図　①勢至菩薩像
（高寺院）

幹部材を前後に割矧いで内刳りを施し、さらに三道下で割首する割り矧ぎ造。昭和三十年頃、偶然に像内から銘文が発見された。

【銘　記】「奉造立大勢至菩薩御像／承久二年庚辰六月十二日庚午仏師源覚／右為惟宗聿高尊霊往生極楽也」（像内胸腹部墨書銘）

この銘記によって、本像が「惟宗聿高」の極楽往生を祈るため、承久二年（一二二〇）に造立されたことが判明した。制作者は仏師源覚。勢至菩薩の単独造像は珍しく、極楽往生を願っていることからも阿弥陀三尊像の脇侍像であったのかもしれない。

本像の作風は引き締まった面貌表現など、鎌倉時代の仏像様式を取り入れた端正な出来映えのものである。ただ、ほぼ同時期の京都の慶派仏師作と判断される上球磨・湯前町の城泉寺阿弥陀三尊像（寛喜元年：一二二九）に比べれば、起伏の少ない面貌表現や動きを抑えた体型など、はるかに保守的（平安時代後期様式的な）な作風が目につく。おそらく仏師源覚は前時代の技術を基本として身につけ、十三世紀になって当地に浸透した鎌倉時代様式を学び取った仏師だったのだろう。「源覚」という名乗りも平安時代仏師的な感覚といえる。

【②多良木町（上球磨）・青蓮寺の木造地蔵菩薩立像（第8図）】（正応元年：一二八八、像高一五六・九センチ）

本像は、相良（多良木家）頼宗が永仁三年（一二九五）に建立した青蓮寺本堂内にまつられている。元来は、須恵氏ゆかりの勝福寺（中球磨・あさぎり町）の仏像で、後世、青蓮寺に移座されたと伝えられている。材質はヒノキ材製で、構造は後頭部から背面にかけて前後二材からなる寄木造。

第８図　②地蔵菩薩像（青蓮寺）

【銘　記】「正應元年八月／十三日蓮光房」（左足先裏墨書銘）

この銘記によって本像が正応元年（一二八八）八月に制作されたことがわかる。蓮光房という人物は、願主か仏師のいずれかと思われるが明らかでない。本像の作風は、ふくよかで張りのある面貌表現、やや煩雑で起伏の大きな着衣の造形など鎌倉時代後期の仏像として様式的、作風的に矛盾はない。しかし、後述する同じ青蓮寺の本尊阿弥陀三尊像と比較すると、平板な体軀や煩雑な着衣衣文の造形など技術的処理に苦心しているような点からみて、木像も地域性の強い仏師によって制作されたものと考えられる。

【③多良木町（上球磨）・青蓮寺の木造阿弥陀如来立像（阿弥陀三尊の本尊像、第９図）**】**（永仁三年：一二九五、阿弥陀像高九八・九センチ）

亀田山青蓮寺の本尊像。多良木相良家三代の相良頼宗が永仁三年（一二九五）、曾祖父頼景の菩提を弔うために廟堂を建立し、同六年廟側に青蓮寺を建立したと伝える（近世相良家史料『歴代私鑑』『歴代嗣誠独集覧』『南藤蔓綿録』による）。本三尊像は、創建当初からの本尊である。

三尊とも材質はヒノキ材製。本尊・阿弥陀像の構造は、頭体幹部材を前後に矧ぎ（前後二材製か割り矧ぎか不明）、三道下で割り首とする。三尊とも肉身は金泥塗りで、袈裟などの着衣には雷文繋ぎ文や麻葉文などを流麗で精緻な「截金文様」で表す。人吉球磨を代表する美麗な鎌倉仏である。

第９図　③三尊のうち阿弥陀如来像（青蓮寺）

【銘　記】

「永(求カ)阿弥／陀佛」「奉行／龜田／□」「永仁三」「院玄作」(左脇侍像足枘側面　黒漆地に朱漆銘)

本像の作者は、院や摂関家の造仏を請け負うことの多かった「院派仏師」のなかでも、当時、最高位＝法印位にあった仏師院玄である。法印院玄は、京都・蓮華王院三十三間堂の千体千手観音像のうち七軀の作者(銘記により判明する)としても知られている。院玄はこれらの千手観音像の制作時(建長三～文永三年：一二五一～六六)には無位であったが、三〇年以上を経た青蓮寺像では最高位の法印となっていた。人吉荘が蓮華王院領であった縁などから、青蓮寺の創建者相良頼宗が院玄を紹介されて彼に制作を依頼した可能性があろう。

この阿弥陀三尊像はきわめて洗練された作風であり、三尊とも表面仕上げを通常の漆箔仕上げではなく「金泥塗り」という技法で仕上げ、同時に金を使った非常に精緻な「截金文様」を施している。これは当時として、最高級(当然、高価な)の仕上げである。

また、極めて珍しいことに阿弥陀像の両足の爪は銅製で、鍍銀を施していることも近年の調査で判明した(右手指爪にも異材を装着していた痕跡があり、銅製爪を付けていたものか)。十三～十四世紀の三尺阿弥陀如来立像のなかには足裏に描線や刻出で「仏足文」を表現するものがあり、そのなかには水晶など異材で「歯相」を表すものもある。さらにその一部には、手または足指の爪に銅製鍍銀など異材を装着する特殊な技法をとるものがあるという[奥 二〇〇五〕。立像の阿弥陀像は、臨終の場において現実世界に出現する姿であり、その「生身性」を実感したいとの願望からでたものではないかと推定されている〔奥 同前〕。

つまりこの阿弥陀三尊像は、院摂関家周辺にあっても、いささかも違和感のない当時一流、最新流行の仏像であり、「京都様式の直移入」である。このような直移入は、球磨郡では、十三世紀になって初めて出現したものである〔上球磨湯前町の城泉寺阿弥陀堂・木造阿弥陀三尊像〔寛喜元年・一二二九〕も慶派中枢仏師の手になるものだが願主等の移入経緯は不詳〕。

ところで、球磨郡における相良氏の本来の菩提寺は、下球磨人吉荘にある伝法山願成寺である。球磨相良氏初代というべき相良長頼が建立した寺院で、史料上の初見は嘉禎三年〔一二三七〕。既述のように長頼の後、相良氏は人吉を拠点とする佐牟田相良家と多良木を拠点とする多良木相良家にわかれた。願成寺の管轄権は嫡流家多良木家にあったが、十三世紀後半には徐々にその影響力を失っていったようである〔池田 二〇〇一〕。そのような状況のなかで永仁三年に創建された多良木青蓮寺は、多良木家の新しい独自の菩提寺という性格をもつ寺院であったと考えられる。人吉願成寺が相良長頼発願であるのに対し、青蓮寺がその父頼景菩提のためであることも注意されよう。本尊の阿弥陀三尊像は、佐牟田家に対抗する多良木家の威信をかけて京都へ発注されたものであり、多良木家の相良氏嫡流家としての意識が本像造立の背景に存するのだろう。ちなみに人吉願成寺の本尊像がどのような如来像で、京都からの移入仏像だったのか、その様式や技法、表面仕上げがいかようであったのか対比として注目されるのだが、それは室町時代に焼失したため不詳である〔現本尊阿弥陀像は他寺からの移座〕。

(2) 相良氏の京都様式受容と在地の造像

ここまでの所見をもとに、十三世紀相良氏における京都仏像様式の受容と、球磨地域の造像動向についてまとめてみよう。

ここで取り上げた三件の仏像のうち、下球磨山江村の①高寺院・木造勢至菩薩立像(承久二年：一二二〇)と上球磨多良木町の②青蓮寺・木造地蔵菩薩立像(正応元年：一二八八)は、引き締まった面貌表現など鎌倉時代の仏像様式を取り入れたもので、仮に造像銘文がなくとも作風からこの時代の作であることを認めうる。しかし、同じ時代でありながら③青蓮寺・木造阿弥陀三尊像(永仁三年：一二九五)に比べると、①高寺院像は、起伏の少ない面貌表現や動きを抑えた体型などはるかに保守的な作風で、おそらく①像の仏師源覚は前時代の技術を基本として身につけ、十三世紀になって当地に浸透した鎌倉時代様式を学び取った人物なのであろう。また②像では、煩雑でやや鈍重な衣文表現といった地域性の強い作風が目につく。本像が制作されたのは十三世紀末であり、京都でいわゆる「鎌倉彫刻様式」が確立されてからすでに久しい時間が経過している。本像の作者はおそらく、京都の造像様式を直接に学ぶことが難しかった、活動範囲が限定された地域性の強い仏師だったのだろう。

一方、③像は先述のとおり、院摂関家周辺の造仏を請け負うことの多かった「院派仏師」のなかでも、当時最高位の僧綱位にあった法印院玄の作である。平安時代後期までの球磨郡においては、京都仏像様式の規範下にある仏像が制作され、あるいは移入されることはあっても、「京都様式」そのものの仏像が持ち込まれることはなかった。「直移入」は十三世紀になって初めてみられるようになった現象であり、蓮華王院領の遠江国相良荘を本貫として領家八条院とも関係があり、いわば京都に近親性のあった相良氏の存在なくしては考えにくいことである。

このように見てみると、当時一流の出来映え、最新流行の作風であった③青蓮寺の阿弥陀三尊像の造像と移入には、相良氏の「京都仏像様式」あるいは「京都」そのものへの強い志向が認められる。また、この美麗な青蓮寺阿弥陀三尊像が、在来の在地領主や荘民に驚きをもって迎えられたことは想像に難くなく、この事業は(多良木＝嫡流家)相良氏みずからの「京都」「京都文化」との関係を誇示するためという一面をもっていなかったか。

前述のように①像・②像と③青蓮寺阿弥陀三尊像との間には、極めて大きな作風、技術的な出来映えの乖離が存する。①像②像の作風には保守性・地域性が強く、また、この二例に限らず銘文はないが作風からこの時代の制作と考えられる球磨の仏像と比較しても、③像の移入が球磨地域の仏像に直接的な技術的影響を与えた形跡は認められないのである。西遷御家人相良氏は、文化的にはいわば「京都」側の存在であり、在地である球磨の造像活動は前時代と同様に間接的に京都様式を学びつつ展開していたといえるだろう。

3　室町時代 在地小領主たちの造像—十五～十六世紀、地域社会の造像

本節では十五～十六世紀に造られた三軀の在銘仏像を取り上げて、室町時代の京都造像様式の受容のあり方と在地小領主による仏像制作について考察する。

十五世紀以降、当地で制作された仏像数は前時代に比べて急増する。在銘仏も一気に増加するが、ここでは十五世紀と十六世紀の次の三件の仏像制作の場合を取り上げて考察する。

①寛正三年（一四六二）銘　木造大弁功徳天・婆藪仙人立像（二軀）（上球磨地域の水上村・龍泉寺、仏師慧麟）

②延徳二年（一四九〇）銘　木造阿弥陀三尊像のうち、勢至菩薩立像・観音菩薩立像（上球磨地域の湯前町・八勝寺、大仏師七条〔中御門ヵ〕仏所）

③永正八年（一五一一）銘　木造十一面観音菩薩坐像（下球磨の五木村・入鴨観音堂、願主＝入鴨但馬守重次、嶽村掃部重正など）

これまでの調査では、球磨郡内で平安～鎌倉時代（十一～十四世紀前半）作の仏神像は約一八〇軀が知られているが、室町時代（十五～十六世紀）には約四九〇軀を数える（いずれも在銘像と無銘像を合算して）。うち制作年を記した室町期

の紀年銘像は、じつに八八軀である〔有木 二〇一四bの別表〕。

南北朝時代にはおおむね、人吉の佐牟田相良家が武家方、多良木相良家が宮方に属して分裂抗争したが、次第に佐牟田方が多良木方（本来の嫡流家）を圧倒していった。室町時代の文安五年（一四四八）には、庶子家と推定されている永富長続が佐牟田相良家督権力を簒奪するという相良氏にとっての大事件（「文安五年の内訌」）が起こる。この長続は多良木相良家をも倒し、球磨郡全体を掌握していくが、当初は対立抗争が継続したらしく郡内が不安定な時期が続いたようである。後述する仏師慧麟の仏像銘文によれば、寛正年間（一四六〇～六六）ころにようやく長続権力は安定したようで、相良氏は一郡領主から戦国大名への道をあゆみはじめる。

(1) 各仏像について

【①水上村（上球磨）・龍泉寺の大弁功徳天・婆藪仙人立像（第10図）】（寛正三年：一四六二、像高七四・三、六六・八センチ）

第10図　①婆藪仙人像（龍泉寺）

大弁功徳天は吉祥天と同体とされる天部、婆藪仙人は頭巾をかぶる山林修行者の姿で表される天部で、千手観音菩薩を中尊として三尊を構成することがある。二像とも材質はヒノキ材製で、構造は丸彫りの一木造である。本像の長文の銘文には、相良長続の繁栄とその代官湯前殿や岩野殿らの富貴を祈って、仏師慧麟により寛正三年（一四六二）に制作されたことが記されている。もともと本像の願主長堅の善土寺にまつられていたが、近代に龍泉寺に移された。

慧麟は、一四六〇年～六九年の間に球磨郡内のみで九軀もの仏神像の造像例が確認される、この時代の当地を代表する仏師である。その作風は比較的に小型の仏像が多く、ほとんどが丸彫り一木造で素朴な量感や質感を表わす。厚みのある衣文表現や大づかみな体軀の造形などおおらかで素朴な作風は、京都仏師の作風や技法とは大きな隔たりが見られるもので、慧麟は球磨郡周辺で技術を学んで当地の需要に応えていた仏師なのであろう［中西二〇一四］。

また、比較的長文の銘文を伴うことが多いのも慧麟作仏像の特徴で、九例のうち三例の銘記には文安の内訌で当地を掌握した永富（相良）長続の繁栄祈願の文意がみえる。あわせて長続の代官など小領主クラスのための願意が記されているのも注目されるところで、これまでの時代にはみられなかったものである。


【②湯前町（上球磨）・八勝寺跡の木造阿弥陀三尊像（第11図）】（延徳二年：一四九〇、阿弥陀像高八八・九センチ）

本三尊像は盗難に遭い現在行方不明であるが、かつての調査によれば脇侍の木造勢至菩薩と観音菩薩の像内に銘記があり延徳二年（一四九〇）に「大仏師七条中（カ）御（カ）門（カ）仏所」により制作されたとあった［平田一九八三］。

第11図　②阿弥陀如来像（八勝寺）

三尊ともに材質はヒノキ材製で構造は寄木造である。銘記にある「七条仏所」は運慶の系譜を受け継ぐ京都の仏所で、室町時代のこの時期には七条中仏所が中心となり七条西仏所も活動していた［根立二〇〇六］。ただし、銘記の読みに従うなら、七条中御門仏所ということになるが、この仏所は今のところ知られていない。

中世後期の京都の仏像彫刻は、運慶・快慶・湛慶らに代表される鎌倉時代彫刻を規範とし続け、造形的に定形化、形骸化の方向に進んだといわざるを得ない。京都の仏像でも平板な面貌や弛緩した体型など、彫刻としての形骸化を露呈している作例もしばしばみられる。八勝寺阿弥陀三尊像も、袈裟などの着衣のまとい方、衣文の捌き方などはそれなりに流麗で面貌も端正に彫出されているが、鎌倉時代の京都の仏像に比べれば定形化は否めず室町時代の京都彫刻らしさがあらわれているといえよう。それでも①龍泉寺像、③入鴨観音堂像に比べれば、京都―球磨郡間の作風や技術的な出来映えの乖離は歴然としている。

本像がまつられている八勝寺は、鰐口銘（文明十六年：一四八四）によると十五世紀には存したらしいが詳細は不明。本像の銘記には願主らしき人名として「久米上金」の名前が記されていた。八勝寺は湯前町久米地区に位置し、「肥後国球磨郡田数領主等目録写」（建久八年、『相良家文書』2）には「公田九百丁　地頭藤原眞家　字久米三良」とあり、久米上金はこの平安末期の在地領主の系譜を引く者かもしれない。いずれにしても、十五世紀末には相良氏のような一郡規模の領主でなくとも、久米氏のような地域の小領主が京都に仏像制作を依頼できるようになっていたことが注目される。

【③五木村（下球磨）・入鴨観音堂の木造十一面観音菩薩坐像（第12図）】（永正八年：一五一一、像高四三・五㌢）

本像銘記は「奉尊像観音造立（中略）延供養歳次永正八年辛未十月十八日（中略）両村谷（カ）□男女別而入鴨但馬守重次一家獄村掃部重正同為光重定一家百民諸□子孫繁昌（以下略）」。

本像は、下球磨地域の山岳地帯五木村の、さらに奥まった入鴨地域の観音堂にまつられている十一面観音像である。五木は建久二年（一一九一）の「良峯師高譲状案」（『平河文書』1）に永吉荘の一部として登場し、当時から「さつし」（冊紙?）「板」「漆」を生産していたことが知られる。

第12図　③十一面観音像(入鴨観音堂)

本像の材質はクス材製、構造は一木造で、本体の背面から内刳りを施して背板をあてている。室町時代の地方の仏像によくみられるように台座まで共木の一材で彫り出したものである。光背裏の銘記によると、本像は真幸院(宮崎県えびの市)にて明応三年(一四九四)八月に一旦は造像を終えた。その後移座されたらしく、永正八年(一五一一)十月、五木の入鴨但馬守重次一家や嶽村掃部重正一家等の助成を得て「延供養」が行われた。入鴨の近辺に「嶽」字が存するので、銘文中の「両村」は入鴨と嶽を示していると思われる。

本像の大づかみで重量感のある体軀や省略的に彫出された衣文表現など、十五～十六世紀に各地方で数多く見出だせる素朴なタイプの仏像である。作者については銘記されていないが、①像の仏師慧麟と同様に地方で技術を習得して限られた地域で活動していた人物なのだろう。当時はそのような仏師が各地で活動し、飛躍的に増大した各地の造仏需要に応えていたものと考えられる。

また、本像の銘文から当時の五木にも「播磨守」や「但馬守」、「掃部」などという官途名を名乗る有力者が存したことがわかる。そして、彼らのような地域の小領主とみられる有力者が、取りまとめ役となって造像に結縁するという当時の在地の造像状況が読みとれ注目される。造仏はもはや大領主層だけのものではなく、村落の小領主層が担い手として登場してきたのである。

たい。

⑵ 在地小領主たちの造像と京都造像様式

以上の所見に基づいてこの時代の京都造像様式の受容のあり方と、在地小領主による仏像制作についてまとめてみたい。

本節で取り上げた三件の仏像のなかで、①水上村・龍泉寺の大弁功徳天・婆藪仙人立像(寛正三年：一四六二)と、③五木村・入鴨観音堂の木造十一面観音菩薩坐像(永正八年：一五一一)は、どちらも限られた地域内で技術を習得し活動していた仏師によって制作された仏像である。①像の作者慧麟の仏像は、球磨郡内でしか作例が知られていない。どちらも一木造で素朴な量感や質感をあらわし、厚みのある衣文表現や大づかみな体軀の造形など、おおらかで素朴な作風であり、京都仏師の作風や技法とは大きな隔たりがみられる。また、①像の銘記には相良長続の代官など小領主層のための願意が記され、②像では五木の小領主層とみられる有力者たちが造像の取りまとめ役を果たしていることも注目される点である。前述のように村落の小領主層が、造像の担い手として登場したのである。

一方、②湯前町・八勝寺跡の木造阿弥陀三尊立像(延徳二年：一四九〇)は、銘記によれば京都の七条仏所の作。鎌倉時代京都の仏像に比べると定形化は否めないが、それでも①像や③像のような球磨郡の仏像に比べると作風は端正で洗練されており、両者の技術的乖離は鎌倉時代の①承久二年(一二二〇)勢至菩薩立像と③永仁三年(一二九五)青蓮寺阿弥陀三尊像の場合よりもさらに拡大している。また、②八勝寺像の場合も在地小領主とみられる久米氏が、京都の七条仏所に仏像制作を依頼していたことが注目される。全国的にみても京都仏師の地方進出はこの時代に加速し、九州の他地域でも七条中仏所の法眼康永(福岡・普光寺の金剛力士像、文明五年：一四七三)や三条猪熊仏所の祐尊(福岡・海蔵寺の馬頭観音像、嘉吉元年：一四四一)などの作例が伝えられている。

十五～十六世紀の球磨郡の仏像は(他地域も同様だが)、前時代までに比べて数量が急増した。そして、京都仏師の仏像との作風技術の乖離は前時代よりさらに大きくなり、素朴で地域性の強い仏像が主流となっていった。「京都造像様式」は仏像制作上のベース、下敷きとして存在しても、必ずしも厳守しなければならない「規範」ではなくなってきたといえるだろう。京都の仏像や仏師は地方へ進出していったが、京都様式は地域の造像に大きな影響を与えなくなり、地域の側でも「京都」へのこだわりが薄れたことが仏像の作風から見て取れる。また、仏像制作の主たる担い手は、相良氏など大領主から地域村落の小領主(有力者)たちへ拡大していった。この時代の銘記をみると、かれらを取りまとめ役とする、いわば「村の造像」ともいえるあり方が次第に増加していき、それは近世へつながっていく。

おわりに

肥後国球磨郡の平安時代末期、鎌倉時代、室町時代における「京都造像様式」の受容のあり方と、それがいかように当地の仏像制作のあり方に反映されたかを通観した。改めて本稿の考察をまとめてみたい。

球磨では十世紀以前の仏像は二、三例しか存しないが、院政期十二世紀になると、須恵氏平河氏ら在地領主が仏像制作を競い、京都造像様式＝「定朝様」を規範として抵抗なく受容したことが確かめられた。しかし、院摂関家周辺の仏像との技術的巧拙は存し、京都から直接、仏像が移入されることも仏師が下向することもなかった。球磨の仏像は限られた地域で活動した仏師によって制作され、比較的優れた作風の仏像も大宰府周辺で制作されたものと推定した。京都様式はいわば間接的に受容されたのである。九州全体でみても同時期の院摂関家周辺の仏像と作風、大きさ(丈六仏など)で匹敵するのは大宰府観世音寺など京都に直結する寺社の仏像の一部に限られる。院や平氏を肥後国で仲介したとされる菊池氏[小川 二〇一六a]も、基本は在地勢力であり京都様式そのものを移入移植することはできなかった。仏像の作風からも、菊池氏や球磨の在地領主たちの立ち位置が明確になるといえるだろう。

十三世紀の多良木相良家による青蓮寺阿弥陀三尊像（永仁三年：一二九五）の造像は、この地域に初めて京都直移入の仏像をもたらしたという意味で画期的であった。このことは、蓮華王院領の遠江国相良荘を本貫として領家八条院とも関係があり、京都に近親性があった相良氏なくしては考えにくく、当時最新・最高級の仏像の造像と移入には、相良氏の「京都」への強い志向と在地勢力への示威が認められるであろう。一方、同時代の球磨の他の仏像をみると、鎌倉時代彫刻の様式、技術を学んだ形跡は認められるものの、いずれも保守性や地域性を色濃く示している。相良氏の造仏が、この地域の同時代の仏像に技術的に直接的な影響を与えたとは言い難いのである。青蓮寺像の存在は、相良氏における京都との文化的な距離の近さを知らせる一方で、球磨在地の造像活動は前時代と同様に間接的に京都様式を学びつつ展開していたことを示す。

十五〜十六世紀には、仏像の制作数が前時代までと比較して急増した。この時代にも八勝寺阿弥陀三尊像（延徳二年：一四九〇）のように、京都様式（七条仏師）の仏像は移入されていた。鎌倉時代との相違は、京都からの仏像移入の主体が相良氏より下層の小領主（久米上金）になったことである。技術的にも作風的にも素朴な出来映えの仏像が主流となり、造仏発願の主体は村落の小領主層へと拡大していったのである。京都移入の仏像と地域で制作された仏像との技術的作風的な乖離は、前時代よりさらに大きくなった。

このようにみると「京都造像様式」は、中世を通じて球磨の仏像規範として機能したが、この地域に技術的に直接移植されることはなく、「京都様式」との関係は間接的であり続けた。中世前期における京都仏師と在地仏師の関係（技術の授受や師弟関係など）は不明な点が多く今後の課題のひとつであるが、九州の場合でけ仏師にも京都→大宰府→在地（球磨）、というような階層性があったのではないかと想定している。中世後期に仏像制作の主体が大領主から村落小領主層へ拡大していくなかで、仏像の技術的作風的な地域性は一層深まり、「京都」と地域の乖離はさらに大きくなる。その要因としては、仏像制作の在地化による仏師たちの京都からの技術的乖離と、地域の側で必ずしも京都様式を必要としなくなった状況が考えられるだろう。

別な見方をするなら、仏像における京都様式＝「京都」の受容には、院政期在地領主や多良木相良家の場合のように他領主や荘民への京都との関係を誇示、威信を示す意味合いもあったと考えられるが、そのような必要性の薄い「村の造像」では京都様式の積極的受容も必要とされなかったのではないだろうか。

本稿では、球磨郡という京都から最も遠隔な地域での京都造像様式の受容と、それがいかに在地の造像に反映されたか（ないしされなかったか）、中世を通じての俯瞰を試みた。これまでの日本彫刻史研究では取り上げられることの少なかった規範としての「京都様式」の地方への受容のあり方、個別の仏像を手がかりにして検討することができたと考えている。

なお、今後の課題であるが、球磨郡には平安時代後期に制作された毘沙門天像を中心とする天王（神将）像が他地域に比べて突出して数多く（東北の北上川流域でも同様の現象がみられる）、この興味深い現象は近年指摘されている「日本国」の境界問題とリンクしているのかもしれない［小川 二〇一六b など、有木 二〇一四a］。

また、「京都造像様式」の地方展開を彫刻史の観点からみると、どの時代にあっても京都を中心とした「日本」彫刻史の一律的な展開は自明のようにみえる。しかし、九州における十世紀以前の仏像には、京都様式の直模とはいえない場合のあったことが近年、報告されており［末吉 二〇一六、宮田 二〇一六］、同時代でも各地域による作風の差異があったことが判明しつつある。一方で、球磨でみたように、十一世紀後半以降は「定朝様」や鎌倉時代の慶派様式などが、技術的な巧拙はあれ全国を一色に染めた規範的な造像様式となった。このように全国一律に展開するようになった理由はなにか。以上のことは今後の課題として別稿を期したいが、本稿はそのための一階梯と考えている。

参考文献

有木芳隆　二〇〇七年「九州の室町彫刻」『日本の美術　室町時代の彫刻』第四九四号　至文堂

有木芳隆　二〇一四年a「勝福寺毘沙門堂の仏像群について」『あさぎり町の仏像彫刻修理報告書』あさぎり町文化財調査報告書第三集　あさぎり町教育委員会

有木芳隆　二〇一四年b「総論　中世球磨の仏像―人吉球磨の人々と造像」『ほとけの里と相良の名宝展図録』熊本県立美術館

有木芳隆　二〇一六年「九州球磨郡の平安後期・仏師動向と在地領主の造像活動―在銘の天王像を中心に―」津田徹英編『仏教美術論集6　組織論―制作した人々』竹林舎

池田公一　二〇〇一年「願成寺小考―西遷御家人相良氏の族的結合に関して―」『西南地域史研究』第十三輯

小川弘和　二〇一四年「総論　中世球磨郡の形成と展開」『ほとけの里と相良の名宝展図録』熊本県立美術館

小川弘和　二〇一六年a「府官系武士団の展開と肥後国」『中世的九州の形成』高志書院

小川弘和　二〇一六年b「平安時代の球磨郡と造寺・造仏」前掲書

小川弘和　二〇一八年「中世球磨郡の在来領主と相良氏」熊本学園大学『総合科学』23―1・2号

奥　健夫　二〇〇五年「生身仏像論」『講座日本美術史　造形の場』第四巻　東京大学出版会

九州歴史資料館　一九九六年『肥後人吉　願成寺』九州の寺社シリーズ15

工藤敬一　一九九二年「人吉球磨の荘園公領制と人吉荘」同『荘園公領制の成立と内乱』思文閣出版（原型初出一九八八年）

熊本県立美術館　一九八三年『熊本県内主要寺院歴史資料調査報告書（三）人吉・球磨・芦北・水俣地区』

佐藤光昭　一九八七年「悉曇反音略釈について」『郷土』第十五号　求麻郷土研究会

末吉武史　二〇一六年「福岡・長谷寺十一面観音立像と九州の古代彫刻」『仏教藝術』三四九号

中西真美子　二〇一四年「仏師慧麟の造像」『ほとけの里と相良の名宝展図録』熊本県立美術館

根立研介　二〇〇六年「第六章　慶派仏師の末裔たちの動向―東寺大仏師職をめぐって―」『日本中世の仏師と社会―運慶と慶派・七条仏師を中心に―』塙書房

人吉市教育委員会　一九九一年『願成寺文書』

平田寛（研究代表者）一九八三年『九州の中世美術―熊本・球磨地方美術調査概報』九州大学文学部美学美術史研究室

松本寿三郎　一九七七年「相良氏の球磨下向と多良木支配」『蓮華寺跡・相良頼景館跡』熊本県文化財調査報告書第二十二集　熊本県教育委員会

宮田大樹　二〇一六年「観世音寺における講師と造像―平安時代前期を中心に―」『仏教藝術』三四八号

八尋和泉　一九八六年「[九州在銘彫刻シリーズ]日田永興寺文治三年銘毘沙門天像と九州の「藤末鎌初」について」『九州歴史資料館研究論集』一一

京都系土師器の周囲・周縁・外部

伊藤 裕偉

はじめに

京都系を含む土師器皿は、成形手法や色調等を度外視すれば、中世の日本列島で広く用いられた器である。そして、単純極まりないカタチの中に文化的要素を抱えている。そのため、これに関する考古学研究は、型式論だけでなく、地域論[宇野 一九九七]、意味論[吉岡 一九九四、鈴木 二〇〇六、高橋 二〇〇八]など極めて多彩である。中世後期ではとくに京都系土師器が注目され、京都から地方に発信される「文化」の考古学的指標で、地域権力と京都とのつながりを示す資料との評価が定着している[小野 一九九七、服部 二〇〇八他]。中井敦史氏は京都系土師器を列島規模で検証し、この評価を大枠で認めたうえで、地域の京都系受容は一律ではないと総括した[中井 二〇一一]。

多くの研究成果が蓄積された京都系土師器に、もはや検討の余地はないようにも見える。しかし、それでもなお、喉に刺さった小骨のごとき違和感を筆者は拭い切れない。原因は、その核心に「京都」が措定されているからに他ならない。

ひとつの事象を追求し、そこから「京都」を抽出することは、実はそれほど困難ではない。しかし、そうして抽出した個々をまとめ、総合的に「京都」を語るのは難しい。列島文化と「京都」の関連は、明確なものから漠然としたものまで様々で、そこに地域性が加わるとさらに複雑さが増す。追求を重ねるほどに実態がよくわからなくなるもの、それが筆者にとっての「京都」である。

だが、日本列島の歴史を考える以上、どのような立場であっても「京都」の検証は不可避と思う。小稿は、このような「京都」に対し、土師器皿という限定された素材のみで検討するという、極めて無謀な試みである。そこで、少しでも「京都」に迫るため、せめて多角的に、そしてあえてそこから距離を置いて検討してみたいと思う。

まずは、土師器皿を列島規模での普遍性がある資料と位置付けた検討を行う。

つぎに、「京都」を俯瞰した検討をする。「京都」とそれをとりまく「周囲・周縁・外部」という観点で見てみたい(第1図)。

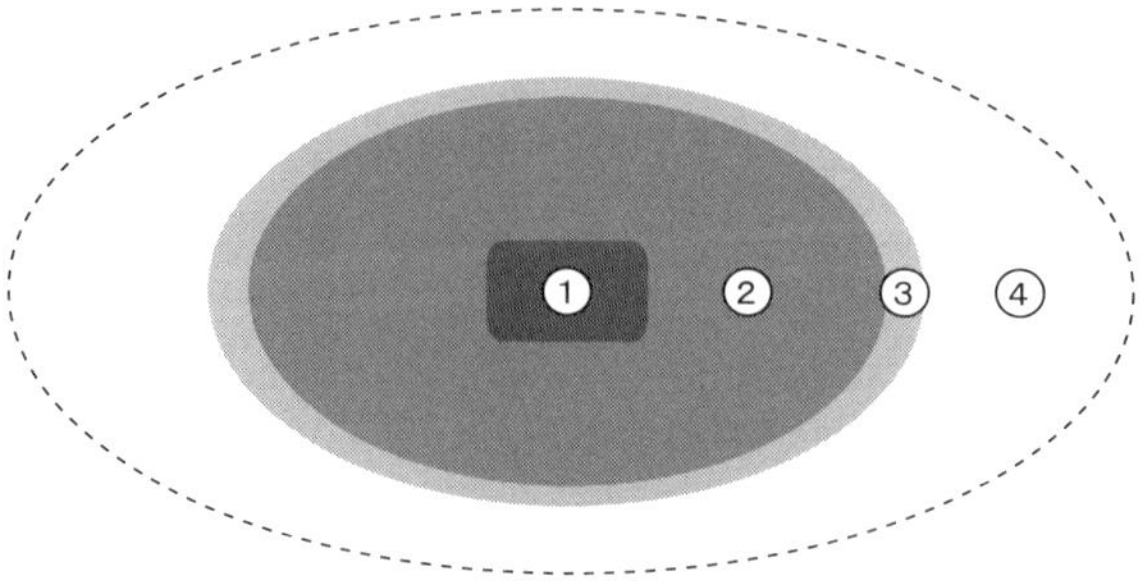

① 京都　② 周囲　③ 周縁　④ 外部

第１図　京都と周囲・周縁・外部のイメージ

これについては、程度の差こそあれ中世土師器皿は列島規模で敷衍していることと、土器分布の基本は同心円状に多寡濃淡が出るということを基本に置く。京都系土師器の検討なので、中心は京都である。ここでいう「京都」は、古代平安京の所在地である現在の京都盆地に限定する。「周囲」は、京都を取り囲み、その情報が直接及ぶ文化的同質性を有した地域とする。概ね畿内地方にあたる。「周縁」は「周囲」の縁辺で、「周囲」ほど京都との文化的同質性を持たないが、京都からの情報は比較的早期に及ぶ地域である。また、京都と外部とをつなぐ地とも見なし得る。「外部」は、「京都」や「周囲」との文化的同質性を持たない地域である。

この観点は、石井進氏が中世武士団によるイエ支配の説明に用いた図式〔石井一九七四〕を応用し、新たに「周縁」の要素を付加したものである。石井氏の方法論は今では古典的なものだが簡潔明快であり、俯瞰視的検討のための概念整理には現在なお有効だと考える。

1　土師器皿の入手方法と値段

ここでは、土師器皿が当時どのように扱われていたのかを探るため、史料に基づき、その入手方法と値段を見ておく。文字史料では、「かわらけ、かはらけ、土器、瓦器、瓦気」などの語が登場するが、いずれも「ka-wa-ra-ke」ないしはこれに近似した発音で、考古学でいう土師器皿に相当すると考えて大過ない、という前提である。

a　土師器皿の入手方法

考古学では、土器流通は振売りに拠るという認識が根強くあるように感じる。中世末期に作成された『七十一番歌合』（『群書類従』二八）にある通り、振売りが実際に行われていたことは事実であろうが、市売り、町売りも同等かそれ以上に重要であったと考えられる。

元弘三年（一三三三）の京都には、奈良火鉢や折敷と並んで、「瓦気」の「タナ（棚）」がある（「内蔵寮領等目録」山科家旧蔵文書、宮内庁書陵部蔵）。町場の一角に商売のための棚すなわち広義の店舗があったと見られる。また、文安四年（一四四七）に相模国称名寺界隈で行われた「天等供」に際しては、それに用いられる「土器」が「町買」された（「金沢文庫古文書」『神奈川県史』六〇六一）。

伊勢神宮では、明応六年（一四九七）に土器生産地の有爾から土器が貢納されなかったため、神宮の施設（組織）である子良館に対し、内宮長官から代銭一〇〇文が下行された。

〔史料1〕※〈　〉は割注

同三月三日、有爾御土器不参、仍長官ヨリ食之代百文御下行、然ヲ内外六方へ配分スル、大ホウロク二二廿四文

〈一ハ飯屋殿出納給ル〉、ぼうが十廿文、小ぼうろく六十文、箸躰二十文、土器九連十二文、仍瀧祭へ八文、風宮へ七文配分、又、荒祭へぼうがぼうろく二合、土器五連、箸躰二ノ分、合廿文配分スル、百文、五月五日ニモ同前、但、五月ニハ大土鍋一也(『内宮子良館記』明応六年条、『続群書類従』一下)

史料1では、内宮長官から下行された「食の代」、すなわち土器の購入代金一〇〇文の配分が示されている。貢納されなければ、土器は購入されたのである。さらにここから、神宮の祭礼に用いられる土器が市・町で売られている土器と同じか、大差ないこともわかる。

第1表 『内宮子良館記』にみる土器の値段(明応6年)

	名称	個数	単位	金額(文)	一個・連の値段(文)	1文あたり
子良館購入分	大ホウロク	2		24	12	
	ぼうが	10		20	2	
	小ぼうろく	6		10	1.67	
	箸躰	2		10	5	
	土器	9	連	12	1.33	15 枚
	大ホウロク(飯屋出納分)	1		▲12		
子良館支出金	瀧祭へ給付金	—	—	8	—	
	風宮へ給付金	—	—	7	—	
荒宮購入分	ぼうがぼうろく	2	合	3.35	1.68	
	箸躰	2		10	5	
	土器	5	連	6.65	1.33	15.04 枚
	支出合計			99		

第2表 『諸藝方代物附』にみる土器の値段(16世紀末頃)

名称	個数	単位	金額(文)	1連の値段(文)	一文あたり
かはらけ十度入	5	連	100	20	1 枚
かはらけ七度入	14	連	100	7.14	2.8 枚
かはらけ五度入	20	連	100	5	4 枚
かはらけ相の物	40	連	100	2.5	8 枚
かはらけ三度入	100	連	100	1	20 枚

第3表 多武峯における土器の値段(永正18年)

名称	個数	単位	金額(文)	1連の値段(文)	一文あたり
京土器六度入	35	連	140	4	5 枚
①京土器五度入	100	連	300	3	6.67 枚
②同	170	連	300	1.76	11.33 枚
①+②(五度入)	270	連	600	2.22	9 枚
京土器三度入	130	連	156	1.2	16.67 枚

(『談山神社文書』484)

時代も地域も異なる三つの事例を挙げたが、であるがゆえに中世の土師器は地域や時代を超え、市場や町場で買うことができたことを示し得ると考える。これは、どのような意味付けがなされるにしても、土師器が階層を超えて需要された消費財であったことを示している。

b 土師器皿の値段

つぎに土師器皿の値段を見る。土器の値段は意外にもあまり検討されていないが、これは販売の単価とその単位が明確でなかったことに起因している。

まず、土師器皿の売買単位を確認する。史料1に見える通り、土師器皿(かわらけ)は「連」とい

第４表　かわらけ(土師器皿)値段の比較(16 世紀頃)

名　称	数量・単位A		金額(文)	単位B・金額(文)		単位C・金額(文)		1文あたり(単位)		時期	典拠
塩	1	斗	143	1升	14.3	1合	1.43	0.70	合	天文元	③
塩	4〜5	升	100	1升	25	1合	2.5	0.40	合	16c以前	②
下白酒	1	斗	100	1升	10	1合	1	1	合	天文8	③
吉酒	1	斗	200	1升	20	1合	2	0.5	合	天文8	③
油				1升	160	1合	16	0.06	合	長享元	③
油	2	斗	7000	1升	350	1合	35	0.03	合	16c以前	②
杉原紙				1帖	70	1枚	3.5	0.29	枚	大永2	②
杉原紙(上品)	1	束	800	1帖	80	1枚	4	0.25	枚	16c以前	②
杉原紙(下品)	1	束	350	1帖	35	1枚	1.75	0.57	枚	16c以前	②
檀紙(上品)	1	束	200	1帖	20	1枚	1	1	枚	16c以前	②
檀紙(下品)	1	束	100	1帖	10	1枚	0.5	2	枚	16c以前	②
かはらけ(十度入)	5	連	100	1連	20	1枚	1	1	枚	16c以前	②
かはらけ(七度入)	14	連	100	1連	7.14	1枚	0.36	2.8	枚	16c以前	②
かはらけ(五度入)	20	連	100	1連	5	1枚	0.25	4	枚	16c以前	②
かはらけ(あひ物)	40	連	100	1連	2.5	1枚	0.125	8	枚	16c以前	②
かはらけ(三度入)	100	連	100	1連	1	1枚	0.05	20	枚	16c以前	②
土器(南伊勢)	9	連	12	1連	1.33	1枚	0.07	15	枚	明応6	①
大焙烙(南伊勢)	2	個	24	1個	12	1個	12			明応6	①
小焙烙(南伊勢)	6	個	10	1個	1.67	1個	1.67			明応6	①

・塩、酒、油・・・・1斗＝10升＝100合、油の1荷は2斗
・紙・・・・1束＝10帖＝200枚
・かわらけ・・・・1連＝20個

＜典拠＞
① 『内宮子良館記』(『続群書類従』1下)
② 『諸藝方代物附』(『続群書類従』33上)
③『新編日本史事典』(東京創元社、1990)

う単位で売買された。中世後期の伊勢では、一連＝二〇枚であった〔小林 一九九二〕。「連」の用例は釘にもあり、二〇本を一単位としていた〔山本 二〇〇四〕。土器は二〇枚を重ね合わせ、おそらく紐で縛られた状態で売買されたのだろう。

前掲史料1から、それぞれの土器の値段をまとめた(第1表)。内宮長官の下行が一〇〇文、全体の配分から大ホウロクの飯屋支出分を引くと九九文なので、出納は概ね合致する。ここから、伊勢の「土器」＝かわらけは、一連＝二〇枚＝一・三文程度となる。一枚あたりの単価は驚くほど安い。

これを念頭に、他の史料も見る。著名な『諸藝方代物附』(『続群書類従』三三上)には「かはらけの代」があり、「五と入は百ニ廿」といった記載である。史料1で単位の表記を省略している事例があることから、これを「五度入のかわらけは百文で二〇連」の意味と解する。同じく一連＝二〇枚とすると、いずれもほぼ整数値となる(第2表)。とくに、『諸藝方』の三度入は、史料1の「土器」と近似した数値なので、両者は概ね同法量の土師器皿と考えられる。

もう一例示そう。永正十八年(一五二一)の多武峯(奈良県)における事例(『談山神社文書』四八四、談山神社古文書集成1、CD-

ROM版)は「百四十文　京土器六度入卅五之代」とあり、他に「五度入」・「三度入」が見られる(第3表)。「六度入土器は三五連の代金が一四〇文」の意味と解せば、やはり整数値に近づく。なお、五度入は二回分の代金が記載され、それぞれの単価が異なっているが、これは追加発注となった二回目が割引料金になったと考えられる。

なお、第1～3表の末尾には、一文あたりの枚数も示した。三度入で比較すると、一文で一五～二〇枚程度の購入が可能であることを示している。伊勢の「土器」が京都や多武峰の三度入に近いものであることがわかるし、物価変動を考慮しても単価は地域差がほとんどないと見て差し支えないであろう。

参考までに、中世後期の土師器皿(かわらけ)がどの程度の値段にあるのかを他の物価と比較してみた(第4表)。物価については詳細な検討があり[小野 一九九七、桜井 二〇〇四]、ここでは深入りしないが、土師器皿は、油や紙(杉原紙)といった高級品よりは当然安いものの、酒と比べると意外に高いこともわかる。

c 土師器皿の金銭的価値

文献史料に基づき、中世後期における土師器皿(かわらけ)の入手方法と値段を見てきた。土師器皿は町場で買え、「連」という単位でまとめ買いされていた。一連の数量は二〇枚(個)で、これは鉄釘と同様である。土師器一枚あたりの単価は極めて低い。

中世における生活財としての土師器皿は、明らかに大量消耗品であった。土師器皿が持つ文化史的な側面を考察するにあたっても、生活財として見られるこの側面は重要である。

2　京都の「周囲」～「京土器・京かわらけ」とその意味～

a 「京土器・京かわらけ」の事例

考古学でいう「京都系土師器」と類似した史料用語に、「京土器・京かわらけ」がある。中井敦史氏によれば、かわらけ（土器）の登場史料は京都二二六件、大和五〇件、その他五一件で、このうち、「京土器・京かわらけ」が登場するのは京都二件、大和一件、その他一件である〔中井 二〇一一〕。「土器」記載史料は比較的多いが、「京土器・京かわらけ」の登場は少ない。

この「京土器・京かわらけ」について、中井氏が触れていない事例も含め見ていく。なお、中井氏が示した「京都二件」はいずれも石清水八幡宮の事例なので、冒頭で触れたように、小稿では京都に含めない。

鎌倉の「京土器」　鎌倉（神奈川県鎌倉市）と「京土器」の関係は、すでに大橋康二氏が注目している〔大橋 一九七九〕。元徳二年（一三三〇）、金沢貞顕が京都の大江顕元を通じて「白土器」を所望した（「金沢文庫古文書」『神奈川県史』二八四四・二八四五）。一連の別史料に「京土器」とあり（『神奈川県史』二八四九）、「白土器」とは「京土器」のこととわかる。

この段階では、鎌倉幕府の宮将軍（守邦親王）による三月上旬の御所旬（節句）に必要なものとして調達を画策している。京都直結の人物と関連して需要されたことが特徴といえる。なお、鎌倉との関連で京土器が登場するのはこの場面のみである。そのため、鎌倉で「京土器」に対する恒常的な需要があったとまでは言えない。

石清水八幡宮の「京土器」　石清水八幡宮（京都府八幡市）では、康正二年（一四五六）頃、室町将軍の社参に伴う「可有用意物」として「土器六」とあり、それは「禰宜程ナル京土器」としている〔「武家御社参記」、石清水八幡宮社務所一九七三〕。「禰宜程ナル」の意味はよくわからないが、神事が執行されるなかで用いられたことを想定させる。なお、応永十六年（一四〇九）から永享十三年（一四四一）にかけて書き継がれた「年中用抄」にも同様の記述があり、ここでは「子き程ナル京土器」とある。

石清水八幡宮の記録は、「京土器」と室町将軍とがつながる数少ない事例といえる。

河内観心寺の「京土器」　観心寺(大阪府河内長野市寺元)では、長享三年(一四八九)四月の結縁灌頂に「京土器」が登場する(「観心寺文書」『大日本史料』八―三〇)。ここでは「百文　油土器京土器共」とある。「油土器」は灯明皿のことであろうか。また、「京土器共」の表現からは、在地(河内産)の土器とともに京土器が用いられたことがわかる。

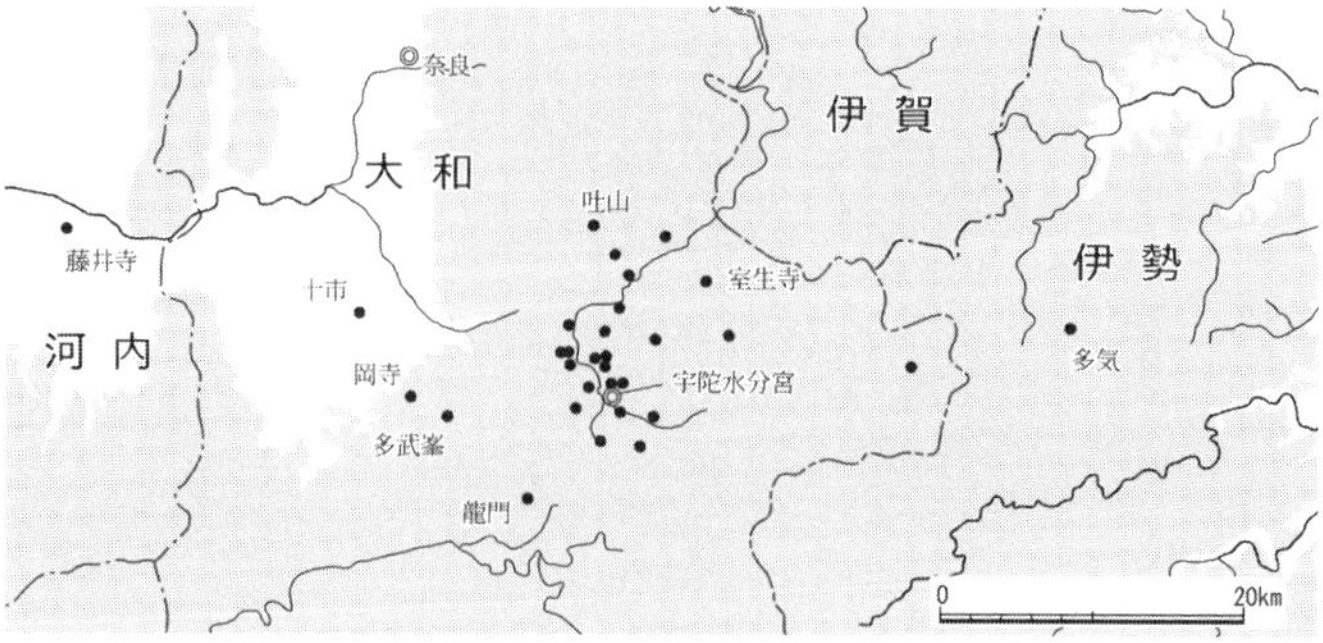

第２図　宇陀水分宮に関わる地域(『澤氏古文書』13-17から)

多武峯の「京土器」　多武峯(談山神社、奈良県桜井市多武峰)では、永正十八年(一五二一)三月の護国院神殿造営に際し、「京土器」が多量に調達された(『談山神社文書』四八四、第3表参照)。これは、「御勅使参向用意」、つまり公卿勅使に関連した儀式用として消費されたものである。用いられた土器には「西京土器」もあり、奈良市内西ノ京近郊で生産されたと考えられる土器と「京土器」とは明確に区別されている。また、記載された「京土器」には、六度入・五度入・三度入の区分がある。「西京土器」にこの区分はない。

宇陀水分宮の「京かわらけ」　宇陀水分宮(宇陀水分神社、奈良県宇陀市菟田野)では、永禄十一年(一五六八)及びそれ以前の神事用具に「きゃうかわらけ」がある(『澤氏古文書』一―九、一三―七)。神事の具体的内容はわからない。史料中には七度・五度入・三度入の表記がある。明確ではないが京かわらけの区分と考えられる。

神事への参集者は、芳野川(宇陀川の支流)流域の在地土豪や村落有力者が中心だが、多武峯、室生寺などの近隣有力寺院、吐山、十市などの近隣有力土豪の名も見える(第2図)。注目できるのは、伊勢国多気(三重県津市)からの参画者が存在することである。多気は北畠氏の本拠地である。北畠氏は宇陀郡に影響力を持

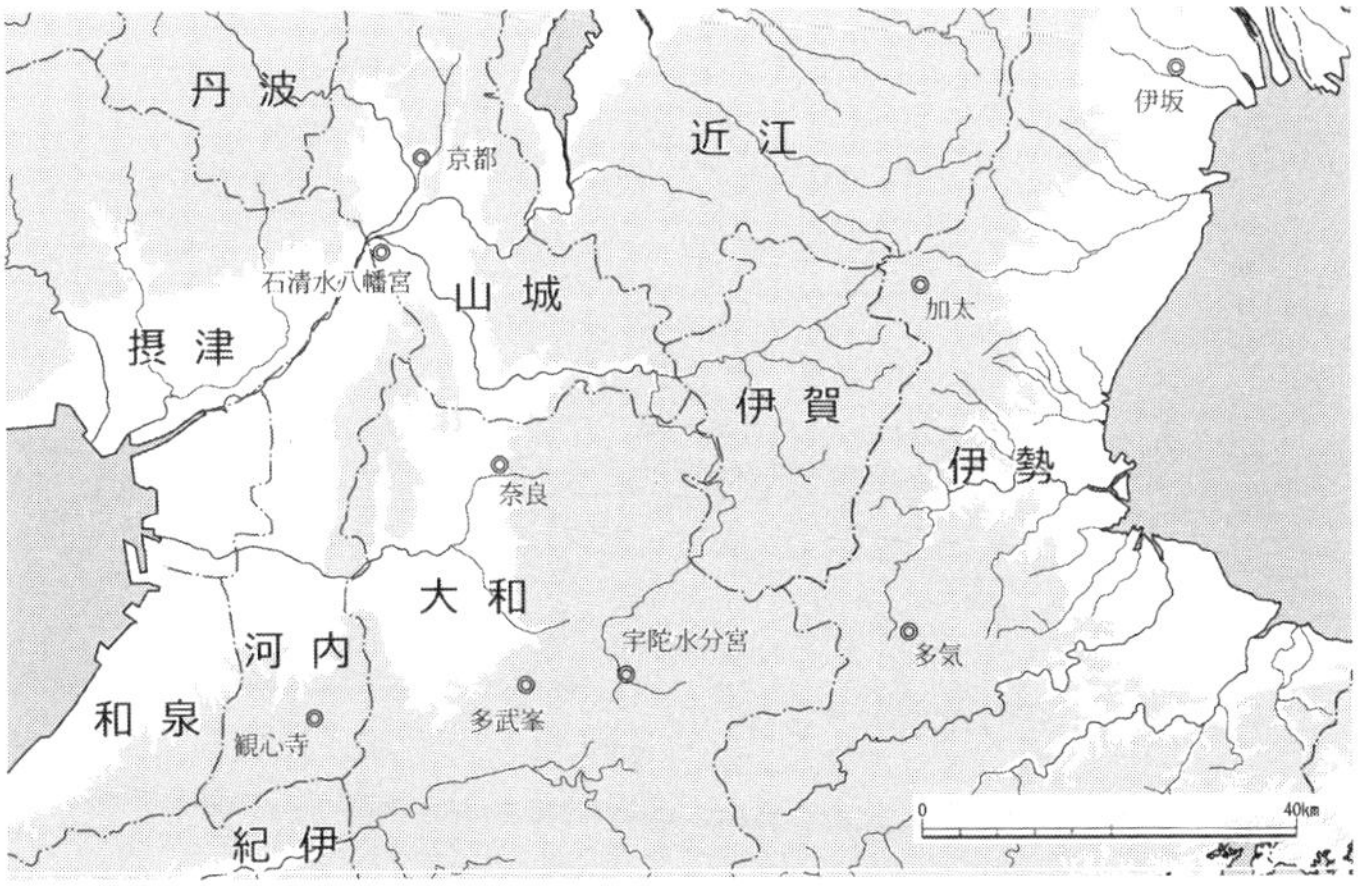

第３図　「京土器・京かわらけ」呼称関係地域と伊勢国関連地域位置図

ち〔西山 一九七九〕、当神事に参画している澤氏や芳野氏らは北畠氏の被官である。

b「かわらけ」のなかの「京土器・京かわらけ」

「京土器・京かわらけ」が登場する事例は少ない。とはいえ、ここから浮上する重要な事柄が二つある。

ひとつは、中世に「京土器」を特別視する意識があったという事実そのものである。「京土器」は、「京土器ではない土器」の存在を前提とする。つまり、複数系統の土器があり、そこに「京」を冠する特別視された土器が存在していることを示している。

もう一つは、「京」を冠したこの呼称が京都の「周囲」で用いられていること、つまり、京都ではない地域で用いられる語だという点である（第3図）。当然ながら、京都で使われる土器を、ことさら「京土器」という必要はない。「京土器」は、京都を含まない地域、つまり「周囲」で創造された他律的な認識なのである。なお鎌倉は、地理的には京都から遠いが、情報網により京都と直結しているという点で、小稿の観点からは京都の「周囲」と位置づけられる。

また、全ての史料ではないが、「京土器」の表記とともに大きさの表記（〇度入）があることにも注意を要する。京都系土師器の複雑な法量構成〔中井 二〇一二〕は、他地域の土師器と差別化される重要な要素と考えられる。

3　京都の「周縁」～伊勢における京都系の受容～

京都の「周囲」にあたる畿内では、「京土器・京かわらけ」という特別な認識が創造されていた。これが、考古資料でいう京都系土師器に相当すると見なすことは了とされよう。吉岡康暢氏が指摘する［吉岡 一九九四］ように、土師器は二律背反的(に見える)要素を具備しており、その顕著なあり方を示す一事例といえる。

つぎに、京都の「周縁」事例として、伊勢(三重県)を素材に見てみたい。伊勢は、畿内ではないが京都に比較的近く、東海道沿岸地域の西端部でもある。この地では、古代から継続的に手捏ね成形の土師器皿が生産・流通している。中世後期の伊勢では、土師器皿に「度」という法量単位を用いた形跡があり［小林 一九九二］、京都との親近性が窺われる。さらに、先述の大和宇陀水分宮神事から、当該期伊勢の重要な権力体である北畠氏が「京かわらけ」意識を認知していた可能性は高い。以上により、伊勢は小稿で言う京都の「周縁」にあたる地域と位置づけられ、京都系土師器の持つ意味の一端を知るための格好の素材といえる。

以下では、京都系土師器皿について、小稿独自の区分で記述していく。まず、「京都系土師器」の祖型は、小森俊寛・上村憲章の両氏による編年的研究［小森・上村 一九九六］に代表される、京都で型式学的変化を追える形態とする。そのうえで、京都の地以外で出土する京都系土師器のうち、外形や素地・調整手法などの総体がこれと近似するものを「京都系Ⅰ種」、地方において在地手法をもとにこれを模したと考えられるものを「京都系Ⅱ種」とする。つまり、搬入や極めて忠実な模倣に相当するものが京都系Ⅰ種、在地での受容・定着を示すものが京都系Ⅱ種である。

京都系土師器の分類や系譜論は、先学諸氏によって精緻な検討がされている［伊野 一九八七・一九九九、鋤柄 一九九四、中井 二〇一一］。にもかかわらず、このような乱暴な区分をここであえて行うのは、京都を俯瞰するとともに、地域

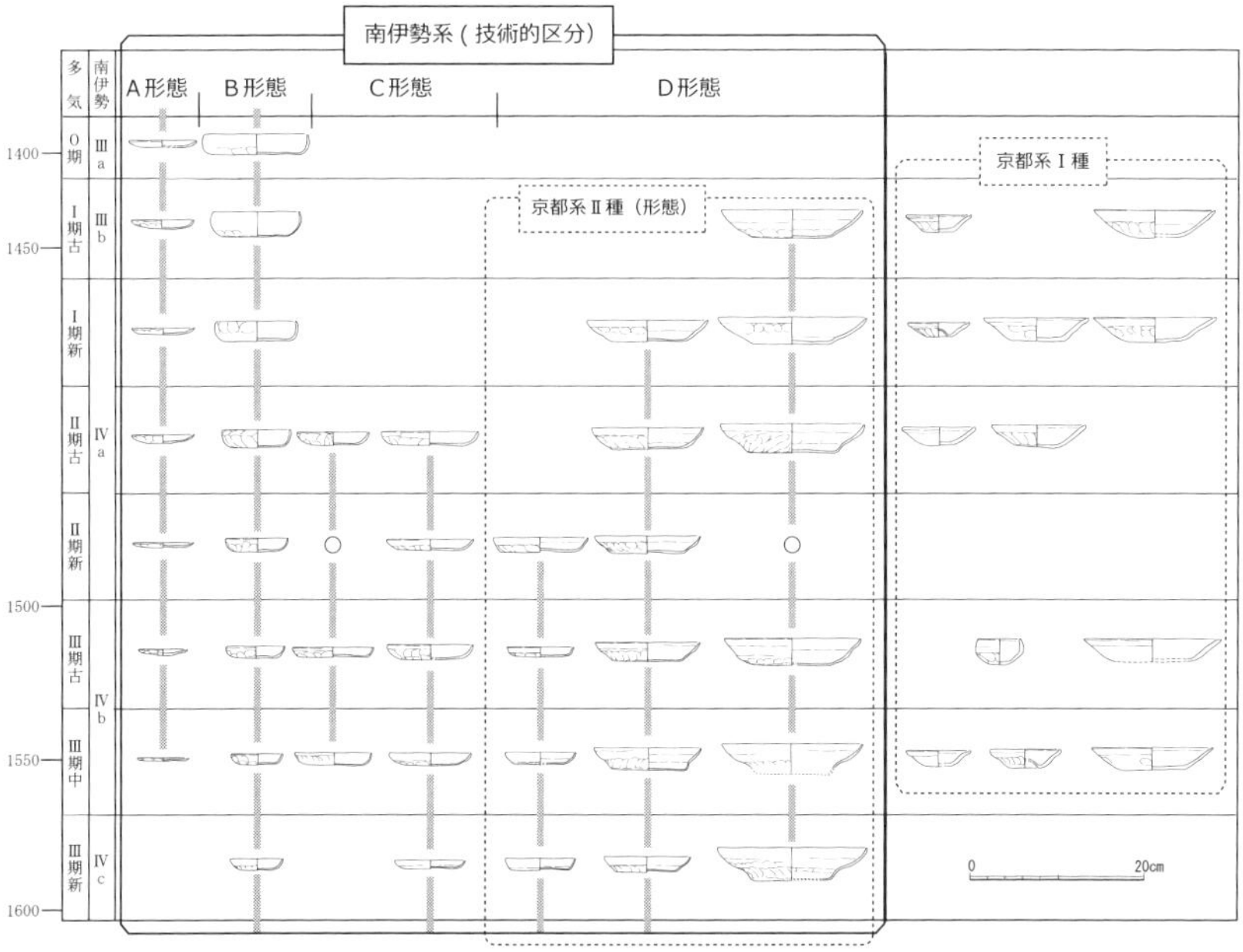

第４図　中世多気の土師器皿編年図（美杉村教委 2005 を一部改変）

論を展開するため、搬入・模倣（Ⅰ種）という要素以上に、様相の定着（Ⅱ種）を重視するからである。

a　南伊勢の状況

南伊勢系土師器の京都系受容　南伊勢地域は伊勢国南部、概ね一志郡以南の地域に相当する。この地の在地土器である南伊勢系土師器は十三世紀初頭頃に成立した土器群で、多気郡・度会郡にまたがる有爾郷で生産された［伊藤 二〇一二］。その起源は古墳時代後期まで遡ると考えられ、平安時代前期頃から次第に地域色を発現し、十三世紀に至り畿内的な色合いを完全に払拭した土器群として定立すると考えている。なお、「京都系の第一波」は受けることなく展開した土器群と認識している。その意味で、伊勢の動向は東部瀬戸内地域の状況［鈴木 二〇〇六］とも類似する。

当地の土師器皿は、十五世紀第2四半期以前は扁平な直径八センチ程度の小皿（A形態）と、内彎して立ち上がる皿（B形態）で主に構成されていたが、十五世紀第3四半期頃に新しく皿C・D形態が加わる（第4図）。また、D形態皿の口径は、九センチ前後・一二センチ前後・一五センチ前後・一八センチ以上という区分ができる。D形態登場以前の南伊勢では、このような法量構成はない。

D形態皿は、製作手法や素地の状態は伝統的形態（A・B形態）と一致するが、その形態は伝統的形態から自生しない。後述の北畠氏館跡における京都系Ⅰ種の状況とあわせ、南伊勢系D形態は京都（Ⅰ種）の影響を受けて在地生産された土器（京都系Ⅱ種）と評価できる。

伊勢南部地域における十五世紀末頃以降の集落遺跡からは、D形態皿が普通に出土する。集落遺跡では、土器組成全体の二〇～四〇%を土師器皿が占める［伊藤 二〇〇七］が、口径一五センチ以上の大型品が出土することはほとんどない。様々な法量が見られるのは後述の北畠氏関連遺跡など限定的である。

当地におけるD形態皿は、型式学的には十八世紀中葉頃まで系譜を追える［伊藤 二〇一五］。また伝統的なA・B形態皿も、十八世紀前半頃までは型式学的に継続する。つまり当地では、十五世紀後半に受容された京都系の様相は中世以後もしばらく継続するのである。

多気の土器と北畠氏の関係　伊勢国一志郡の山間部にある多気（津市美杉町）は、十四世紀第3四半期頃から十六世紀第3四半期頃までの間、北畠氏の拠点であった。その中心が北畠氏館跡で、ここからは十五世紀第3四半期頃の京都系Ⅰ種が多数出土している（第4図）［美杉村教委 二〇〇五］。京都系Ⅰ種は多気地内の各所で出土するが、なかでも当館跡からの集中が際立っている。

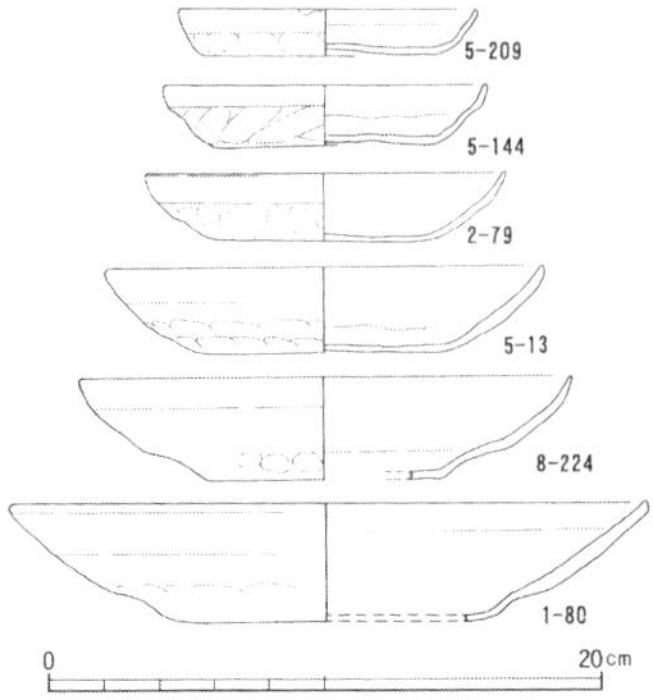

第５図　南伊勢系D形態（京都系Ⅱ種）の法量構成

南伊勢系D形態皿（京都系Ⅱ種）の初現形態は、伊勢で唯一、多気で確認されている。また、口径二〇センチを超える大型品を含む法量構成が明確なのも現段階では多気のみである（第５図）。法量構成に関しては、南伊勢系土師器との関係が深い伊勢神宮界隈で今後確認できる可能性は高いと想定で

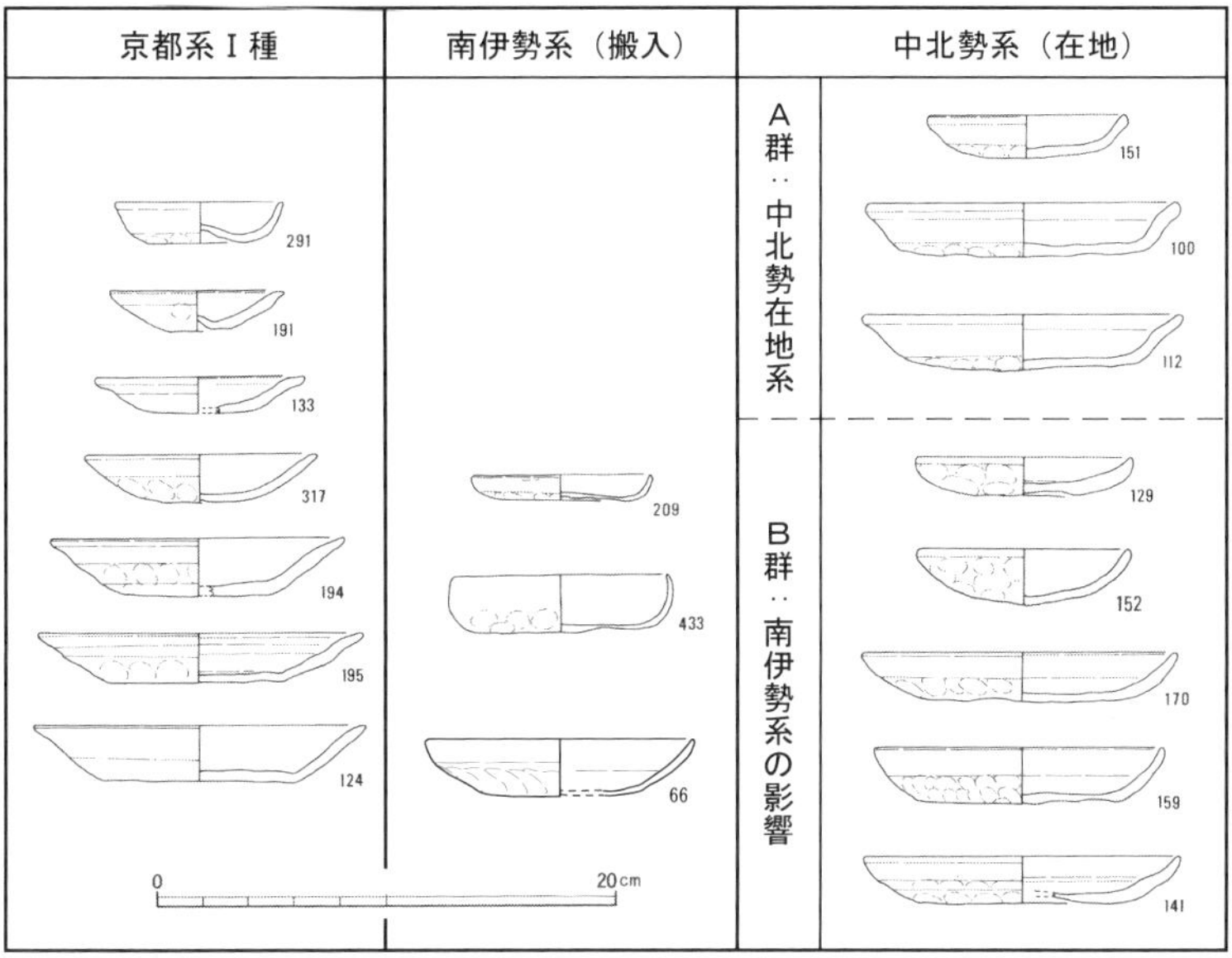

第６図　市場遺跡の中世後期土師器皿（三重県埋文 2003 を一部改変）

きるが、それにしても南伊勢系土師器における京都系要素は、多気で顕著である。

b 中北勢の状況

京都系の出土遺跡　中北勢地域とは伊勢国の中・北部を指し、概ね安濃郡以北に相当する。十五世紀後半以降における当地の城館遺跡では、少量とはいえ京都系Ⅰ種の出土が確認できる事例が多い。鈴鹿郡加太（亀山市）に位置する市場遺跡では調査資料の数量的検討が行われており、土師器皿全体の一〇％ほどを京都系Ⅰ種が占めている状況が確認された［三重県埋文 二〇〇三］。市場遺跡のように高率で京都系Ⅰ種が確認される遺跡は他に見られないので、この状況は注目してよい。

市場遺跡は、国人領主・関氏の一族とされる加太氏の本拠地にある遺跡なので、領主権力と京都系Ⅰ種の出土が関係すると見られる。なお、関氏の本拠である正法寺山荘跡でも京都系Ⅰ種の出土は目立っている［関町教委 一九八二］。

在地土器との関係　中北勢地域では、十四世紀代頃までは土師器皿類のみを生産していたが、十五世紀前半頃に羽釜形煮沸具が登場し、地域色のある「中北勢系土師器」が展開する［伊藤 二〇〇八］。中北勢系土師器の形態は郡単位あるいは河川流域単位で微妙に異なっており、南伊勢系土師器ほどのまとまりはない。

当地の在地土器を、前出の市場遺跡の状況から観察する（第6図）。十五世紀後葉頃の市場遺跡では、京都系Ⅰ種のほか、南伊勢系B・D形態皿の搬入も見られる。この一方で、当地で生産された土器もある。市場遺跡の土師器皿類は、中北勢系在地のものとしてA群とB群に区分できる。A群は十五世紀後葉以前からの伝統を継承した形態群と考えられるのに対し、B群は深手の小皿や内面に段を有する皿など南伊勢系の影響を受けた一群と考えられるものである。B群の皿類は、D形態皿登場後の南伊勢系の影響下で成立した、つまり、中北勢系土師器は南伊勢系を通じて間接的に京都系の影響を受けたと考える。A・B群ともに、法量構成は口径一五チセン前後の皿と九チセン前後の小皿という単純なものである。ここからも、京都系の直接的な影響は考えにくい。

中北勢系土師器に対する南伊勢系の影響は、煮沸具［伊藤 二〇〇五］にとどまらず、皿類も含めた総合的なものと評価できる。

c 伊勢における「京都系」の位相

伊勢における京都系Ⅰ種の出土は、北畠氏・関氏・加太氏など地域権力者層の関連遺跡に集中する傾向が窺われる。とくに中北勢地域には、室町幕府奉公衆が国人等の小規模領主として点在しており［飯田 一九八一、呉座 二〇〇七］、京都系Ⅰ種の出土もこれと無縁とは考えにくい。

一方で、京都系Ⅱ種のあり方は南伊勢と中北勢とで際立った違いを見せている。中北勢地域の在地土器に見られる十五世紀代の変化は、京都からの直接的影響ではなく、南伊勢を通じた間接的影響と考えられる。

南伊勢系土師器では、法量構成も含めた京都系Ⅱ種の原初形態（D形態皿）が北畠氏の本拠地・多気で成立する。これは、地域権力が京都系Ⅱ種の敷衍にかかる触媒であった可能性を示す。伊勢では、土器の法量を「度」という単位で示す事例が十五世紀後半に確認できる(『氏経神事記』文正二年正月七日条)。ここから、伊勢での京都系受容(南伊勢系D形態皿の登場)とは、京都の土師器様相そのものを受容している可能性が考えられるが、京都と類似した多法量の状況が見出せるのは北畠氏館跡など限られた場のみである。これは、「モノのカタチ」の受容と、所作につながる意識・認識の受容が異なる位相にあることを意味している。地域は独自に「京都」を変形することがあるのだ。

カタチとして受容された京都系Ⅱ種は、型式学的に近世前期までその系統が続く。これは、周防・大内氏[古賀一九九九、中井二〇一二]や後述する相模・後北条氏のように、大名権力の動向によってカタチの系譜が途絶える事例とは明らかに異なっている。

以上のことを総合的に見ると、南伊勢系における京都系Ⅱ種の受容とは、まずは意識・認識のレベルまで含め地域権力によって導入され、それがやや弛緩した状態でその「カタチ」が在地へ浸透したと評価できる。京都系Ⅱ種(D形態皿)が南伊勢系の伝統的形態(A・B形態皿)とその後も併存していることを踏まえると、南伊勢地域では京都系土師器によって在地土器が併呑されたのではなく、在地が京都系を融合したことを示している。中北勢系土師器皿に及ぼした南伊勢系の影響とは、この融合を経たうえでの動向と考えられる。

同じ伊勢国であっても、以上のような違いが見られる。これは、伝統的で強固な土器生産体制の有無に起因すると考えられる。その意味で、伝統の中に京都系Ⅱ種の成立という変革をもたらす契機を作った地域権力(北畠氏)の存在は改めて検討に値する。

4 京都の「外部」~東海道沿岸地域の状況~

東海地方から関東地方にかけての、東海道沿岸地域の様相を見る。この地域は土器相として京都との文化的同質性が低い地域、つまり京都の「外部」にあたる。一方、ここは南伊勢系土師器が中世前期以来濃密に分布する地域［伊藤 一九九六］でもある。これは、「京都」を主軸に据えた場合には、「周縁」と「外部」の関係と換言できる。

a 遠 江

東海道沿岸地域の土師器皿には、南伊勢系B形態の影響と考えられる内彎志向のある土師器皿が遠江を中心に確認できる［松井 一九九三］。元島遺跡（静岡県磐田市）では、十六世紀後半代の遺構から南伊勢系B形態の模倣と考えられる土師器皿が出土している［静岡県埋文 一九九九］。元島遺跡では、土師器皿だけでなく内耳鍋にも南伊勢系鍋の模倣が見られ［伊藤 二〇〇五］、土器に関しては全体的に南伊勢地域との親近性が窺われるといえる。京都系土師器の影響として、口縁部が大きく開く土師質土器（ロクロかわらけ）がそれに該当する可能性があるが、複雑な法量構成を具備しているとは見られない。

なお、元島遺跡では南伊勢系影響の土器が比較的目立つとはいえ、絶対量から見れば非主流である。主体はあくまでも遠江在地の土師器類で、それはロクロ成形の土師質土器類である。

b 小田原と関連地域

小田原（神奈川県小田原市）は、関東屈指の戦国大名として名高い後北条氏の拠点である。この地で出土する京都系土師器は、服部実喜氏および中井敦史氏によって整理されている（第7図）［服部 一九九八・二〇〇八、中井 二〇一二］。それによると、小田原の京都系土師器は、京都からの搬入品ではなく在地にて作られた模倣品で、小田原編年のⅡa中～Ⅱb期（天文年間から天正後半期：一五三〇～九〇）の間に見られ、古いものは京都の形態にある程度類似するが、その後は次第にかけ離れていくという。つまり、小田原では京都系Ⅱ種が成立するが、中井氏によれば複雑な法量構成は見られない。また、後北条氏領国内での当該土器出土地は小田原にほぼ限定されるため、京都系土師器の受容は後北条氏の意向が強く反映しているとされている。

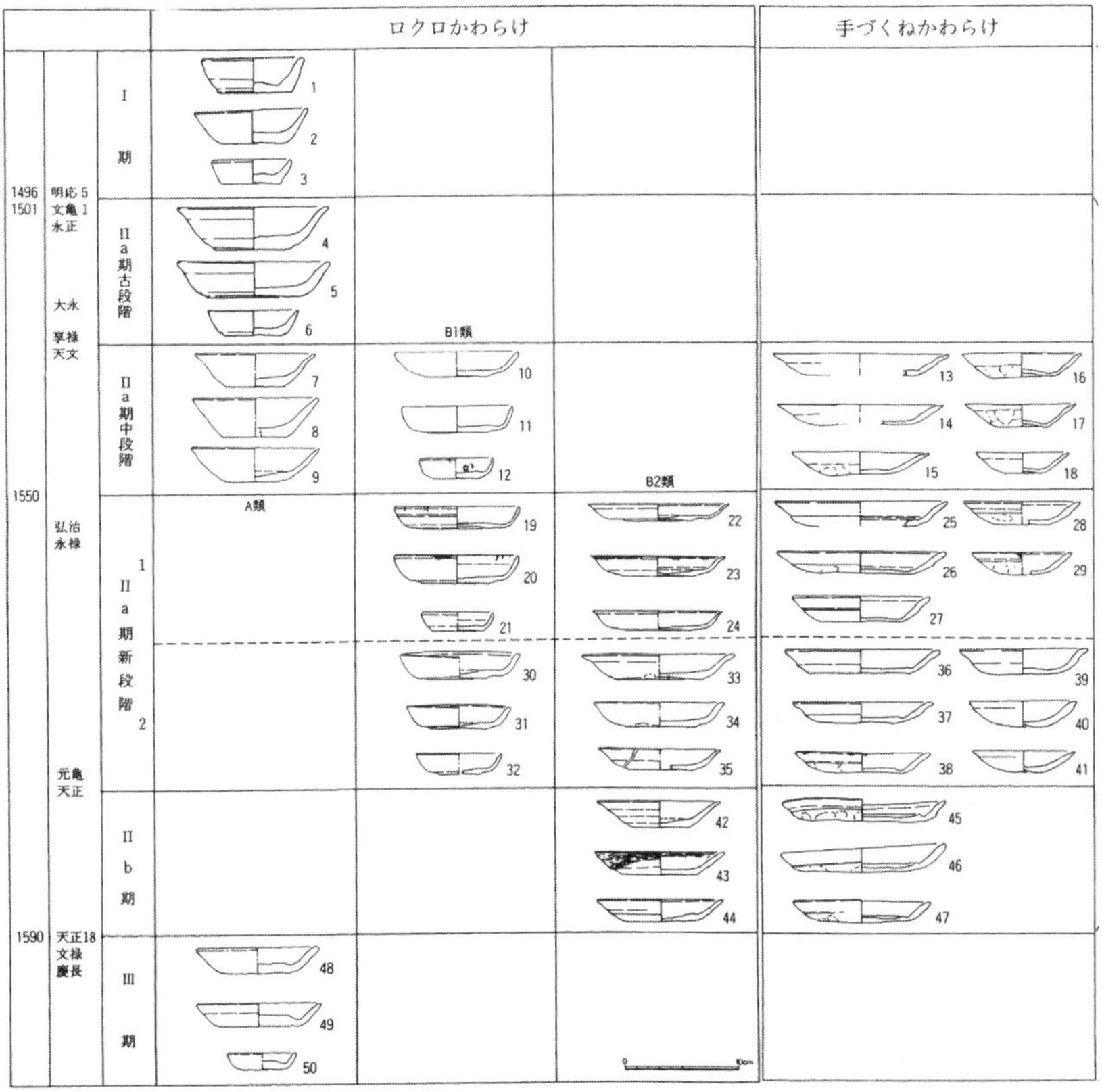

第７図　小田原の中世後期土器編年（服部 2008）

京都系Ⅱ種の成立以前、小田原の土師器皿はロクロ成形の土師質土器（ロクロかわらけ）である。服部実喜氏の研究では、伝統的なロクロかわらけはA類で、京都系Ⅱ種の登場と相前後して同B類が登場する。同B類は、A類とは形態・素地粘土が異なり、外来工人の製作と想定され、天正十八年の後北条氏滅亡とともに衰退するという［服部 一九九八・二〇〇八］。

ロクロかわらけB類は、内彎口縁のB1類と外反口縁のB2類に区分されている。このうちのB2類は京都系土師器皿を模したものとされ、京都系Ⅱ種にあたると評価できる。B2類は、後北条氏の支城がある八王子（東京都）で受容され、独自に生産されているという［服部 二〇〇

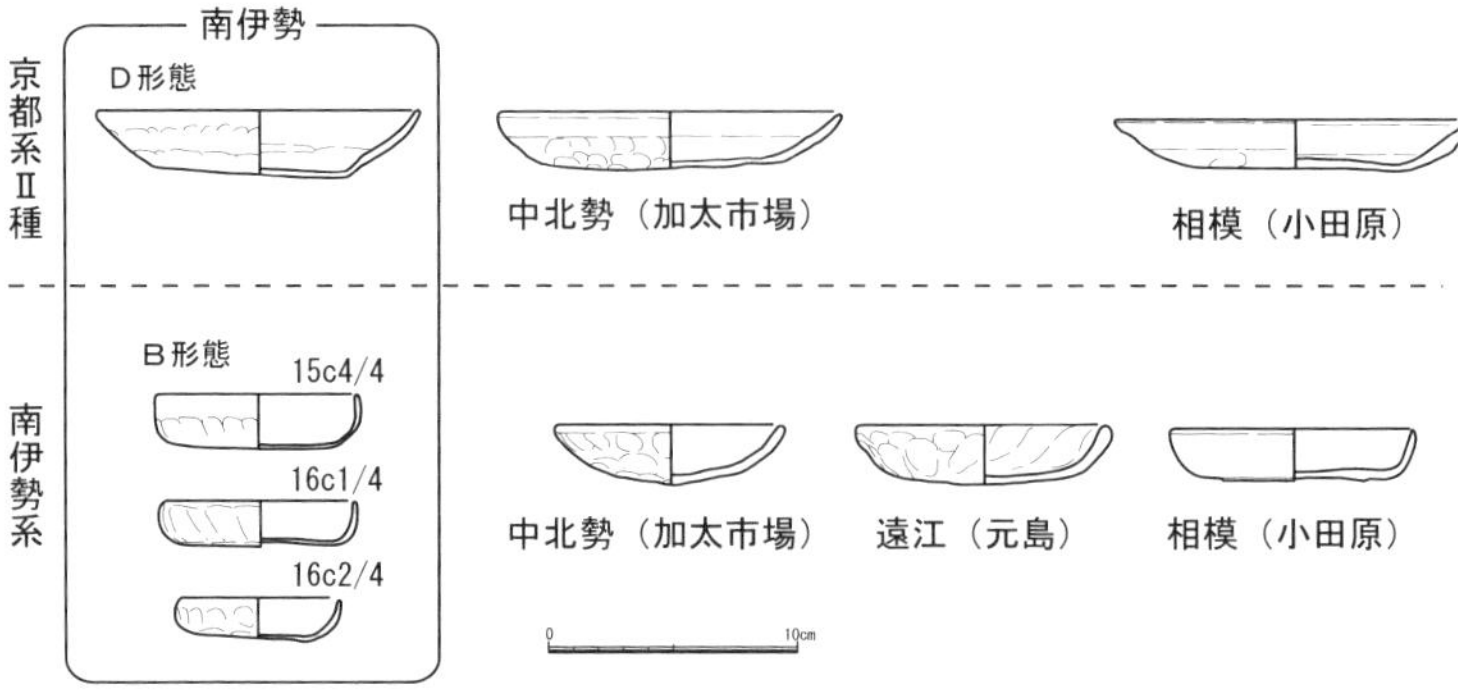

第８図　京都の「周縁」と「外部」の京都系と南伊勢勢系

八］。Ｂ１類の評価は明示されていない。しかし、強く内彎するその形態は、南伊勢系土師器Ｂ形態皿の模倣と考えるのが考古学的に順当である。

小田原とその関連地域では、手捏ね成形として京都系Ⅱ種が成立し、ロクロ成形でも京都系Ⅱ種が展開した。それとともに、ロクロ成形では南伊勢系Ｂ形態の模倣（ロクロかわらけＢ１類）もあった。土師器皿類の地域受容に、京都系だけではない様相が同一地で確認できることは重視すべきである。

ｃ 東海道沿岸地域の位相

中世後期における東海道沿岸地域では、土師器皿に南伊勢系の影響が見出せる地域があった。これが東海道沿岸地域全体にまで敷衍できるかどうかは今後の検討を要するが、現段階ではこの地域に南伊勢系の影響を想定できる土師器皿が存在することを確認できれば充分である。

東海道沿岸地域は、古来より伊勢との関係が深く、それは十二世紀代以降の南伊勢系土師器、特に鍋釜形態がこの地域に広く分布するという状況からも窺い知れる［伊藤 一九九六、金子 二〇〇〇ほか］。中世後期の東海道沿岸部では、地域色豊かな独自の土製煮沸具が各地で成立するのだが、そこにも南伊勢系鍋の少なからぬ影響が考えられる［伊藤 二〇〇五］。土師器皿類の状況も、土製煮沸具に見られるこの動向と一定の関連を有すると考えられる。

このうえで注目したいのは小田原の動向である。十六世紀中葉から後葉にかけての小田原の土師器は京都との関係のみが注目されているが、実際には京都系と南伊勢系双方の影響が見られる(第8図)。そして小田原では、京都系における複雑な法量構成は当初から受容されていない。つまり、南伊勢地域のように意識・認識のレベルで「京都」を受容しているのではないことになる。これらの様相は、今回の検討対象地域では中北勢に見られる状況に近い。とすれば、小田原の京都系は、京都からの直接的影響下ではなく、京都の「周縁」でもある伊勢を経由して成立した可能性も考慮しなければならないことになる。

東海道沿岸地域は、土師器皿の具体的な時期の問題、在地展開するロクロ成形土師器皿の動向把握などを含めて課題が多く、小稿では概略的な問題提起に留めざるを得ない。ただ、東海道沿岸地域すなわち京都「外部」における京都系受容の状況は、形態的類似による京都との直結を語る前に、周辺環境を改めて確認・精査する必要があることを示していると考えている。

おわりに

甚だ雑駁な議論に終始したが、中世後期の京都系土師器を素材とし、土師器皿が持つ列島規模での普遍性を基盤に、京都に対する「周囲・周縁・外部」という観点から京都系土師器を検討してきた。この観点からは、「京都」は文化的同質性のある「周囲」によって創造されるという側面が見出せた。伊勢、とくに伊勢南部を素材として見た「周縁」では、在地土器で京都系Ⅱ種を成立・融合させるという、「周囲」とは異なる展開が見られる一方、独自の土器相を「外部」に発信する状況も認識できた。「外部」では、京都の影響を受けつつも、それ以外の地域からの受信もしていた。京都系土師器の受容に見られる地域性は、中井氏が明確に指摘している[中井二〇一二]が、小稿の観点からは京都と地域の二者間問題だけでなく、「周囲」や「周縁」という第三者が関与する場合も想定できるのである。先学による詳細な型式論的・分布論的検討から、京都で形作られた土師器が列島規模で影響を与えたことは明白である。しかし、「京都」は、「周囲」によって創造され、そして「周縁」によって変形される場合があることを見た小稿の観点からは、「京都」を特別視する状況が「京都」自らによって形成された、とは言い切れないのである。「京都」自体の主体性・能動性は大きな検討課題である。小稿での議論は荒削りに過ぎると自覚するが、これにあたっては、「京都」を創造した「周囲」と変形した「周縁」に対する追求が必要である。

さて、中世後期には様々な地域色が発現するとともに、広域な斉一化も進展する。一見矛盾するかに見えるこの動向は、実際は表裏の関係にあると考えられる。そこには、茫洋と漂う「京都」が少なからず影響を及ぼしていると思われる。この漂いが時代や地域を包んでいるのか、それともその隙間を彷徨っているのかは、筆者には未だによくわからないが、それが無限に広がっているものではないことは確かである。京都系土師器を含め、「京都」そのものを可能な限り相対化することで、この漂いの一端を捉えたいと考えている。

〔追記〕小稿は、二〇一七年七月二日に開催された中世学研究会における筆者の発表「モデルの需要と受容～土器からみた「京都モデル」の位置～」をもとに、一部改変したものである。

参考文献

飯田良一　一九八一年「十五世紀の関氏と在地情勢」『関氏正法寺山荘跡発掘調査報告―第４次―』関町教育委員会
石井　進　一九七四年『中世武士団』日本の歴史12　小学館
伊藤裕偉　一九九六年「中世の煮沸用土器を東海から見る」『鍋と甕そのデザイン』第４回東海考古学フォーラム
伊藤裕偉　二〇〇五年「〝かたち〟と〝わざ〟～中世の土製煮沸具から～」『中世窯業の諸相～生産技術の展開と編年～発表要旨集』全国シンポジウム「中世窯業の諸相～生産技術の展開と編年～」実行委員会
伊藤裕偉　二〇〇七年「安濃津遺跡群の出土遺物に関する再検討」『研究紀要』16―1　三重県埋蔵文化財センター

伊藤裕偉　二〇〇八年「中北勢地域の中世土器」『三重県史』資料編考古2
伊藤裕偉　二〇一一年「中世有爾郷の土器生産者像」『研究紀要』20　三重県埋蔵文化財センター
伊藤裕偉　二〇一五年「高河原遺跡と近世都市山田」『高河原遺跡発掘調査報告』三重県埋蔵文化財センター
伊野近富　一九八七年「かわらけ考」『京都府埋蔵文化財論集』1　㈶京都府埋蔵文化財調査研究センター
伊野近富　一九九九年「京都系土師器研究の潮流」『中近世土器の基礎研究』XIV
石清水八幡宮社務所　一九七三年『石清水八幡宮史料叢書』四
宇野隆夫　一九九七年「中世食器様式の意味するもの」『国立歴史民俗博物館研究報告』71
大橋康二　一九七九年「中世における赤土器・白土器雑考」『白水』7
小野正敏　一九九七年『戦国城下町の考古学』講談社
金子健一　二〇〇〇年「土師質煮炊具からみた中世の東国と東海」『㈶瀬戸市埋蔵文化財センター研究紀要』8
神奈川県　一九七九年『神奈川県史』資料編3古代・中世3下
古賀信幸　一九九九年「中国地方の京都系土師器皿」『中近世土器の基礎研究』XIV
呉座勇一　二〇〇七年「伊勢北方一揆の構造と機能」『日本歴史』七一二
小林　秀　一九九二年「中世後期における土器工人集団の一形態」『研究紀要』1　三重県埋蔵文化財センター
小森俊寛・上村憲章　一九九六年「京都の都市遺跡から出土する土器の編年的研究」『研究紀要』3　㈶京都市埋蔵文化財研究所
桜井英治　二〇〇四年「中世における物価の特性と消費者行動」『国立歴史民俗博物館研究報告』第一一三集
静岡県埋蔵文化財調査研究所　一九九九年『元島遺跡』
鋤柄俊夫　一九九四年「平安京出土土師器の諸問題」『平安京出土土器の研究』㈶古代學協会
鈴木康之　二〇〇六年『中世集落における消費活動の研究』真陽社
関町教育委員会　一九八一年『関氏正法寺山荘跡発掘調査報告―第4次―』
高橋照彦　二〇〇八年「器からみた宴」『宴の中世』高志書院
中井敦史　二〇〇八年「饗宴文化と土師器」『宴の中世』高志書院
中井敦史　二〇一一年『日本中世土師器の研究』中央公論美術出版
西山　克　一九七九年「戦国大名北畠氏の権力構造」『史林』62―2
服部実喜　一九九八年「南武蔵・相模における中世の食器様相（5）」『神奈川考古』34　神奈川考古同人会
服部実喜　二〇〇八年「かわらけから見た北条氏の権力構造」『中世東国の世界3戦国大名北条氏』高志書院

松井一明　一九九三年「久野城出土の陶磁器・土師質土器が提示する諸問題」『久野城跡』Ⅳ　袋井市教育委員会
三重県　二〇一六年『三重県史』資料編中世3上
三重県埋蔵文化財センター　二〇〇三年『市場遺跡発掘調査報告』
美杉村教育委員会　二〇〇五年『北畠氏館跡9』
山本紀子　二〇〇四年「釘の「連」」『国立歴史民俗博物館研究報告』第一一三集
吉岡康暢　一九九四年「食の文化」『岩波講座日本通史』第8巻　岩波書店

石造物からみた関東と畿内
——宝篋印塔を中心としたモデルの移動・変容・拡散——

本間 岳人

はじめに

中世において列島各地で様々な石造物が造立された。それらは当然ながら無関係に発生したものではなく、モデルがあってそれを模倣したり、あるいは間接的な影響を受けることによって拡散していく。筆者はそのような石造物拡散のパターンとして、大きく二通りに理解できると考えている。

まず、一つは思想や人の移動に伴うもので、特定宗教の広がり、特定地域からの石工の移動などが該当する。権力や思想を介在した移動とも言える。これは遠隔地に点的に広がることがある。

もう一つは石造物自体が流通・移動し、その模倣が広がることによるモデルの展開と拡散である。一般的には地理的条件や経済圏に応じて形態や技術が面的に徐々に広がっていくイメージだが、一部の広域流通品においては点的な広がりを見せる場合もある。

このような前提を確認したうえで、本稿では筆者がフィールドとする関東地方の石造物を時系列に従って整理しながら、畿内を中心とした他地域との関係性について確認する。なかでも十三世紀後半以降の宝篋印塔を中心にして、両地域の石造物を比較しながら東国の石造物において、本シンポジウムのテーマである「京都モデル」（本稿では畿内に所在する特定のモデルと認識する）の存在を見出すことができるか検討する。同時期の各地で造立された宝篋印塔は、複雑な形態を有するため、所在地域や石工に応じた形態差が生じやすく、数ある中世石造物のなかでも地域間の関係性を窺う指標となり得るものと筆者は考えている。

また、石造物研究における分類用語として「形式」「型式」「様式」「系」などが用いられるが、考古学・美術史・建築史など立場によって定義は一定ではない。本稿では考古学の立場から下記のように扱っている。ただし先行研究の引用はこの限りではない。また「モデル」の定義も曖昧だが、様式や系に相当するものとする。

「形式」　五輪塔、宝篋印塔など石塔の種別
「型式」　形式内における形態分類
「様式」　技法・装飾などに共通性を有する複数の形式・型式群
「系」　様式の地域的な大まかなまとまり

1　先行研究における畿内と他地域の認識

これまでの石造物研究で、石造物が各地に展開する過程で畿内と他地域との関係性がどのように認識されてきたのか。代表的な先行研究をもとに簡単に確認しておきたい。

(1) 川勝政太郎氏による広域概観

まず、全国的な石造物研究を学術レベルに引き上げた川勝政太郎氏の名著『日本石材工芸史』〔川勝 一九五七〕を紐

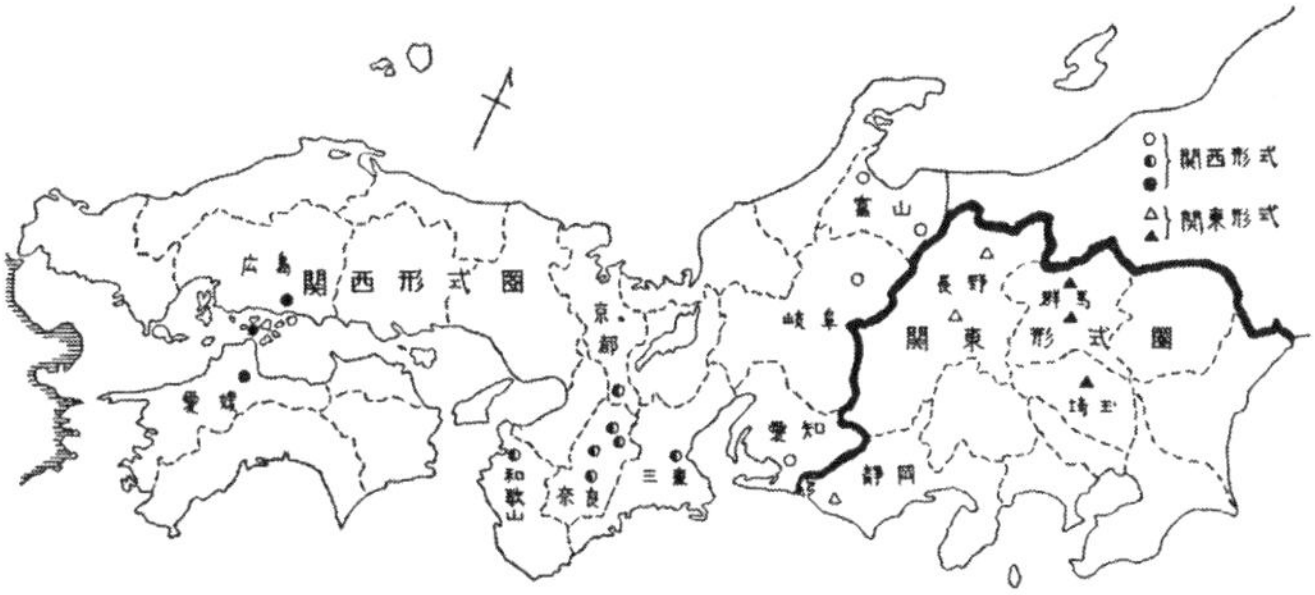

第１図　川勝政太郎による「関西形式・関東形式分布地域図」

解くと、石工と地方色との関係を非常に的確に概観している。

川勝氏は「鎌倉時代石材工芸界の基本的中心は近畿にあって、大和系・近江山城系石大工が関西形式圏に活躍し、更に大和系の一支流が関東に進出して、その系統の石大工を中心として関東形式圏が形成され、一方九州は古くから別個の形式圏として存在し、装飾性に富む形式を作り上げた」と述べている。つまり、基本的に石造物の中心は畿内にあって、なかでも大和系と近江山城系という二つの系統が関西に広がり、大和系の支流から影響を受けた関東、あるいは別個の九州というように、畿内中心としながらも、別個の地域様式圏を認めている。この認識は巨視的なまとめとして、現在の研究レベルにおいても、おおよそ訂正する必要がないものと考えられる。

また川勝氏は「関西形式」「関東形式」という、宝篋印塔の形態に依拠した地域区分を提唱している(第1図)。これは石塔研究黎明期における卓見であって以後に大きな影響を与えたが、この分類自体も極めて巨視的なものである。現在の考古学的研究では、「関東形式圏」、「関西形式圏」のなかに、使用石材や流通状況、年代等に応じた異なる様式群が内在する複雑な状況が明らかになっている。なお、前述した定義に照らせば川勝氏の「形式」は様式あるいは系と認識できる。

(2) 近年の西日本における成果

この川勝氏の研究は言わば古典的なものだが、近年の研究動向、特にここ一〇年ほど考古学による石造物研究が顕著な進展を見せている。特に研究速度の著しい西日本の研究成果を踏まえて、佐藤亜聖氏は西日本における中世石塔の成立と展開を総括している〔佐藤 二〇一六〕。佐藤氏によれば、畿内の中世石塔は十三世紀第4四半期に「初期様式」から内発的に「定型様式」が成立、展開することが前提として認められる。そして、西日本各地への展開過程については、在地石材による「伝統的地域様式」の有無や多少、搬入石塔や導入技術のルーツ、流通環境の相違等により、地域ごとに異なった様相を呈すことが明らかにされている。前述した川勝氏による「関西形式圏」の中にもかなり相違があると理解できる。

(3) 東日本における個別検討

一方、東日本において畿内との関係に焦点をあてた先行研究は意外と少ない。管見においては、前述した宝篋印塔を中心とした様式差〔川勝 一九三六・一九五七〕、律宗や大蔵派石工との関わり〔前田 一九七二、桃崎 二〇〇〇、岡本 二〇〇三、山川 二〇〇八〕、安山岩製五輪塔・宝篋印塔の編年研究における初期型式との関わり〔本間 二〇一一a・二〇一二b〕、十七世紀初頭の様式変容〔竹岡 二〇〇六、磯野 二〇一六、本間 二〇一七〕、千葉蛇紋岩製石造物と石工〔早川 一九九二〕、茨城県関戸宝塔を介した都鄙関係の分析〔内山 二〇一〇〕といった個別的な検討が知られる。

2　関東の石造物とモデルの検討

先行研究を踏まえながら、時系列に従って関東の石造物と他地域との関係について検討していきたい。なお本稿は石造物の形態比較を目的とするため挿図の縮尺は統一していない。

e 大阪府鹿谷寺　d 滋賀県石塔寺　c 長野県篠井　b 埼玉県聖天院　a 群馬県山上

第２図　12 世紀以前の層塔と比較資料

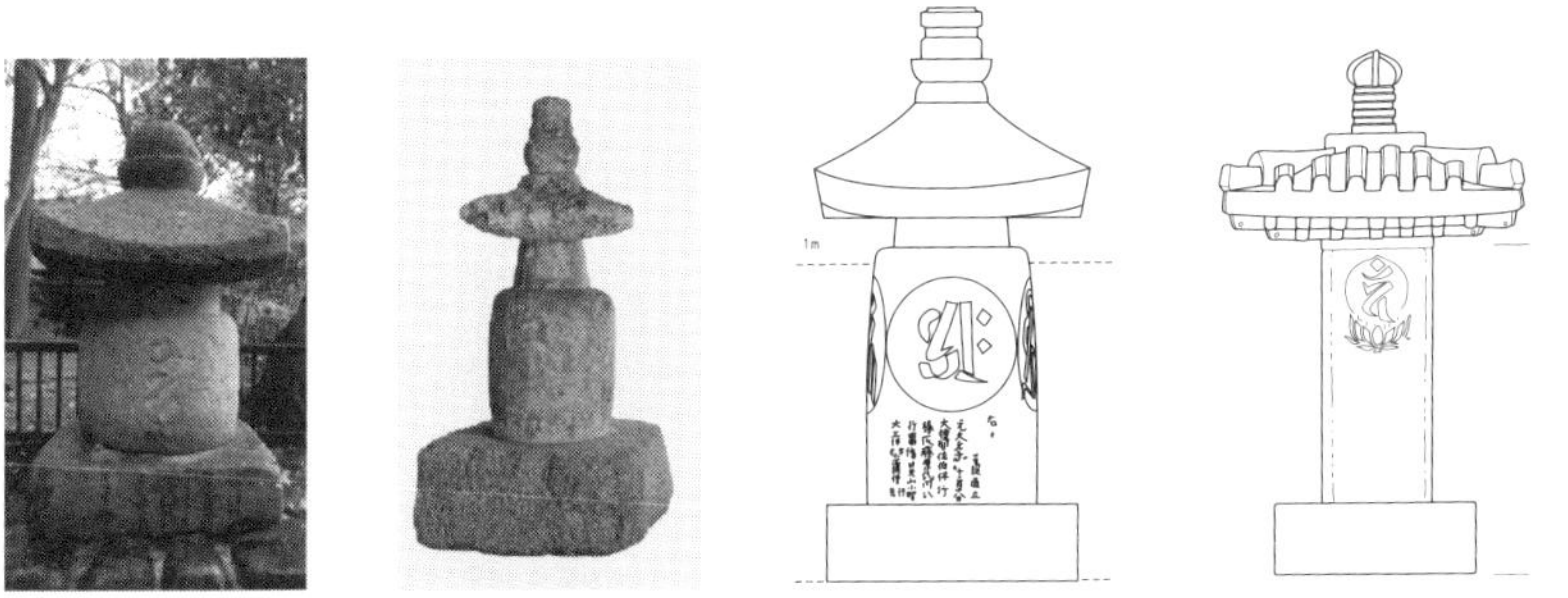

d 岩手願成就院　c 京都県鞍馬寺　b 栃木県東根 1204　a 茨城県関戸 1169？

第３図　宇都宮産凝灰岩製宝塔と比較資料

(1) 十二世紀以前(第2図)

関東では群馬県山上二重塔(八〇一年、以下石塔の紀年銘は簡易的に西暦のみ表記する)、埼玉県聖天院塔(遺存不良だが平安末頃か)のような三重塔の事例が認められる。軒出の少ない独特の形態や類例の少ない二重塔という形式からすれば、長野県篠井塔、滋賀県石塔寺塔、大阪府鹿谷寺塔などとの関連性が伺える。渡来系文化の範疇として捉えることができようか。

(2) 十二世紀中葉?〜十三世紀初頭(第3図)

北関東で宝塔を中心とした宇都宮産凝灰岩(大谷石)製品の造立が始まる。代表的な事例として、茨城県関戸宝塔(一一六九年?)、栃木県満願寺石幢(一一八八年)、茨城県祥光寺宝塔(一二〇二年)、東根宝塔(一二〇四年)などがある。関戸宝塔は、笠塔婆と宝塔が折衷したような塔形で、瓦葺き屋根や垂木を彫る笠、火焔宝珠をもつ相輪など、極めて独特である。金属製の宝塔、九州地方に所在する石塔との関係が推定される。「大工伴宗安」の製作になる東根宝塔では、長大な塔身は京都鞍馬寺宝塔と形態的に近く、同時期の東北にみられる平泉型宝塔とは相違している。畿内石工の出張製作の可能性があろう。

(3) 十三世紀前葉(第4図)

埼玉県須賀広阿弥陀三尊陽刻板碑(一二二七年)を在銘最古とする緑泥片岩製武蔵型板碑が登場する。これは定型的な板碑としては全国で最も古いものである。以後、武蔵型板碑は関東甲信地方の広域で造立され、その総数は六万基以上と推定されている。板碑の形態は石材の影響を大きく受けるため、使用石材の異なる他地域所在板碑との系譜を論じるのは難しいが、先行する木製板碑(第4図c)の存在が列島の広範に展開した石製板碑のベースとなった可能性が高い[時枝 二〇一一、山口 二〇一四]。

(4) 十三世紀中葉(第5・6図)

群馬県天神山凝灰岩を用いた五輪塔、層塔、宝塔、石仏など各種形式の造立が始まる。京都系とみられる院派仏師による群馬県宮田不動(一二五一年)、栃木県大岩山層塔(一二五六年)、千葉県願成就寺五輪塔など、塔形・形態は多様である。特に願成就寺塔は極めて独特の様式を有している。これは金工品の舎利荘厳様式がベースとみられるが、石造物では九州地方の様式に通じる部分がある。また、在銘資料が皆無のため明確ではないが鎌倉の凝灰岩製品もこの頃から造立が始まった可能性がある。この段階ではそれぞれ個性が強く、特定地域との関係は明確ではない。

(5) 十三世紀後葉～十四世紀初頭(第7・8図)

他地域との関係が明確にみえるようになるのが十三世紀後葉以降である。南都西大寺流真言律宗の教線拡大、それに伴う大蔵派に代表される大和系石工の東国下向を契機とする、石塔の様式、加工技術の関東への伝播が認められる。これは川勝氏以降、多くの先学によって研究が深められ定説となっている。

加工技術の点では、従来の東国では凝灰岩、あるいは緑泥片岩のような比較的軟質な石材を使用していたが、これ以降は西相模から伊豆半島北部に産出する安山岩(箱根伊豆安山岩)や、筑波産の花崗岩のような硬質石材を用いた五輪塔、宝塔、層塔、石仏といった各種石造物の造立が始まる。

周知のように良観房忍性は、当初筑波に入り、やがて鎌倉に入るが、その足跡と石造物の遺存状況はリンクしてい

c 石川県野々江本江寺遺跡 木製板碑　11 末～12 世紀　b 埼玉県善念寺跡 1243　a 埼玉県須賀広 1227

第 4 図　初発期の武蔵型板碑と参考資料

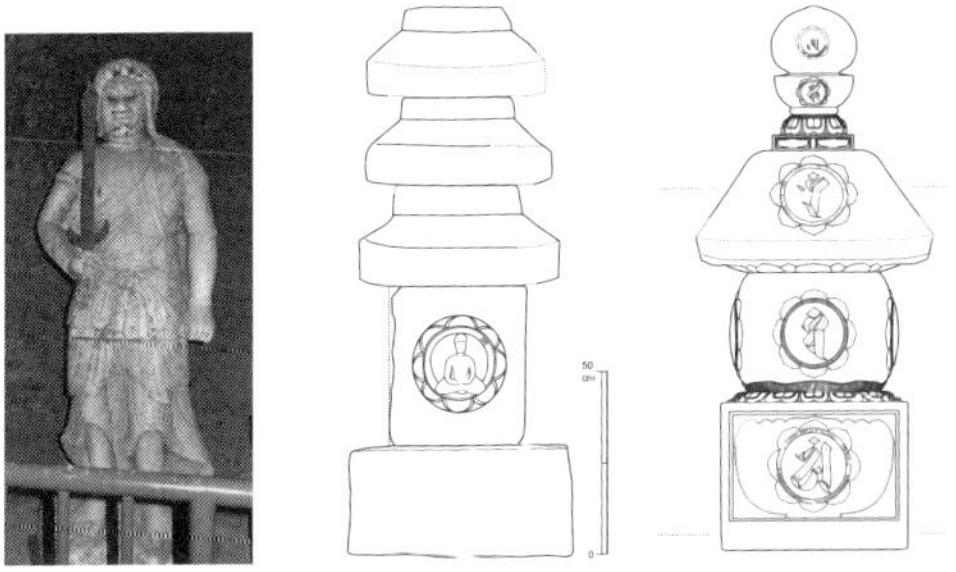

c 群馬県宮田不動 1251　b 栃木県大岩山 1256　a 千県葉願成就寺

第 5 図　13 世紀中葉の天神山凝灰岩石造物

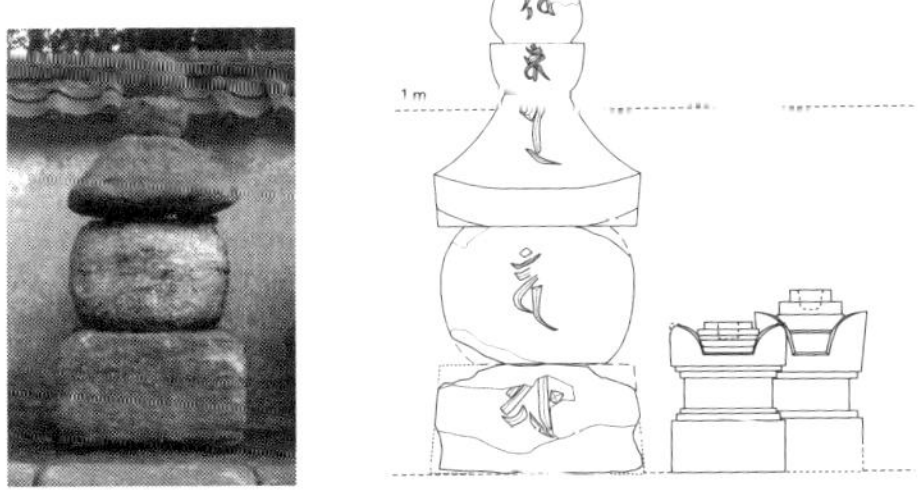

c 横須賀市清雲寺　b 鎌倉市唐糸やぐら　a 鎌倉市お塔の窪

第 6 図　鎌倉周辺の凝灰岩製石塔

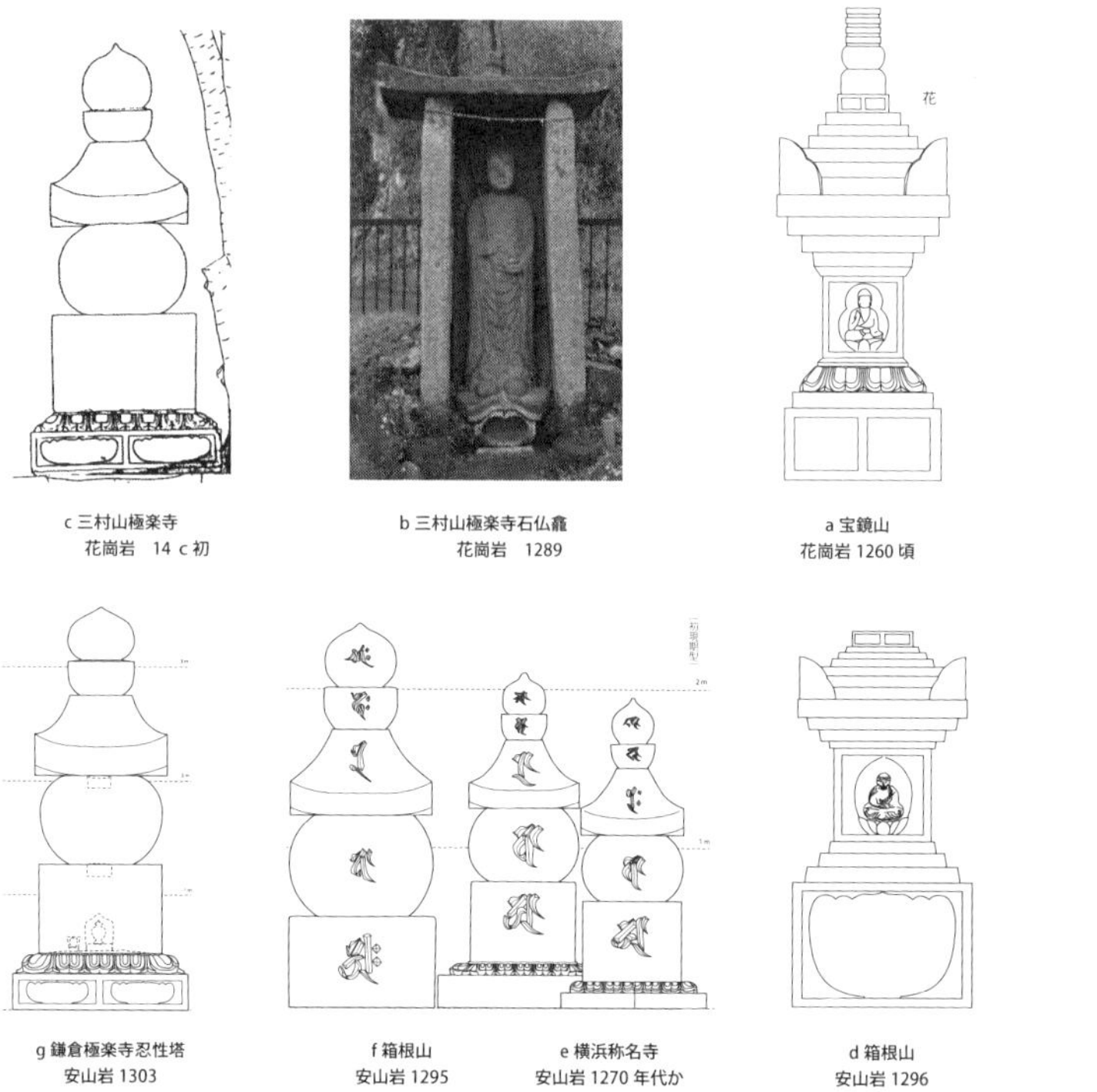

第７図　関東における初期律宗系石塔　a〜cは茨城県　d〜gは神奈川県

る（第7図）。筑波では、一二六〇年頃の造立が推定される宝篋山宝篋印塔、三村山極楽寺の石仏龕や五輪塔など律宗関与の花崗岩製石造物が残されており、相模や南武蔵でも十三世紀第４四半期以降に、称名寺五輪塔、箱根山石造物群（五輪塔・宝篋印塔・磨崖仏）、極楽寺忍性塔など安山岩製石造物の造立が始まり、周辺に多くの影響を及ぼすことになる。

これらの石造物のモデルとなったのが、大和の石塔様式である（第8図）。特徴としては宝篋印塔において、塔身における方形の輪郭、露盤や基礎における二区画の輪郭、全体のフォルムなどに共通性が確認できる。山城など他地域の様式と比較しても、大和様式の影響であることは明確である。

また、律宗高僧の墓塔として梵字を刻まない大型の五輪塔が採用され、その大きさは被供養者の生前における階層を反映したピラミッド構造を呈している［桃崎 二〇〇〇］。鎌倉

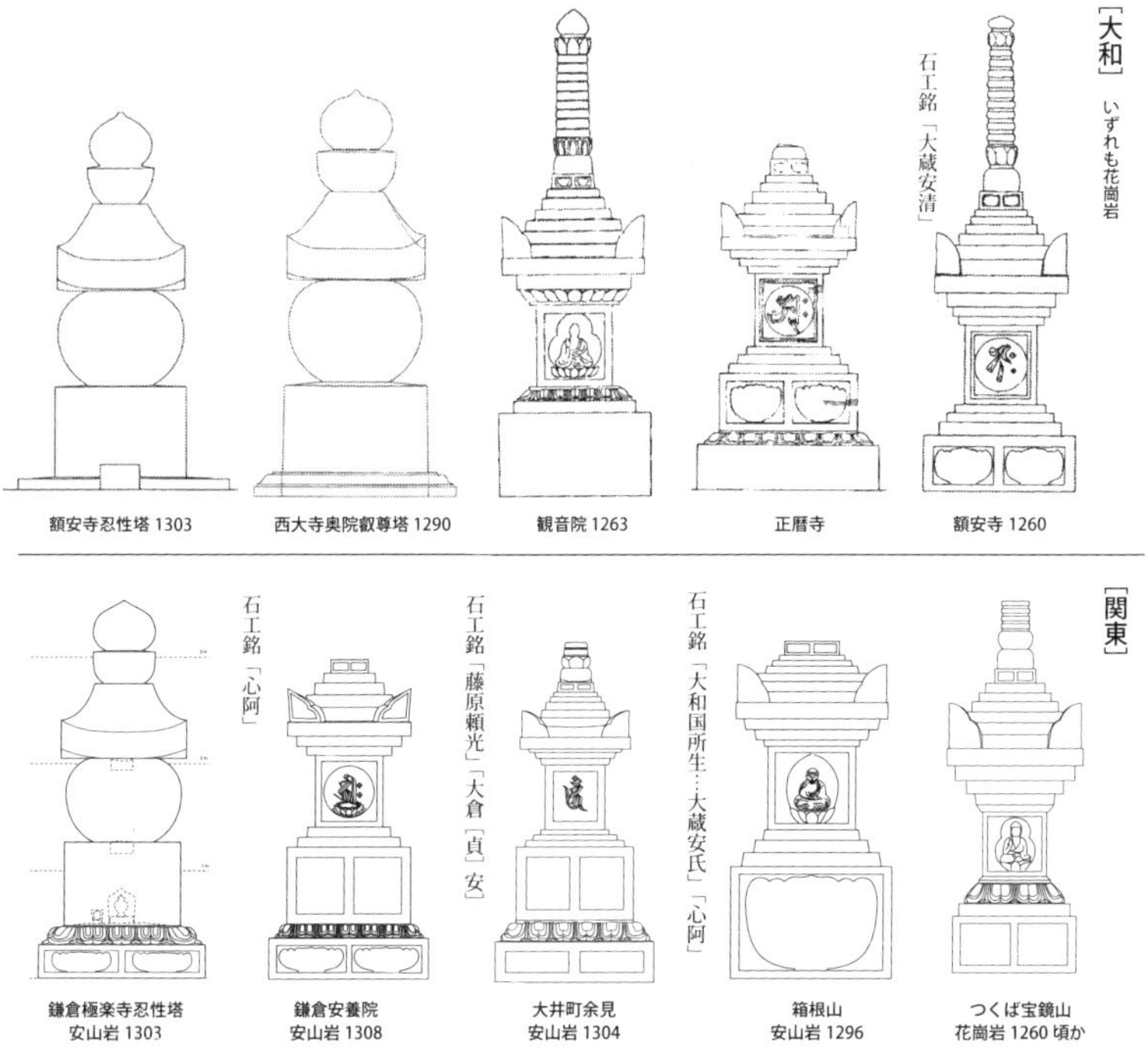

第８図　13 世紀中葉～ 14 世紀初頭における大和と関東の石塔比較

極楽寺や称名寺の五輪塔群に明らかなように、類似した構造や造塔の思想も東国に移入される。

石工に関しても、銘文に確認できる大和額安寺塔（一二六〇年）の「大蔵安清」、箱根山塔（一二九六年）の「大和国所生（中略）大蔵安氏」、余見塔（一三〇四年）の「大倉貞安」のように、「安」を通字とした大蔵姓石工の介在が明らかに認められる。

ただし、注意すべきは大和の石塔をモデルとしているものの、忠実なコピーではないという点である。大蔵安氏は活動年代や「安」を通字とすることから、大蔵安清の息子と推定されているが、額安寺塔と箱根山塔では共通要素はあるものの、全体的なフォルムや細部様式には相違が認められる。また、嘉元元年（一三〇三）に逝去した忍性の墓は、大和の額安寺と竹林寺、鎌倉極楽寺の三箇所に五輪塔が造立されている。竹林寺塔は破損により比較には適さないが、額安寺塔と極楽寺塔では同時期に同人の墓塔として造立されたにも関わらず、全体のフォルムや基壇の造形は明らかに異なっている。このように、大和からの移入当初において、東国独自の形態への展開、すなわち在地化が認められるのである。

また、近年の研究において律宗と大蔵姓石工のみが重視される傾向にあることにも注意を要する。山川均氏は、鎌倉安養院塔（一三〇八年）の「心阿」、覚園寺塔（一三三二年）の「光広」（俗名でなく法号とする）も大蔵姓石工であると推定し、独自のストーリーを展開するが、決して論拠のあるものではない。筆者はかつて、余見塔の銘文において「大蔵貞安」よりも上位（右側）に刻まれる「藤原頼光」、覚園寺塔の「光広」（俗名と考える）に、「光」という通字があることから、藤原姓の石工の活動を想定し、箱根山塔と余見塔以降に認められる大きな形態差も石工の違いを反映している可能性があることを指摘した［本間二〇一二b］。大和様式の導入には大蔵姓石工および律宗の直接的な関与が明確ではあるが、その後の展開において大蔵姓以外の石工の活動や、北京律や浄土宗など他宗も含めた在地的な形態を有する多様な造塔の広がりがあったと考えている。

(6) 十四世紀中葉以降

箱根伊豆安山岩製宝篋印塔の変遷　この段階以降は宝篋印塔に限って関東における展開過程を確認したい。関東では先発的な若干例を除いて、これ以前に宝篋印塔は存在しないので、畿内発の先進文化が広がる様子を見ることができる。

まず、石工下向により本格的な開発が始まったのが安山岩の製品である。この石材について、筆者は近世以降の利用も踏まえて箱根伊豆安山岩と表記しているが、中世段階の採石は石塔の所在状況や、小田原での石塔製作遺跡の存在から、箱根が主体であったと考えられる。

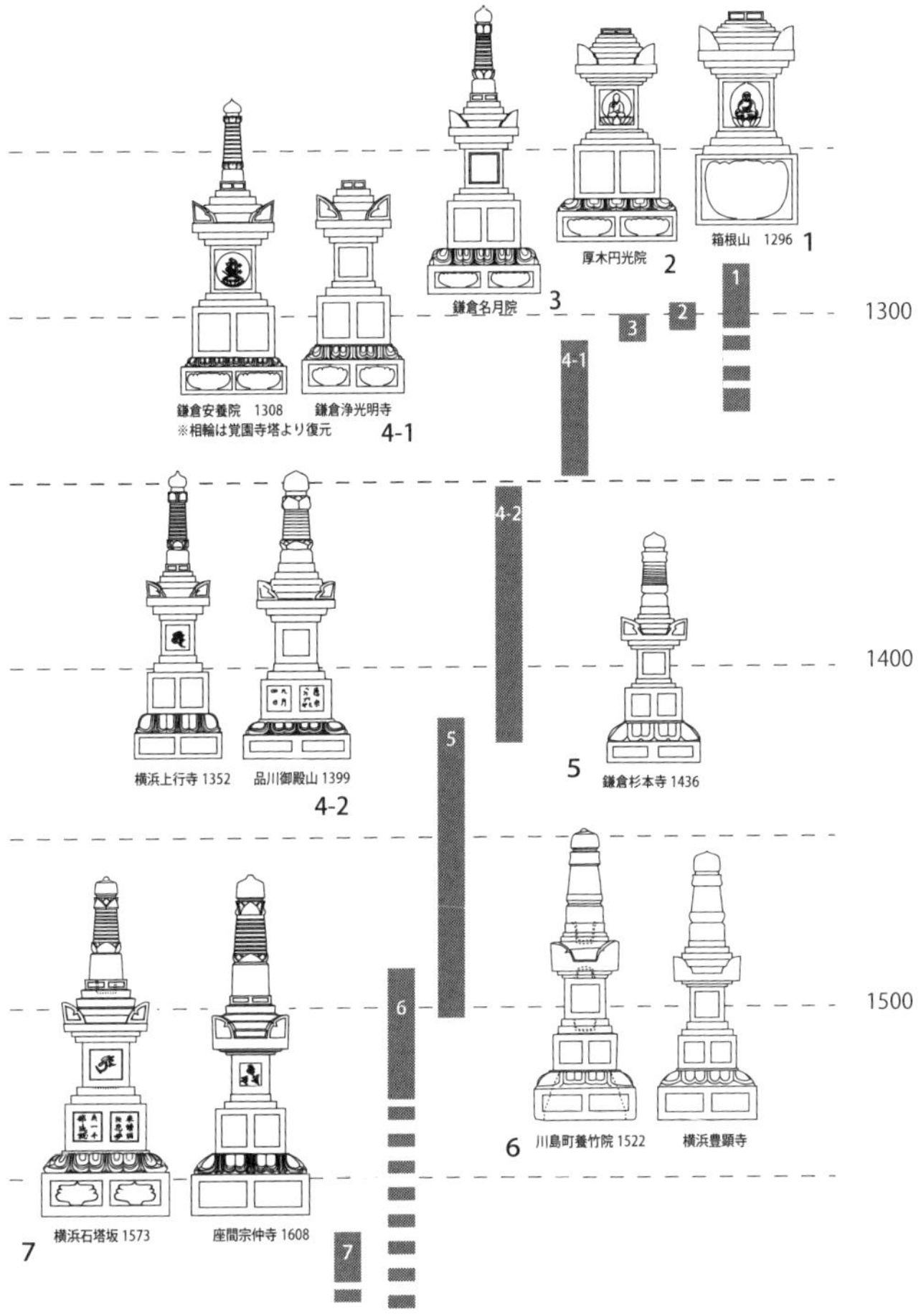

1期 **（初現）**	1290 年代～ 1300 年代初頭の短期間に 1 類から 3 類へと変遷する。形態変化の幅が大きく、変化の速度が早い。
2期 **（定型）**	1300 年代初頭の 4-1 類によって、形態変化が安定する（ただし反花座の弁数は多様）
3期 **（量産）**	14 世紀中葉の 4-2 類により型式が固定される。この時期が造立数、流通範囲とも盛期。
4期 **（退化）**	15 世紀半ば以降、前代を継承しつつも形態・装飾技法が退化、小型化、造形が粗雑となる（5 類・6 類）。有紀年銘塔の激減。
5期 **（復古）**	16 世紀後半に、14 世紀代の古塔（4-1 類）を模倣した復古様式（7 類）の精製塔が登場。この系譜は 17 世紀初頭まで存続

第 9 図　中世における箱根伊豆安山岩製宝篋印塔の変遷

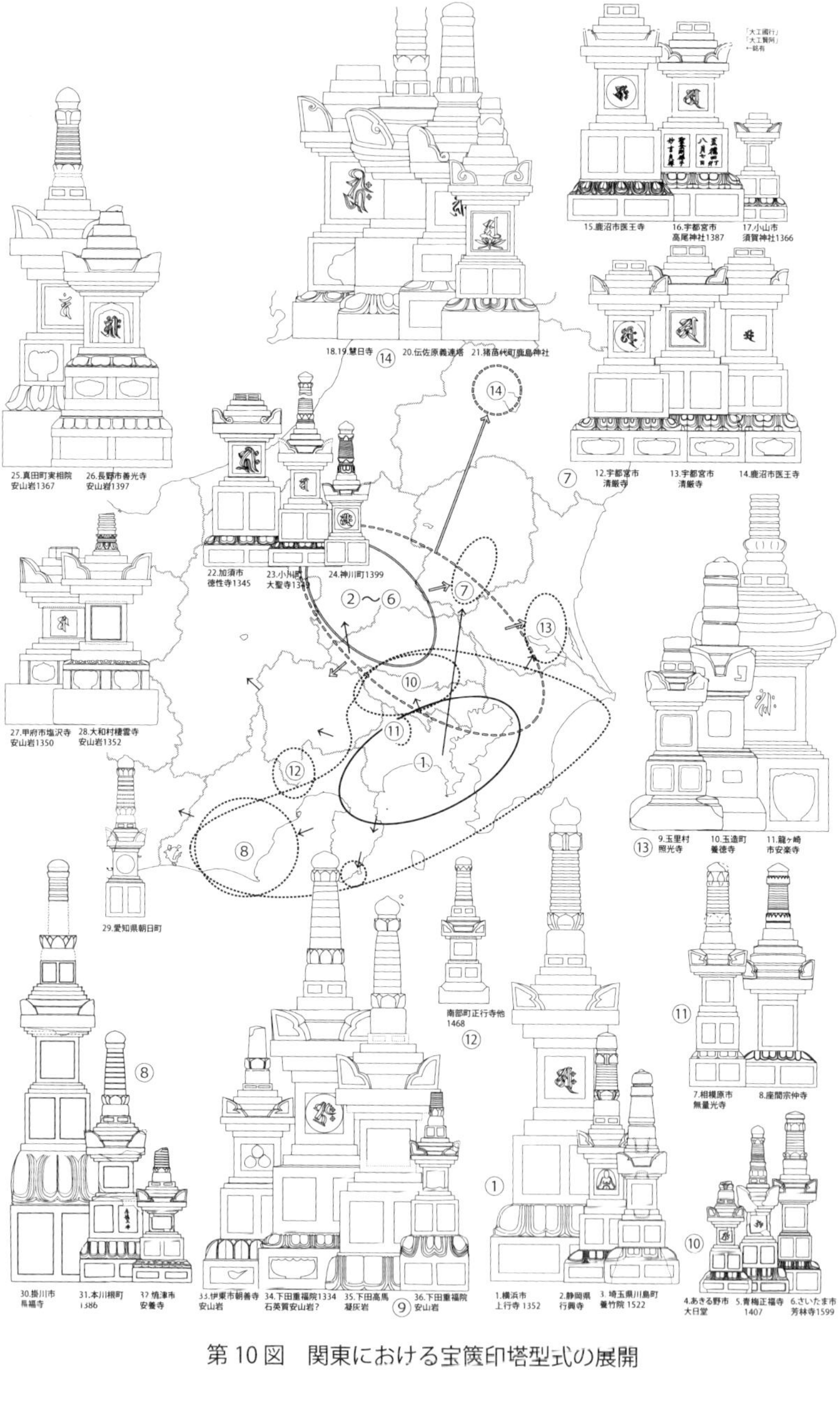

第 10 図　関東における宝篋印塔型式の展開

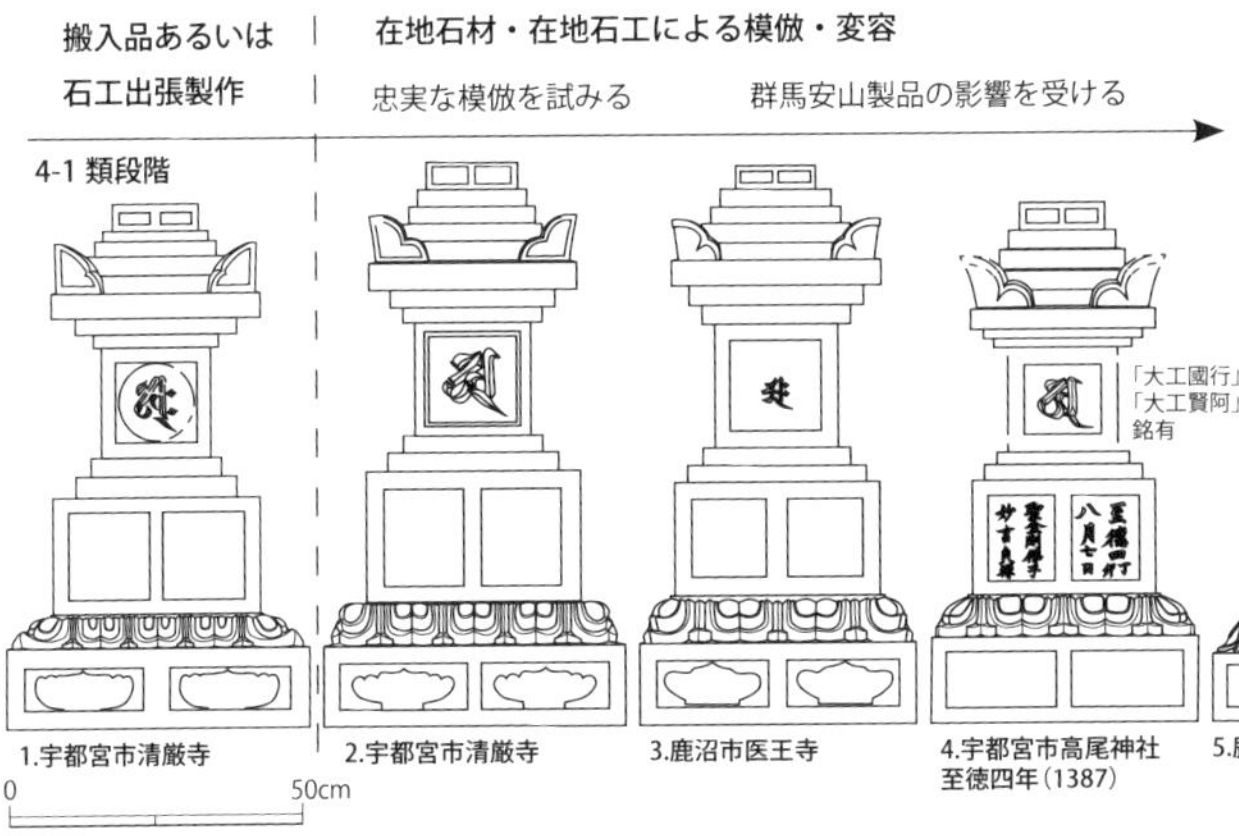

第11図　宇都宮周辺の安山岩製宝篋印塔

第9図に安山岩製宝篋印塔の形態変化に基づく変遷と段階区分を簡略に示した。同製品の形態変遷においては、初現→定型→量産→退化→復古、という画期が認められるが、十四世紀初頭に成立した型式が保守的に変化しており、他地域の影響は受けていない。ここでは紙幅の都合で取り上げないが、五輪塔、宝塔、層塔など、同石材製の他形式石塔も概ね同様の変遷が確認できる。

モデル伝播による「関東形式圏」の形成　十四世紀初頭に定型化した安山岩製石塔（4類）は、鎌倉を擁する相模を中心として、武蔵、下総、上総、伊豆、駿河、遠江に広がり、遠くは下野や伊勢に及ぶ。一部の地域では、在地石材による模倣が生じ、模倣製品の流通によって、さらに遠隔地の石塔型式へ影響を及ぼしている。この結果、前述したように関東独自の石造物文化圏と認識される、いわゆる「関東形式圏」〔川勝一九五七〕が形成されることになる（第10図）。東海・甲信・東北南部にまで及ぶ「関東形式圏」は大きな系統や様式としてのまとまりであり、石材に応じた異なる型式群を内包している。

このようなモデルの拡散と在地化の明瞭な事例が下野宇都宮周辺の事例である（第11図）。有力御家人宇都宮氏の菩提寺である清厳寺に所在する無銘塔（同図1）は、先ほどの4―1類・鎌倉時代末に比定できる。筆者は箱根伊豆安山岩の搬入品と考えているが、石材が異なるという指摘

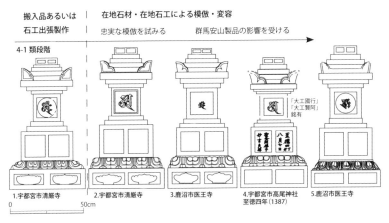

〔佐々木 二〇一〇〕もあり、仮にそうであれば石工が出張して制作したものであろう。つまり鎌倉などに所在するものと寸分違わない型式を有しており、その背景には宇都宮氏による製品あるいはモデルの移入が想定される。その後、これをモデルとして、在地石材、在地石工による宝篋印塔の製作が周辺地域で開始される。それが、第11図の2～5で、当初は比較的忠実に模倣しているが、やがて在地の群馬安山岩製品の影響を受けながら変容していく。同様のモデルの展開が関東各地で進んだと考えられる。

(7) 十四世紀～十六世紀（第12図）

このように十四世紀以降には鎌倉周辺を軸とした安山岩製石塔の影響が東国の広域に及んだ一方で、西からの影響はその後も波状にもたらされている。

こうした様相は一部を除いて従来あまり指摘されていないため、第12図には地域や年代ごとに事例を示した。鎌倉円覚寺に所在する基礎残欠（同図b）は、基礎上部に関東通有の段型ではなく反花座を設けており、畿内系の影響を部分的に受けた在地様式との折衷製品と見られる。また、埼玉県大光寺の基礎残欠（d）は安山岩製と報告されているが、形態的にみて美濃産硬質砂岩製の搬入品である可能性が高いと思われる。その模倣製品と思われる安山岩製品もみられる（e）。

最も端的なのは安房蛇紋岩の製品で（f～i）、宝篋印塔をみると明らかに畿内、それも京都系（京都周辺地域で製作された共通様式を有するモデル、第13図）の形態を呈しており、銘文によって知られる橘姓を名乗る石工によって、限定された地域に独自の文化圏が形成されている。おそらく橘氏は畿内を出自とし、清澄寺のような宗教勢力に招聘されたものとみられる〔早川 一九九二〕。

千葉県市原市有木城跡に所在し、戦国期の二階堂実綱の供養塔と伝わる十三重塔（j）は、本体は畿内産とみられる

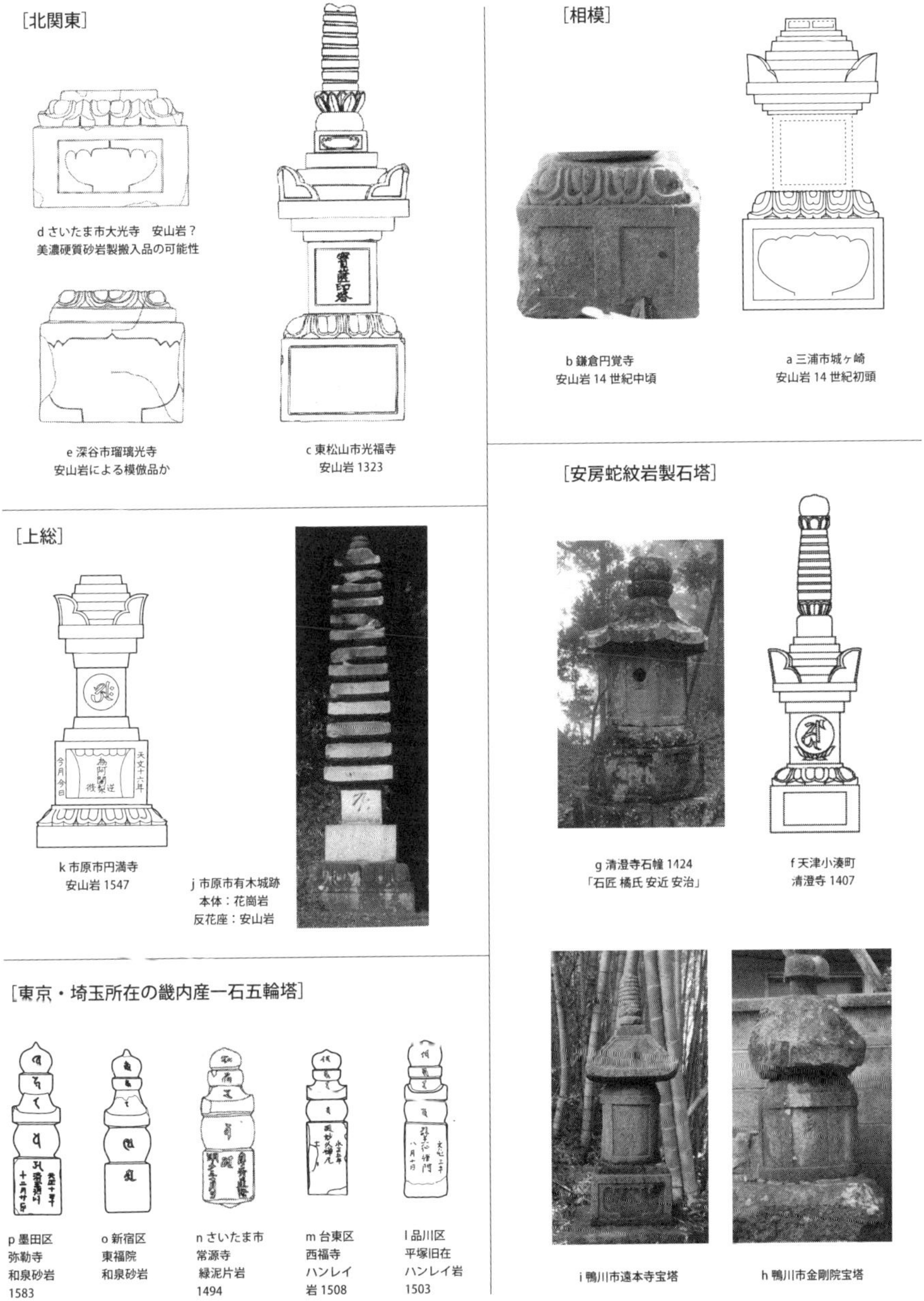

第 12 図　関東における 14 世紀以降の畿内系関連石塔

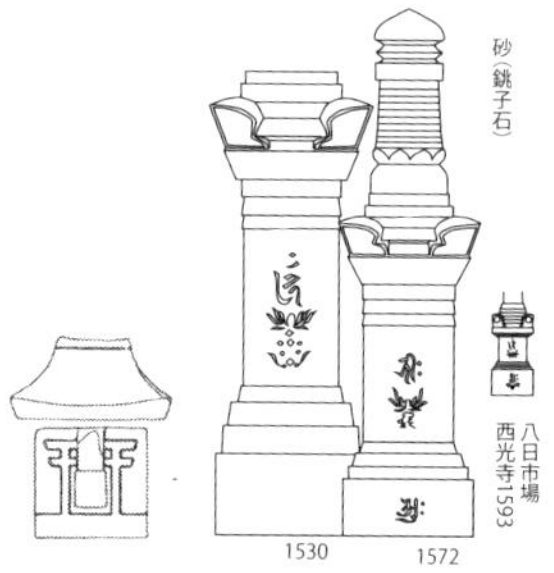

第 14 図　銚子砂岩製石造物

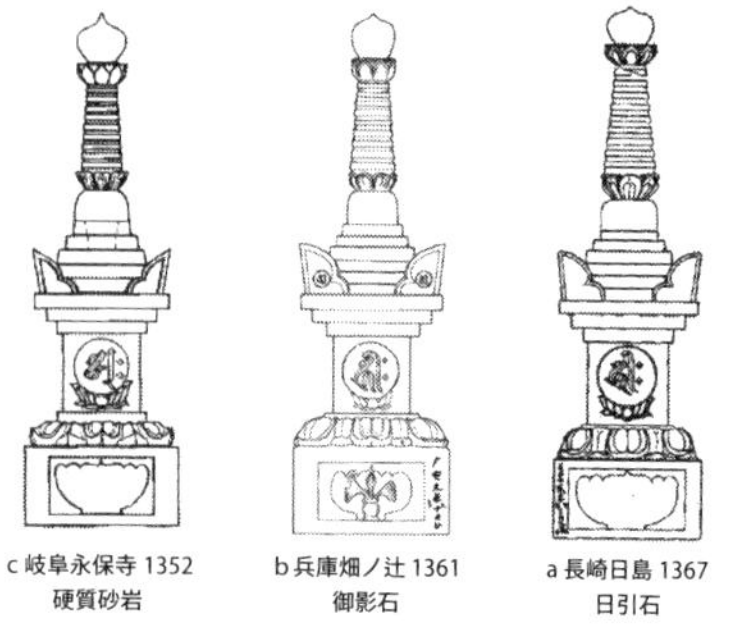

第 13 図　14 世紀中葉の京都系宝篋印塔

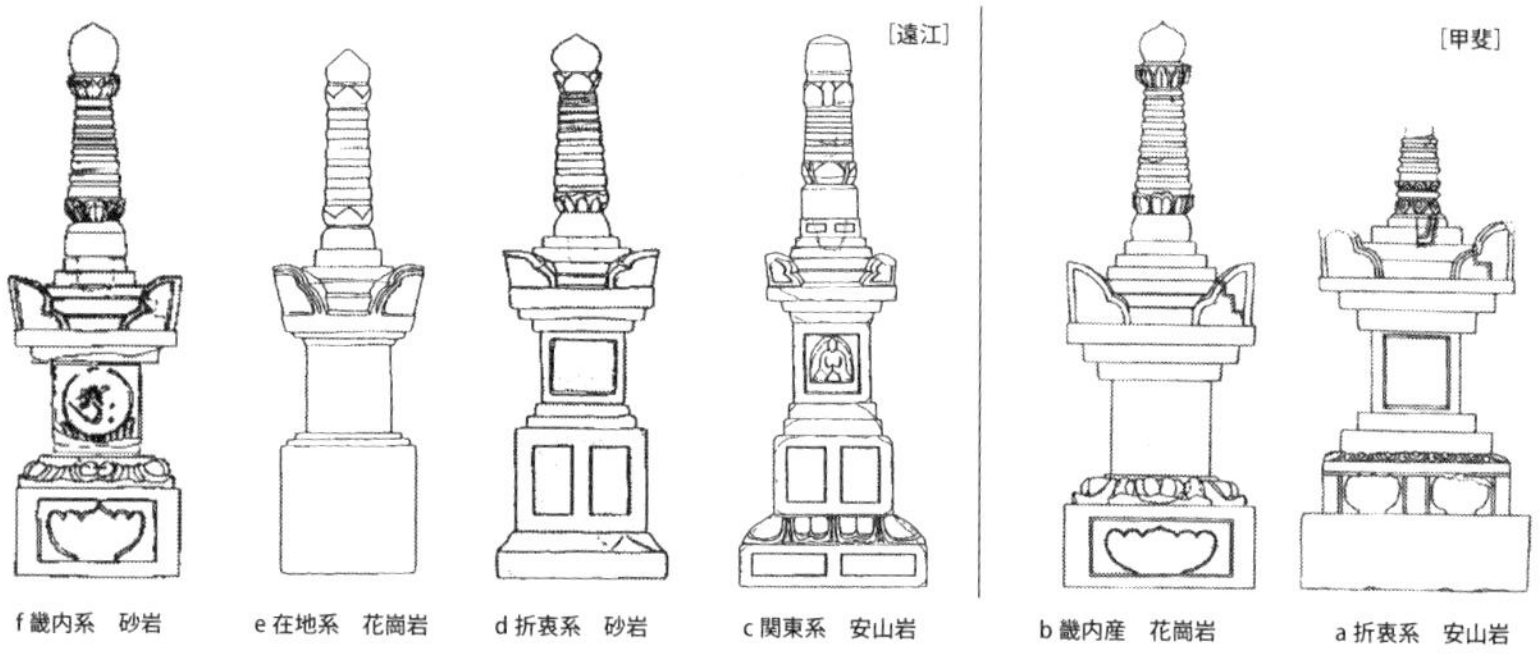

第 15 図　甲斐・遠江の宝篋印塔型式にみる東西の混交

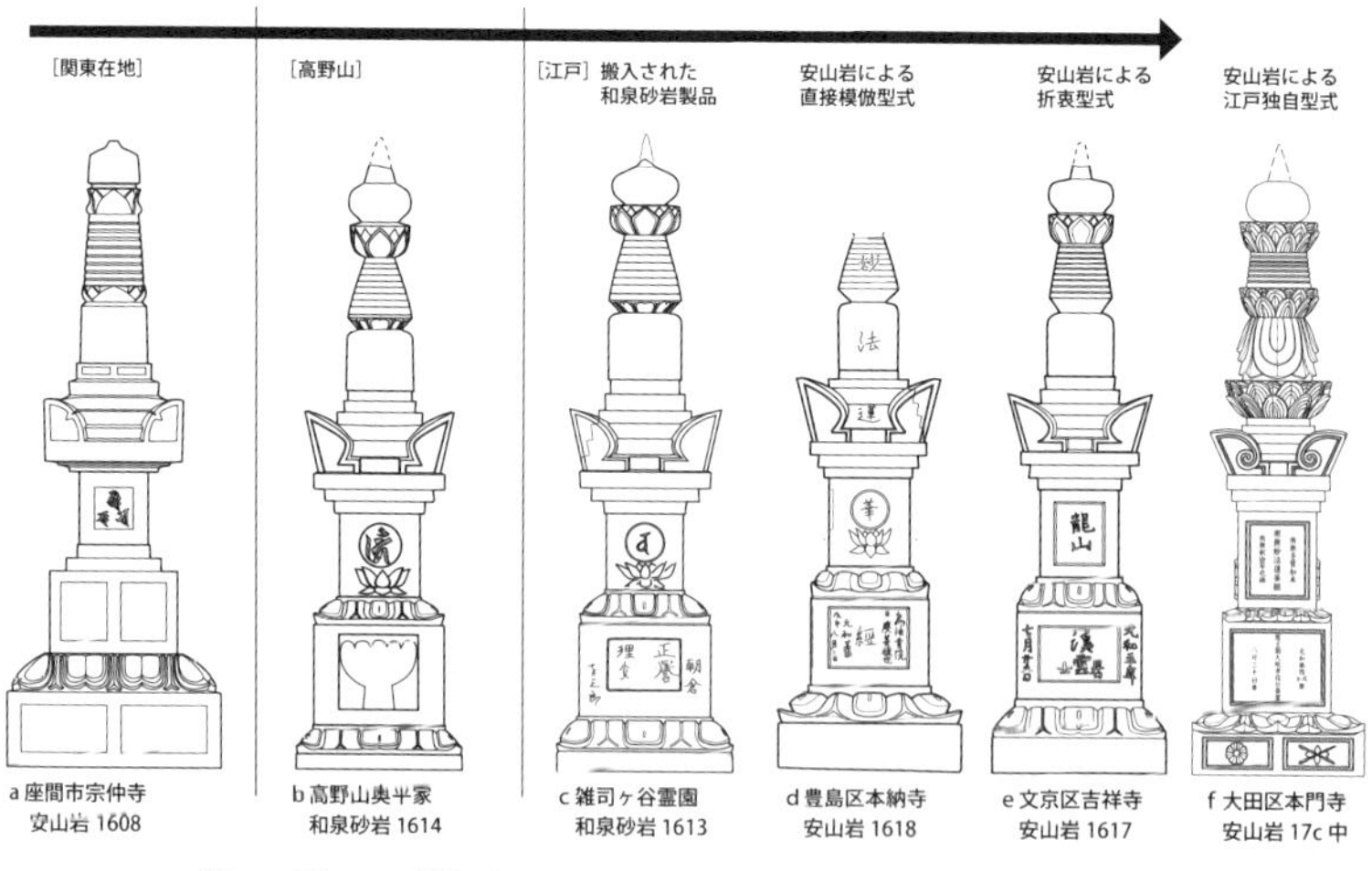

第 16 図　17 世紀初頭における安山岩製宝篋印塔型式の変容

花崗岩、後補の宝珠（空風輪）と反花座は箱根伊豆安山岩を用いている。搬入の年代や経緯は不詳だが、本体、反花座とも十四世紀中葉の所産である。同市円満寺の天文十年（一五四一）銘安山岩製宝篋印塔（k）も、笠・塔身・反花座が畿内系の形態を呈するが、周辺に類例は確認できない。

その後、十五世紀末〜十六世紀にかけては、和歌山緑泥片岩製、畿内ハンレイ岩製、大阪和泉砂岩製の一石五輪塔の存在が南関東においてわずかに認められるが、模倣品などは確認できない。

以上のように、この段階の関東には、畿内系石塔の影響が推定される製品、搬入された畿内系石塔、模倣製品、畿内石工の移動に伴う畿内系在地石塔の展開などが認められる。しかしその影響は限定的といえる。

その他、十六世紀後半以降に千葉県銚子産砂岩を用いた石造物が茨城県南部から千葉県北部に分布している（第14図）。これなども明らかに非関東系の独自形態を有する。畿内系の影響もありそうだが、ルーツは明確ではない。

より西部に位置する、遠江、駿河、甲斐、信濃では、畿内系と関東系の影響がかなり混交している状態が認められる。甲斐棲雲寺（第15図右）では関東系をベースとして関西系の要素がわずかに混ざった在地石材製品（a・一三五二年）と畿内より搬入されたと見られる花崗岩製品（b・一三五三年）が併存している。駿河では在地の凝灰岩を用いた製品において、箱根伊豆安山岩の影響で成立した在地様式を中心としながらも、関西系の忠実な模倣製品も若干認められ、遠江（第15図左）では在地（岡崎産花崗岩や砂岩）、西（砂岩）、東（箱根安山岩）の製品が混在している。

(8) 十七世紀初頭（第16図）

箱根伊豆安山岩製石塔の様式において、この段階で再び大きな変化が生じる。その契機とみられるのが大阪の和泉砂岩製宝篋印塔（第16図c）の江戸周辺への搬入である。和泉砂岩製石塔は京都系の影響を受けた型式を有し、中世末期の阪南地方や高野山周辺における造塔の主体となっている。この影響により十四世紀以来続く箱根伊豆安山岩製品の型式（a）は断絶し、和泉砂岩製をベースとした関西系の様式（d）へと一変する。製品の搬入が認められるのは現在のところ宝篋印塔のみだが、様式の断絶あるいは新規移入は五輪塔、層塔、宝塔、墓標でも同様に生じている。その後、在地の影響を受けて変容した様式（e・f）は、十四世紀代と同じように関東周辺各地に広がっていく。この背景には江戸幕府成立に伴う畿内文化の大規模流入、高野山における和泉砂岩製宝篋印塔の盛期、江戸城公儀普請による安山岩使用の制限および石工の移動などの各種要因が想定されている［竹岡 二〇〇六、磯野 二〇一六、本間 二〇一七］。

3　画期の整理

以上、宝篋印塔を中心とした関東の石塔変遷と他地域との関係を概観してきた。繰り返しとなるが、模式図とともに画期を提示しておきたい。

Ⅰ期　九〜十三世紀　石塔が定型化する以前の段階である。畿内以西との関連（緩やかな共通性）がうかがえる場合もあるが、直接的なモデルは明確にできない。

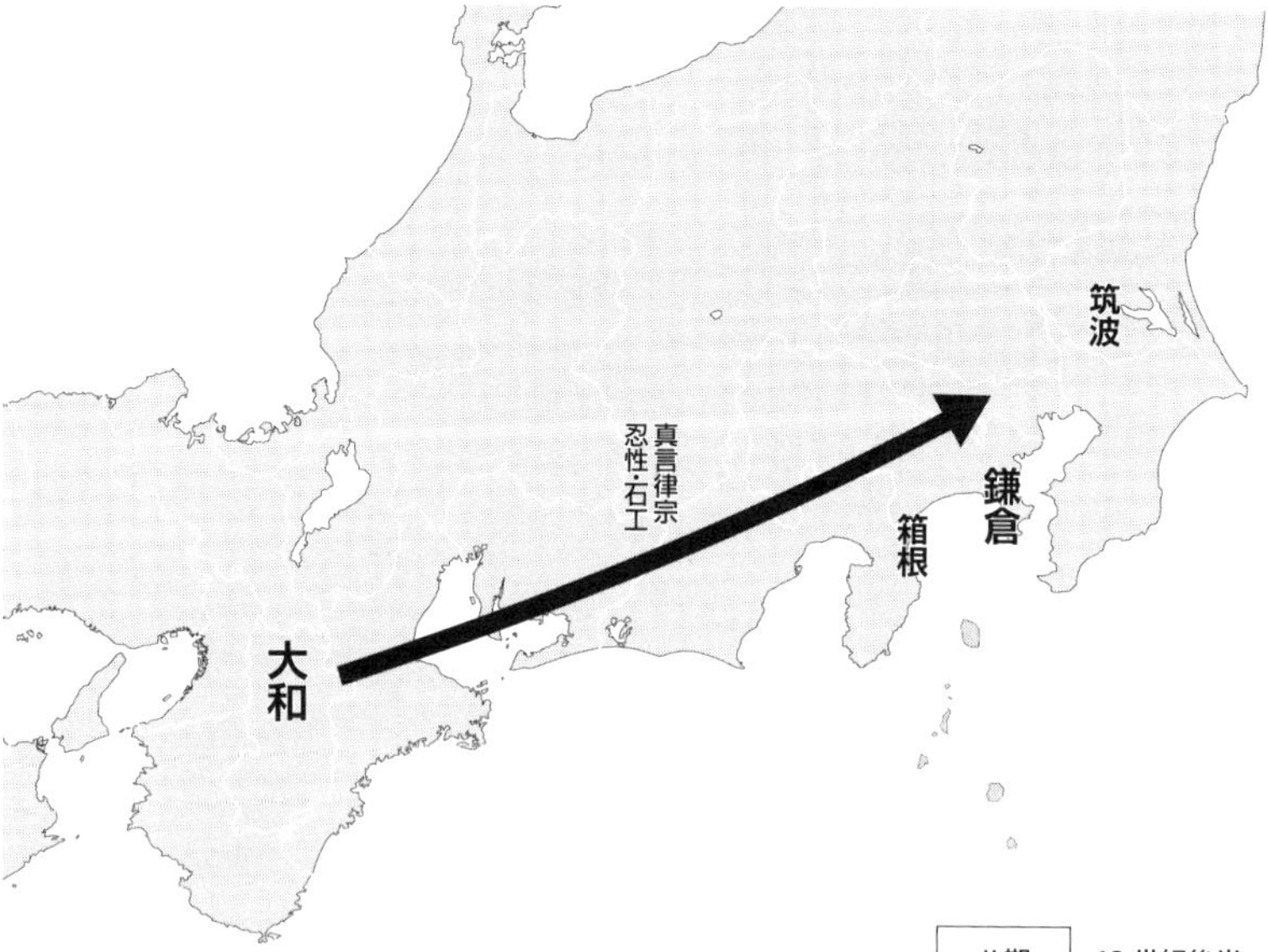

Ⅱ期　13世紀後半

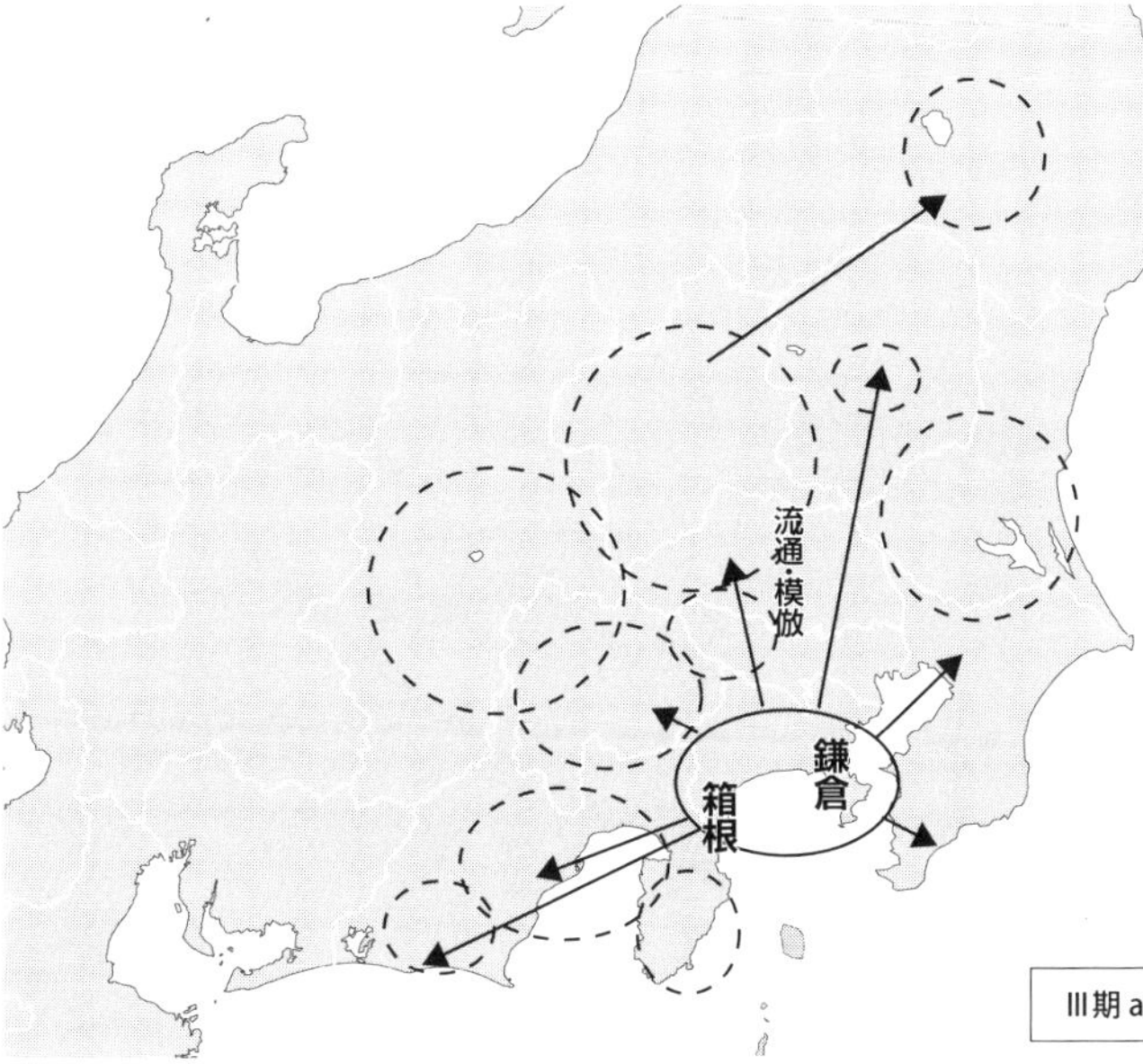

III期 a　14世紀前半

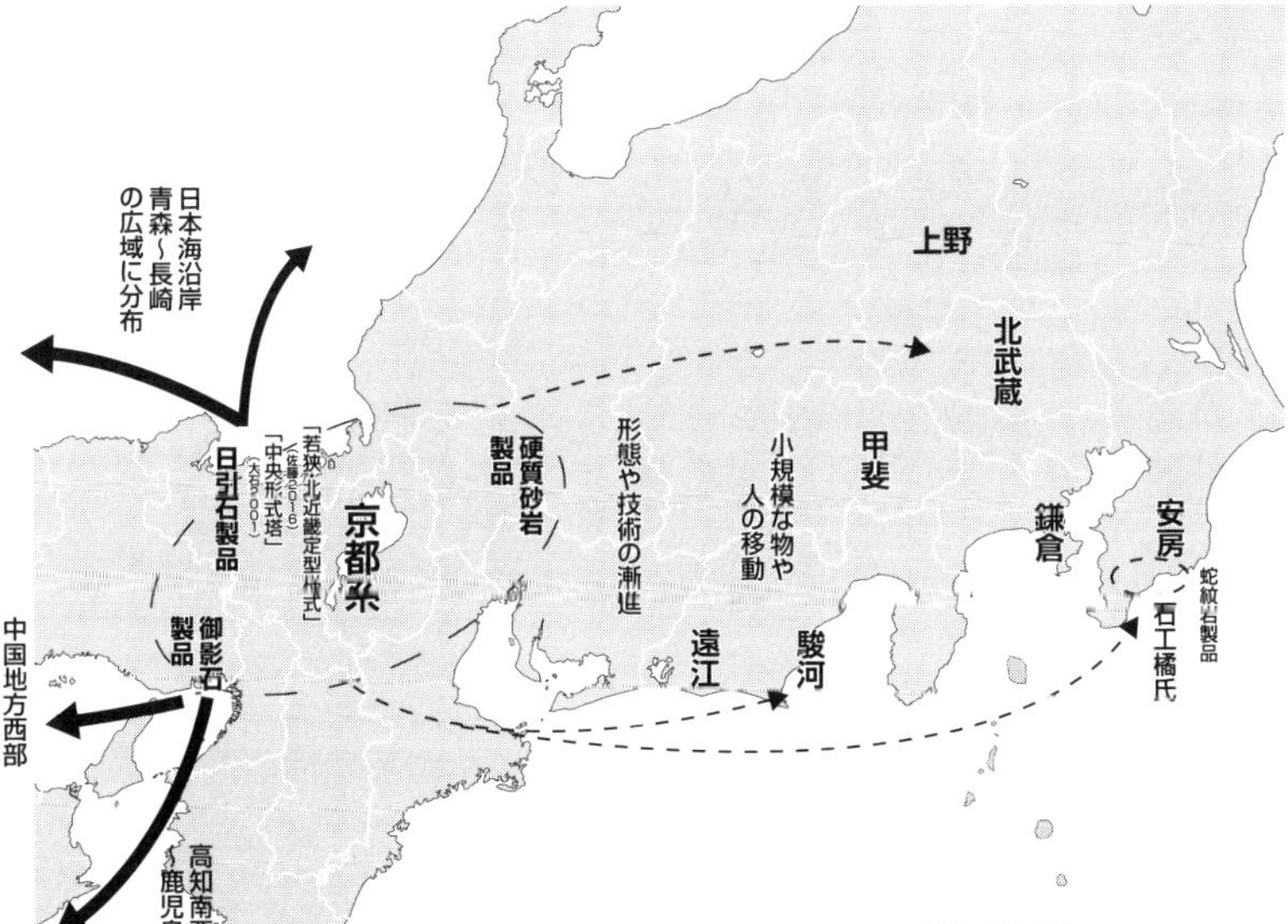

III期 b　14世紀以降

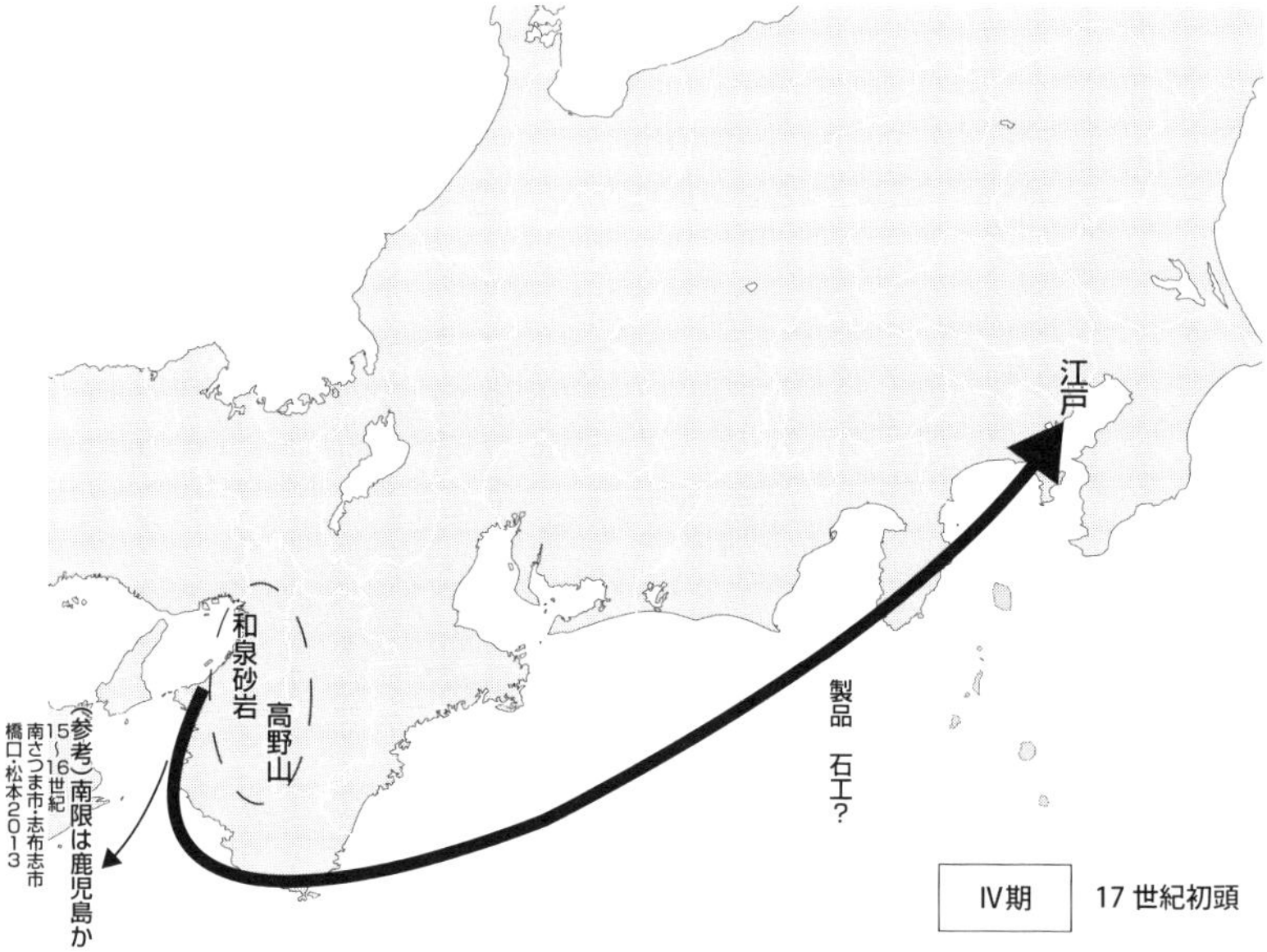
江戸
和泉砂岩
高野山
製品　石工?
(参考)南限は鹿児島か
15〜16世紀
南さつま市・志布志市
橋口・松本2013
Ⅳ期
17世紀初頭

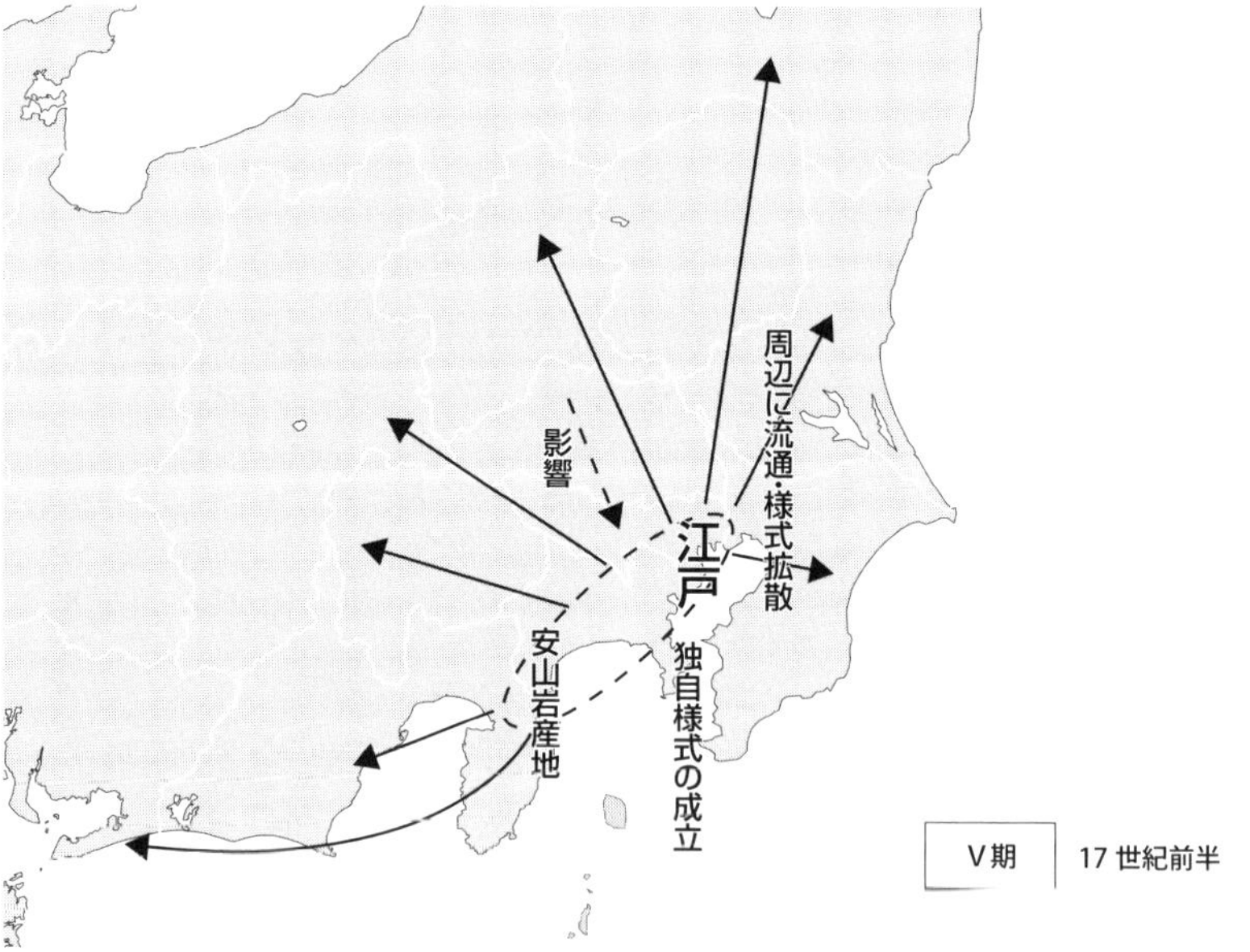
影響
江戸
周辺に流通・様式拡散
安山岩産地
独自様式の成立
Ⅴ期
17世紀前半

Ⅱ期　十三世紀後半　大和からの石工下向により、直接的に様式や技術が移入される。ただしモデルとコピーは全く同じではない。

Ⅲ期ａ　十四世紀前半　大和系をベースに定型化・在地化した関東独自の様式が、鎌倉・西相模を中心として周辺各地に広がる。箱根伊豆安山岩製品独自の系譜は十七世紀初頭まで存続する。

Ⅲ期ｂ　十四世紀以降　関東独自の石造文化圏が形成されるも、物や石工の移動、模倣など、断続的に畿内（京都系）の影響が及ぶ。ただし、その影響は限定的である。この頃、西日本・北陸地方では京都系をモデルとする日引石、御影石製石塔が広域に流通する［大石二〇〇一、市村編二〇一三］。

Ⅳ期　十七世紀初頭　大阪和泉砂岩製品（高野山系）が移入される。石工の移動も想定される。

Ｖ期　十七世紀前半　和泉砂岩製品の影響により箱根伊豆安山岩による直接模倣↓在地様式との折衷↓北関東様式の影響を受けて大きく変容した独自様式が成立する。その後、関東甲信・東海・東北南部の広域に広がる。

4　結　論

関東の石造物において、畿内との直接的な関係が把握できるのは十三世紀後半以降である。石工の東国下向により大和の石塔様式が伝わり（Ⅱ期）、それをベースとして箱根伊豆安山岩製品独自の様式が成立、周辺へ拡散する。それを承けて関東広域に独自の石造物文化圏が形成される（Ⅲ期ａ）。箱根伊豆安山岩製品の様式は保守性が強く三世紀にわたり継続する。これは大和の様式をモデルとしながらも、それを摂取・変容させた独自モデルで、周辺地域の石塔に大きな影響を与えている。本シンポジウムのテーマに擬えれば「鎌倉モデル」とでも言えようか。十四世紀以降も西からの波は断続的にもたらされるが、「鎌倉モデル」への影響は少ない（Ⅲ期ｂ）。

畿内においても大和と京都・近江では石塔の様式は異なっている。大和の様式が東国へ伝来したのは、南都律宗の東国への教線拡大という特定要因を背景としているが、このような伝播は全国的に通有の事象とは言えない。先に触れた西日本における石塔の展開状況［佐藤 二〇一六］を参照しても、石塔の拡散は地域ごとの事情（伝統的地域様式の存否や多寡、流通など経済的要因、特定宗派の教線等）に応じて多様である。そこには常に規範となるようなモデル（「京都モデル」）の存在は見えないが、畿内の石塔様式が地方へ与えた影響が大きいのは事実である。

興味深いのは、東国の石塔においては、十七世紀初頭にも十三世紀末～十四世紀初頭と同じように、畿内系石塔の搬入を起因とした在地石材によるモデルの模倣・変容、従来様式の断絶が生じていることである（Ⅳ期）。この場合のモデルは大和ではなく、概期の高野山における石塔造立にも多用された大阪の和泉砂岩の製品であった。和泉砂岩製品をモデルとして在地化した新たな様式は「江戸モデル」とも言えようが、「鎌倉モデル」と同じようにその後の周辺地域の石塔様式に大きな影響を及ぼしている（Ⅴ期）。

このように、畿内と関東の石造物の関係をひろく捉えると、畿内→鎌倉・江戸→周辺地域、というような段階的かつ在地的変容を伴うモデルの展開と受容の様相が理解できる。これは東国社会における鎌倉・江戸の存在の大きさを如実に物語るものであろう。また、石造物という物質的側面からみれば、直接的な受容ではなく、在地石材の使用や、在地石工による模倣（あるいは下向石工の在地化）を介した受容であった点にも、段階的な展開が生じた一因があると考えられる。

おわりに～石造物のモデルと権力の相関～

シンポジウムの討論で中央権力と地域との関係性について一つの議論になったが、石造物の視点から触れておきたい。中世前期において各地で造立された五輪塔や板碑など大型の石塔は、地域における権力者の存在を示している。石造物を歴史資料として捉えた場合、石造物と歴史的な権力者を相関させた検討は非常に魅力的である。しかしながら、石造物のモデル比較を通して、地域間における権力との関係性を論じることはなかなか難しい、と筆者は考えている。本稿で取りあげた東国における律宗拡散期の石工とモデルの移動、あるいは関東の初発期板碑に認められる種子型式と武士団との関係のように、特定の地域において石造物が一般化する前段階では、その希少性ゆえに石造物のモデルと権力の関係性が窺える場合もある。この段階の石造物はオーダーメイド、特注品であった。

しかし、石塔が一般化する中世後期以降になると、その大多数は石材産地や流通状況など、地域的な制限を受けながら石塔を造立することが常態となる。この段階の石造物は地域で量産され、流通する品物となる。中央の権力や文化に自らの権威的裏付けを求めた戦国期の有力大名においても同様で、わずかながら地域に残る大名関連の石塔自体はそれぞれ在地の石材を用いた在地のモデルであり、そこには中央への意識は全く認められない。石造物の多様性、在地性の強さをよく示している。

参考文献
安養院　一九八〇年『安養院宝篋印塔保存修理工事報告書』
安藤　登　一九九七年「市原市指定重要文化財　有木城跡石造十三重塔について」『上総市原』一〇
安藤　登　一九九九年「円満寺石造宝篋印塔について」『市原地方史研究』一九
石川県教育委員会・石川県埋蔵文化財センター　二〇一一年『珠洲市野々江本江寺遺跡』
磯野治司　二〇〇五年「初発期板碑の形式と展開」『日本の石仏』一一六
磯野治司　二〇一六年「武蔵国における近世墓標の出現と系譜」『考古学論究』一八
磯部淳一　二〇一四年「東国の初期五輪塔」『歴史考古』七〇
市村高男編　二〇一三年『御影石と中世の流通　石材識別と石造物の形態・分布』高志書院
内山俊身　二〇一〇年「東国武士団と都鄙間の文化交流―下総下川辺氏と「関戸の宝塔」―」『実像の中世武士団―北関東のもののふた

ち―』高志書院
大石一久　二〇〇一年「日引石石塔に関する一考察」『日引』一
岡本知子　二〇〇三年「大蔵派宝篋印塔の研究」『戒律文化』二
小野木学　二〇一二年「美濃」『中世石塔の考古学』高志書院
川勝政太郎　一九三六年「宝篋印塔に於ける関西形式・関東形式」『考古学雑誌』二六―五
川勝政太郎　一九五七年『日本石材工芸史』綜芸舎
古田土俊一　二〇一二年「中世前期鎌倉における五輪塔の様相」『考古論叢神奈河』二〇
斎木　勝　一九八〇年「房総宝篋印塔考」『物質文化』三五
斎木　勝　一九八六年「関東型式宝篋印塔の研究」『千葉県文化財センター研究紀要』一〇
埼玉県教育委員会　一九九八年『埼玉県中世石造物調査報告書』
狭川真一　二〇〇三年「西大寺奥ノ院五輪塔実測記」『元興寺文化財研究所研究報告二〇〇二』
狭川真一・松井一明編　二〇一二年『中世石塔の考古学』高志書院
佐々木健策　二〇一〇年「中世後期の小型石塔にみる加工技術と伝播」小野正敏編『中世東アジアにおける技術の交流と移転―モデル、人、技術　平成18年度～平成21年度科学研究費補助金（基盤研究（A））研究成果報告書』国立歴史民俗博物館
佐藤亜聖　二〇一六年「石塔の定型化と展開」『十四世紀の歴史学』高志書院
竹岡俊樹　二〇〇六年「接触における文化変容の型式学的モデルの作成」『古代文化』五八
時枝　務　二〇一一年「特論一　木製板碑について」『珠洲市野々江本江寺遺跡』
奈良県教育委員会　一九八三年『重要文化財額安寺五輪塔修理工事報告書』
西山昌孝・海邉博史・松田朝由　二〇一三年「御影石製石造物概説」『御影石と中世の流通　石材識別と石造物の形態・分布』高志書院
橋口亘・松本信光　二〇一三年「鹿児島県地域への関西系石塔の流入」『御影石と中世の流通　石材識別と石造物の形態・分布』高志書院
福澤邦夫　二〇〇二年「信濃篠井所在古塔の様式」『藤澤一夫先生卒寿記念論文集』
早川正司　一九九二年「安房清澄寺石幢と石工橘氏」『房総の石仏』八
本間岳人　一九九八年「遠江における石製供養塔の様相」『立正考古』三七
本間岳人　二〇〇九年「関東地方における中世石造物―石材と石塔、関東形式について―」『中世における石材加工技術～安山岩製石造佛の加工と分布～』国立歴史民俗博物館
本間岳人　二〇一一年a「伊豆石製五輪塔の研究」『石造文化財』三

本間岳人　二〇一一年b「層塔」「宝塔」「宝篋印塔」『石造文化財への招待』ニューサイエンス社
本間岳人　二〇一二年a「中近世移行期における伊豆安山岩製石塔の復古様式について」『考古学論究』一四
本間岳人　二〇一二年b「南関東」『中世石塔の考古学』高志書院
本間岳人　二〇一六年「上総・願成就寺の凝灰岩製五輪塔」『考古学の諸相Ⅳ　坂詰秀一先生傘寿記念論文集』
本間岳人　二〇一七年「江戸における一七世紀初頭の砂岩製宝篋印塔について」『立正史学』一二一
前田元重　一九七二年「箱根宝篋印塔と大工前大和権守大蔵康氏」『金沢文庫研究紀要』九
松井一明・太田好治・木村弘之　二〇〇五年「遠江西・中部地域の中世石塔の出現と展開—静岡県下における中世石塔の研究—」『静岡県博物館協会　研究紀要』二八
南河内町　一九九一年『南河内町史』
桃崎祐輔　二〇〇〇年「忍性の東国布教と叡尊諸大弟子の活動」『叡尊・忍性と律宗系集団』
山川　均　二〇〇八年『中世石造物の研究—石工・民衆・聖—』日本史史料研究会
山口博之　二〇一四年「板碑と木製塔婆 山形県と大分県の板碑の類似から」『中世人の軌跡を歩く』高志書院
山梨県　二〇〇四年『山梨県史』資料編七

挿図出典
第1図［川勝一九五七］
第2図、第3図c・d［本間二〇一一b］
第3図［a内山二〇一〇より作成／b　南河内町一九九一より作成］
第4図［a・b磯野二〇〇五／c　石川県教委他二〇一一］
第5図［a・b本間二〇一六］、第7図［a・d斎木一九八六より作成／c　桃崎二〇〇〇／e・f・g　本間二〇一一a］
第8図［上段　狭川二〇〇三、岡本二〇〇三、奈良県教委一九八三／下段　斎木一九八六、安養院一九八〇より作成］
第9図［本間二〇一七］、第10図［本間二〇〇九］
第11図［本間二〇一二bに加筆］、第12図［c・d・e・n埼玉県教委一九九八／f　斎木一九八〇／k　安藤一九九九より作成］
第13図［大石二〇〇一　b西山他二〇一三　c小野木二〇一二］、第14図［斎木一九八〇・埼玉県一九八八］
第15図［a・b山梨県二〇〇四／c・d・e　本間一九九八／f　松井他二〇〇五］、第16図［本間二〇一二b・二〇一七より作成］
他は筆者

「戦国時代の文化伝播」の実態
――十六世紀の飛鳥井家の活動を通して――

小川剛生

はじめに

戦国時代の文化の諸相は、平安時代に源泉を有し京都で培われた古典文学の伝統に、なんらかの形で発想や典拠を負っている（庶民的とされる特色も、内実は古典文学のパロディーであることが多い）。文化的活動は、たとえその場が僻遠の地であっても、常に「京都モデル」を意識していたと言わなければならない。京都を発生源とする文化が地方へと拡散すると見た時、この時代の加速は顕著である。応仁・文明の乱後、在京を義務付けられた守護が下国し地方に拠点を築いたため、「在国」（公家衆が地方に長期滞在して朝廷の出仕を怠ること）を余儀なくされた公家がそこに寄寓したり、あるいは身分が軽く相談役や連絡役ともなる連歌師や藝能者などが渡り歩いたりしたことが理由の一つであり、その流れは一方向的に考えられて来た。このため本稿ではあえて「文化伝播」の語を用いた。

そして中世の文化における「京都モデル」は、もとより平安時代の実態とは懸け離れた、後世の「幻想」である。それでいて絶対的な規準であって、その代替となるものを新たに生み出すということは考えの外であった。したがって文化の営みの上では、中央の権威や伝統を必要としたという前提で、その枠内での時期的変化や特質を見ていった方が生産的である。

本稿では戦国期文化における和歌と蹴鞠の位置について、ことに後者を中心に取り上げる。蹴鞠は平安時代より公家の嗜む古い遊藝の一つであったが、むしろ中世を通じて全国で愛好され、社会の各層に広まったとされる。「文化伝播」の実例として恰好の材料である。しかも武士や僧侶にも熱愛された。歌鞠といえば懦弱なものとして斥けようとする言説が見られるのは、かえってその流行を裏付けよう。

近年、蹴鞠師範であった飛鳥井家・難波家の旧蔵書をはじめとする、厖大な蹴鞠関係史料の公開が進み〔渡辺・桑山一九九四〕、中世の実態を具体的に論ずることが可能となった。各地に門弟を擁した飛鳥井家当主の免状や指導内容を分析することで、地方が京都文化に何を期待したのか、そこには「憧憬」以上の具体的実質があったのか考えたい。

飛鳥井家の活動は、これまで注目されなかった訳ではない。各大名・国人で蹴鞠を嗜んだ者は多く、師範として必ず飛鳥井家が登場する。ただしそれは個別の大名の文化史研究において言及されるのにとどまる。そこで十六世紀の当主雅綱・雅教を中心に、飛鳥井家の側から同家の活動を記述してみたいと思う。

1 「装束」の免許

雅綱（一四八九〜一五六七）・雅教（雅春、一五二〇〜九四）の父子は、ともに家の極官である権大納言に昇り、父祖の伝統をよく守ったが、長命で健康にも恵まれ、とにかく「在国」が多かった。その足跡は奥州から九州まで全国にわたり、数年の京都不在もざらであった。しかもその目的は、地方所領の直務支配に取り組んだ他の廷臣とは違って、家藝を携えて諸国の武士・僧侶に教授することにあった。

この父子は都鄙の落差をよく知りその間で活動した、ある意味戦国時代公家の典型と言える。(1) さらにこの時期、相模に飛鳥井重雅(2)（石清水八幡宮社僧、雅綱の子で雅教の弟）、土佐に飛鳥井曾衣(3)（二楽院宋世の孫雅量か）という、「飛鳥井」

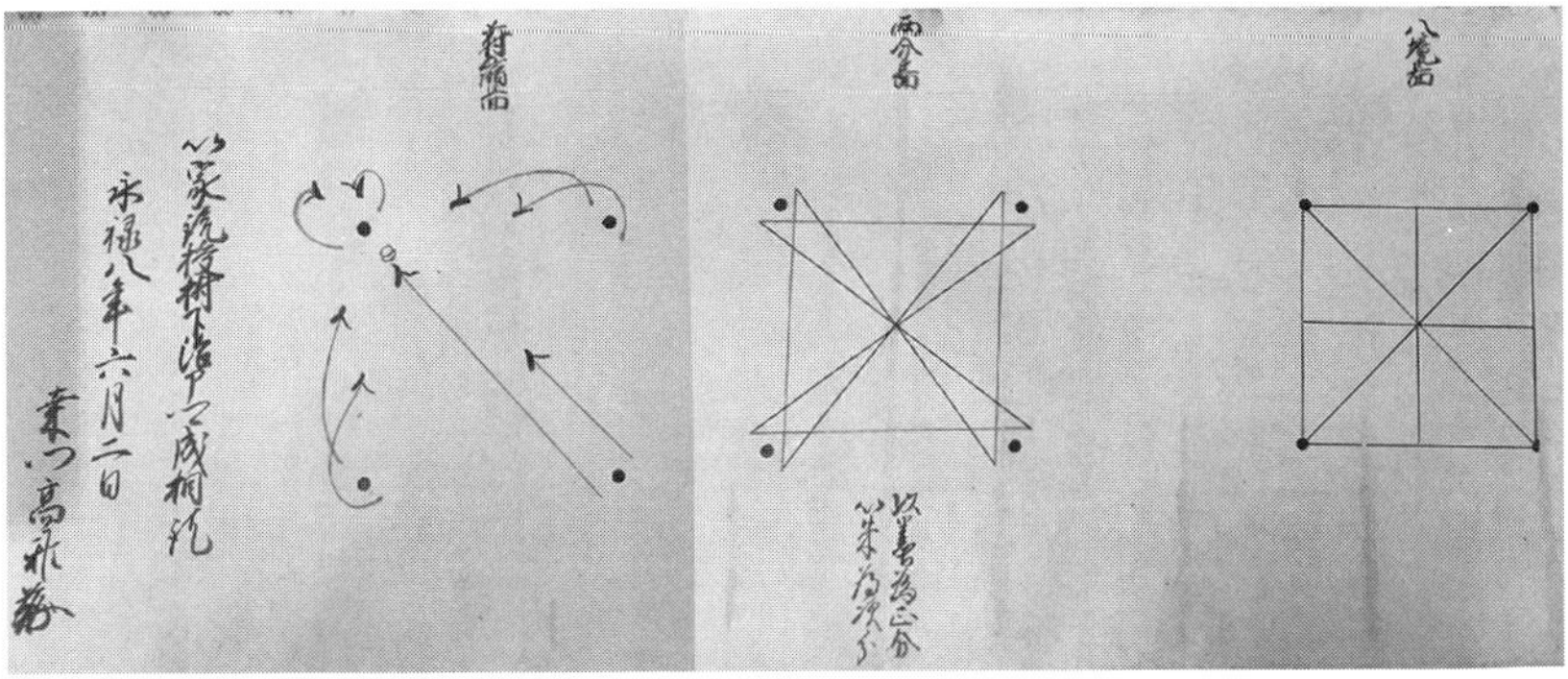

八境図（個人蔵）
永禄８年（1565）飛鳥井雅綱より日吉大社の樹下成相への伝授

を称した半僧半俗の師範がいて、現地で蹴鞠を指導した活動が認められる。雅教は弘治二年（一五五六）在国に際して後奈良天皇の勅書を獲得して重雅の活動を制限し、(4)その翌々年には正親町天皇の命によって曾衣をも排除しようとした。(5)嫡流にとって無視できない、地方に土着した師範の存在も興味深い。

それでは、蹴鞠の技法と免状の内容について、簡単に述べておきたい。

蹴鞠は長球型をした革製の鞠をどれだけ落とさずに蹴り続けるかを試みる遊びである。懸《かかり》・鞠庭《まりにわ》などと呼ばれるコートで行われる。鞠庭はだいたい建物に接した中庭に設けられ、中央に正方形を作るように、桜・柳・楓・松の木を植える。これを懸の木という。

競技者は八人で、鞠足《まりあし》と呼ぶ。競技中鞠足は随時交替したが、最初に鞠庭に立つ八名をとくに上八人と呼んで区別した。彼らは懸の木の両脇に二人ずつ立って蹴る。なお、最初に鞠を蹴ること、またその役を上鞠《あげまり》といい、名誉の役とされた。

鞠の動きに応じ、鞠足は絶えず鞠庭を移動するが、鞠を受けた者だけではなく、他の者もこれに協調して動かなくてはならない。その時々の鞠と鞠足の位置によって、他の者のポジションもおのずと定まった。これを縮開《つめびらき》という。八境図・両分図・対縮図は、懸（鞠庭）における鞠の動きと鞠足の縮開とを墨線・朱線で示した図で、単に「八境図」とも称される。

さて蹴鞠は、平安時代には、伝説的な名手はいても、まともな技藝とはみなされなかったが、院政期に内裏・仙洞でしばしば晴儀の鞠会が行われたことで、社会的地位が向上していった。鎌倉期には、中殿御会に対置される、治天の君の代始の晴儀蹴鞠も確認されるようになる。武家も同じである。このような晴儀の蹴鞠では、鞠足は烏帽子・直衣・指貫を着用し、技量の高低に応じて「無文燻革」以下の六等品に区別された韈《しとうず》を着け、沓を履いた。こうした面において、蹴鞠を専門とする師範の発言が尊重されたが、ただし一般の廷臣の私邸で装束や作法がどこまで問題とされたかは次元の異なる事柄である。むしろ思い思いの恰好で自由に鞠を蹴っていたようである。

蹴鞠の師範は、門弟に知識を伝授し、稽古の年数・技量に応じた免状を発給するが、実は技術面は指導の対象としておらず、鞠足の装束に関するものが中心であった。江戸時代前期には完成して大名相手ならば十段階以上に細かく設定されているが、その源流は室町時代以前の公家鞠ではなく、戦国時代の蹴鞠免状に見られるようである。

先学の研究によれば、この時代ではおよそ以下のような内容となっている。

入門希望者には、まず巻子本に仕立てた八境図を授け、そして葛袴と鴨沓の着用を許している。もし無免許で蹴鞠をするとなると、素襖・袴・裸足(足を布で包む)という恰好となる。素襖は単衣仕立ての簡素な直垂であるが、もとは蹴鞠の時の正装とされた。まずは葛の茎の繊維で織った葛袴、鴨沓の着用が第一段階とされたのも理解される。なお鴨沓は足先が丸く鴨の嘴に似る形状のゆえの名である。

素襖・葛袴・鴨沓が標準的なユニフォームとなるが、これに加え、鞠足の習熟の度合いに応じ、素襖の文様、葛袴の色目と文様、手に持つ鞠扇、鴨沓の足首を覆う筒状の立挙《たてあげ》の材質や色などを細分化した(韈の程品は戦国期には廃れ、指標は立挙に取って替わられた)。さらに上達すれば、素襖に替えて香之上と呼ばれる鞠水干の着用を許可される。最終的に伝書の書写を許されるに至る。なお冠を固定する懸緒に紫色の紐を用いることは後世に伝授の対象になっているが、これも公家衆が鞠場に立つ時に飛鳥井家から調進してもらうことが天文初年頃に見られる。道のことは専門家に委ねるという姿勢なのであろう。

以上のドレス・アップは、鞠足の虚栄心をくすぐるように工夫されていたのであろう。そして飛鳥井家では、雅綱・雅教の二代が、繰り返し地方に下向し現地の武家を指導する間、このような鞠足の装束をも免許の対象とし、色目や文様などの階梯を細かく設定していったと考えられる。

次頁の表には戦国時代後期、天文から天正までの半世紀間の、飛鳥井家による地方の武士・僧侶への蹴鞠免状を一覧した。まだまだ遺漏は多くあろうが、一応の傾向は把握できる（以下、この表に掲載される事例は出典を示さない）。飛鳥井家は都で困窮する傍輩を尻目に地方巡業で荒稼ぎをしたのだ、という揶揄を浴びせられるが、たしかに門弟は全国各地に散在しており、東は陸奥、西は大隅にまで及んでいる。そして門弟の階層で最も多数を占めた地方の国人あるいは守護の被官では、葛袴と鴨沓の着用が標準であったことが分かる。

『言継卿記』によれば、天文二年（一五三三）七月から八月にかけ、雅綱は山科言継を伴って、尾張守護代織田達勝・同信秀のもとに下向している。現地の武士が熱心に蹴鞠や和歌を学んだ様子は、地方における学藝愛好の好例としてもよく言及される〔稲垣二〇〇八、尾下二〇一七〕。さて雅綱のもとには織田氏家臣たちが引きも切らず訪れて、めいめい束脩を持参し蹴鞠の門弟となることを希望した。「沓」までの希望者は二百ないし三百疋と糸巻太刀、「沓」と「葛袴」までは五百疋と馬一疋と太刀を納めた。納入後に雅綱は「八境図」を与えているが、たちまち不足したために、言継に一日で十一枚を量産させている。「八境図」は技術指導用のように思えるが、すでに入門許可書のような役目を負っているのである。ここでも葛袴と鴨沓が免許の対象となっていることが確かめられる。なお、「歌道」の入門料の方は百疋であった。蹴鞠の人気のほどが察せられる。

しかし、より上層の大名・国人、あるいは遠隔地で再訪も期し難い相手では、たとえ葛袴・鴨沓の免許であっても、それより上の位の装束の免状を設定し、そこまで授けるようにしたらしい。

年月日	授者	受者	段階	典拠	備考
天文7(1538)・3・16	二楽院	本願寺証如(摂津)	八境図・葛袴・鴨沓	天文日記	「二楽院」は頼孝か
天文9・3・5	二楽院	本願寺証如(摂津)	香之上(水干)	天文日記	
天文11・8・—	雅教	中臣則久(常陸)	葛袴・鴨沓	鹿島大宮司文書	
天文13・8・23	雅綱	白光院澄祝(加賀)	八境図・葛袴・沓	言継卿記	上洛中に入門
天文14カ・5・—	雅教	高梨政頼(信濃)	葛袴・鴨沓	高梨文書	
天文15・12・19	雅綱	大友義鎮(豊後)	?	大友家文書録	
天文16頃・8・20	頼孝	島津忠良(薩摩)	葛袴・鴨沓	島津家文書	
天文18・10・7	雅綱	北条氏親(相模)	八境・両分・対縮図	扇鞠次第相伝御聞書	
天文18・10・7	雅綱	北条氏政(相模)	八境・両分・対縮図	扇鞠次第相伝御聞書	
天文18・10・13	雅綱	北条氏康(相模)	葛袴・鴨沓	扇鞠次第相伝御聞書	
天文18・11・5	雅綱	北条氏康(相模)	扇鞠鞠(次第)	扇鞠次第相伝御聞書	
天文21・4・6	雅綱	玉泉院胤秀(周防)	八境図	言継卿記	上洛中に入門
天文21・9・11	雅教	島津貴久(薩摩)	八境・両分・対縮図	島津家文書	
天文21カ・9・28	雅教	小鳥居信元(筑前)	葛袴・鴨沓	小鳥居文書	
天文22・①・2	雅綱	竹中興国(長門)	葛袴・鴨沓	忌宮文書	亡父雅俊免許の追認
天文22・①・28	雅教	池薗種貞(筑前)	対縮図	児玉韞採集文書	
弘治元(1555)・11・7	雅教	本願寺顕如(摂津)	葛袴・錦革(沓)	私心記	
弘治2・8カ・26	雅綱	白川隆綱(陸奥)	八境・両分・対縮図	白川文書	
弘治2・9・5	雅綱	白川隆綱(陸奥)	十骨ゑり骨(扇)	白川文書	
弘治3・9・2	雅教	大友義鎮(豊後)	八境・両分・対縮図	大友家文書録	
弘治3・9・2	雅教	大友義鎮(豊後)	萌黄葛袴	大友家文書録	
弘治3・11・—	雅教	大友義鎮(豊後)	紫皮(沓)	大友家文書録	
永禄3(1560)・6・—	雅教	大友義鎮(豊後)	香之上(水干)	大友家文書録	義輝御内書にて遣わす
永禄3・11・—	雅教	大友長寿(豊後)	葛袴并鴨沓	大友家文書録	
永禄3・11・—	雅教	大友長寿(豊後)	八境図	大友家文書録	
永禄4・12・5	雅教	伊達晴宗(陸奥)	葛袴・鴨沓	伊達家文書	
永禄5・正・7	雅教	伊達晴宗(陸奥)	錦革(沓)	伊達家文書	
永禄5・正・11	雅教	伊達晴宗(陸奥)	筋之紋素襖	伊達家文書	
永禄5・正・15	雅教	伊達晴宗(陸奥)	菊之紋素襖	伊達家文書	
永禄5・3・22	雅教	伊達晴宗(陸奥)	萌黄葛袴	伊達家文書	
永禄5・3・—	雅教	伊達長鶴(陸奥)	十骨(扇)	伊達家文書	
永禄5・4・—	雅教	伊達晴宗(陸奥)	香之上(水干)	伊達家文書	
永禄6・正・14	曽衣	津野定勝(土佐)	対縮図	土佐国蠹簡集	
(永禄6-8) 2・28	雅教	北郷時久(日向)	八境図・鴨沓	北郷文書	葛袴を追加免許
永禄8カ・5・13	雅教	伊東修理進(但馬カ)	鴨沓	芥川并伊東文書	
永禄9・⑧・11	雅敦	本間兵衛□(佐渡)	鴨沓	山本修之助文書	
永禄10カ・10・26	雅教	飯田尊継(安芸)	鴨沓	飯田文書	
永禄11カ・4・27	雅教	竹中元国(長門)	葛袴・鴨沓	忌宮文書	
永禄11カ・7・—	雅教	棚守元行カ(安芸)	鴨沓	野坂文書	
永禄11・12・13	曽衣	田中弥十郎(土佐)	八境図	土佐国蠹簡集	
永禄頃カ・4・19	曽衣	香宗我部親泰(土佐)	懸植様(次第)	香宗我部家証文	
永禄カ・6・—	雅教	棚守房顕カ(安芸)	紫組冠懸	野坂文書	
天正3(1575)・3・19	雅教	佐竹義重(常陸)	八境図	正宗寺文書	籌叔顕良伝達
天正4・2・—	重雅	玉伝寺(相模)	懸植様(次第)	玉伝寺文書	
(天正10以後)・8・23	雅教	棚守元行(安芸)	紫之組之烏帽子懸并冠懸	野坂文書	
天正16・7・25	雅教	吉川広家(周防)	紫組之冠懸	吉川家文書	
天正16・7・25	雅教	小早川隆景(安芸)	紫組之冠懸	小早川家文書	
天正16カ・7・30	雅教	立花宗茂(筑後)	紫組之冠懸	立花家文書	
天正17・11・22	雅継	種子島久時(大隅)	十骨(扇)	種子島家文書	
天正17・11・22	雅継	種子島久時(大隅)	菊之紋并筋(素襖)	種子島家文書	
天正17・11・22	雅継	種子島久時(大隅)	錦革(沓)	種子島家文書	
天正17・11・22	雅継	種子島久時(大隅)	八境・両分・対縮図	種子島家文書	

雅教が、恐らく天文十四年(一五四五)に与えた、信濃の国人高梨政頼(?〜一五七六)への免状を掲げる。

蹴鞠為門弟、葛袴・鴨沓等之事懇望候、条々雖有子細之儀候、別而御執心之間、免申候、可為着用珍重候、於此道随分規模候也、恐々謹言、

五月日　　雅教(花押)

高梨刑部大輔殿

飛鳥井家でもごく初期の免状であるが、以後この当主ないし家督の直状による、この文面を踏襲する。そしてこれと同時と思われる注文では、この免状には見えない、素襖の文(沢潟・筋・菊・窠・丸)、葛袴の色(紫裾濃)、扇さしの事(刀さし・やなぐいさし・懐さし・しやうさし)、鴨沓の立挙(白・黄・錦革・無文紫革)といったメニューを示している。これはそれぞれ選択させた上で、免許を与え、謝礼を期待したものである。

同じく雅教が永禄四年(一五六一)に下向した陸奥米沢では、伊達晴宗(一五一九〜七七)に対して、八境図および葛袴・鴨沓の免許から始めて、矢継ぎ早に錦革の鴨沓、筋文の素襖、菊文の素襖、萌黄の葛袴と進んで、遂に香之上まで、わずか半年足らずで到達している[渡辺 一九六六、小林 二〇〇一]。もちろん晴宗は熱心であったろうし、サーヴィスでもあろうが、セールスマンはだしの売り込みが奏功したとも言える。

さらに前掲『言継卿記』の天文二年の記事によれば、雅綱は、達勝の清洲城・信秀の勝幡城と、その城館でまず蹴鞠を興行して数百人規模の見物衆を集め、その後で入門希望者に応対している。つまりはまず蹴鞠を演じてみせて、それから入門希望を募っている訳で、販売戦略としてよく計算されたものであった。その面影は宮廷藝能の指導者というより、免状発給を権益とするシステムを作り上げた、経営者のそれである。

2 「鞠庭」の設営

蹴鞠のコートつまり鞠庭は、当時の武家の城館にはかならず設けられていたらしい。(6) その空間は祭祀にも用いられたが、屋外で演じられる蹴鞠は鞠庭を雑鬧の場と変え、そのためか「一、刀をさゝぬ所は、鞠の庭、風呂、貴人の御寝近所なり」(京極大双紙)などとあり、諸人の緊張を解く場として機能していた。

島津義久に仕えた大隅の上井覚兼(一五四五〜八九)は、天正九年(一五八一)頃に執筆した自伝的回想「伊勢守心得書」に、

鷹・蹴鞠之事は大隅の生にて候間、不付心候、(中略)鞠も自身蹴候はぬまてにてこそ候へ、衆人愛敬のためと存候て、庭に四本の木を植、若侍達相集ひ暮々鞠ノ会候へは、大方法様は承置候、

と、居城に鞠庭を設けたと語る。この「衆人愛敬《しゅにんあいぎょう》」とは、たとえば「武者数寄たる侍は、天道之冥加候て、衆人愛敬福分之相也」(朝倉宗滴話記)の用例のごとく、かかる数寄の姿勢が他人の好意尊敬を獲得するのだ、といった考えと同じだとすれば、一般的な蹴鞠観としても興味深い。覚兼は設営にあたり誰かの指導を受けた形跡はない。たしかに「鞠の庭」は室町期の武家故実書にも記述されてはいるが、格別のノウハウを要したとも思えない。また設営はさほどの難工事ではない。(7)

とはいえ、現代とて普請や造作の際には神事をする——それは専門職に委ねるのが常識的であろう。素人はできればその指南を受けたいと願うのも当然である。そしてこれもまた飛鳥井家にとっては仕事(収入源)となる。

まず相模で活動した飛鳥井重雅が、天正四年(一五七六)二月、小田原下向の際に逗留した玉伝寺に宛てて、「鞠庭の事」で始まる判物を与えている。

鞠庭事、懸者鎮屋之方、木者安宅之術也、今度就当寺滞留、以当家之秘説植置者也、於向後自然無道輩、植木損事、無勿躰次第歟、此旨可被申届、如件、

天正四丙子年二月日　　飛重雅（花押）

玉伝寺御房

冒頭の「懸は鎮屋の方、木は安宅の術なり」とは雅有の内外三時抄以下、飛鳥井家の伝書によく見られる一節であるが、重雅は自ら家説によって庭に懸の木を植えたと強調する。後日「無道の輩（蹴鞠に不案内の者）」によって木が伐られないように（領主の後北条氏にであろう）届けておけ、と命ずる。免状と断ずるには中途半端な形式であるが、重雅は自らが手を下す価値を分かっていたのであろう。なお、この玉伝寺はもと早川口に位置し、大永二年（一五二二）、小田原の豪商であった宇野藤右衛門定治を開基とする。城下では商人層にも鞠が流行していた可能性も指摘されている［市村二〇〇六］。

古河公方足利義氏の奏者衆であった、下総幸手の領主一色直朝（?～一五九七）は、天正初年頃、自らの関心の赴くまま、浩瀚な雑書『月庵酔醒記《げつあんすいせいき》』三巻を著している。直朝は北条氏政の使者として公方のもとに参じた重雅とも交渉を持ち、いくつかの言談を書き留めているが、ここに「鞠の庭」と題して五箇条にわたり、懸の木と庭の設営についての知識が記されている。内容はこの時期の飛鳥井家の説であり、重雅からの指導と見てよい。

ついで土佐に居住した飛鳥井曾衣も同じ頃、国人の香宗我部親泰に懸の木の植様を指南している。

猶事多道候、御尋候者愚意随分可申候、

先日以一書雖申、如此之儀、口伝不濃成候へは、不審多事候、重令申候、

一、軒と木の間、母屋の柱より一丈四尺五尺たるへく候、縁三尺之時之事、或者家面向之事、広縁可有相違候、三尺縁の簀子之はなより木との間を追て切立にても木にても用、然者木と木の間二丈　一尺、一尺二丈迠は可計、

生徳庭狭候へは二丈の内略儀成共、無力可計、其に随て軒と木の間又よきやうに可被計、猶以条々口伝可有御心得、難行する物之時、可申述也、

これもやはり鞠庭に関する事柄で、骨子は祖父雅康が頻りに伝授に用いた蹴鞠条々大概の一節と同じである。すでに「一書」をもって申したというから、親泰に授けていたのであろう。それでいて書状の内容はかなり丁寧である。建物の軒から木までは一丈四、五尺がよく、木と木の間は二丈三尺から一尺がよいが、庭が狭い時はこれより狭くとも仕方がない、となかなか柔軟であるが、これは飛鳥井家の流儀である。

顧客に対する商人の姿勢のようであり、「口伝こまやかならず候へば、不審多き事」なので、直接口頭で指導したいと述べている。口伝の価値をちらつかせることで辛うじて師範らしさを保っている感もある。

庶流にして地方に土着した重雅と曾衣とが、ともに鞠庭の設営に力を入れていたことはたぶん偶然ではない。嫡流が、比較的身分の高い大名・領主層を相手にしたのに対し、庶流が接していたのはほとんど身分が問題にならない武士や商人であった。そして嫡流が最も需要がありかつ容易に収益が期待できる八境図や、葛袴・鴨沓などの装束に関わる免許を独占し、庶流をそこから排除したことも関係しているに違いない。ただし地方の蹴鞠愛好者は、装束はもちろんであるが、会場の設営の知識をも重視したと考えられる。こうした庶流の師範は専門のプランナー・デザイナーとしての才能を期待されていたのであろう。

3 「破子鞠」の開催

それでは、こうして設えられた鞠庭ではどのような蹴鞠が催されていたのか。

ちょうど、京都では公・武ともに晴儀の鞠会がほとんど行われなくなり、長く続いた公家鞠が断絶と再生を迎えて

いた時期であった。新しい形態の蹴鞠がしばしば見られ、それが地方に波及したことが注意される。逸興を目的とし、いわばアトラクション的な要素を優先するようになった。

たとえば「三時鞠」がある。これは文明十四年(一四八二)六月十七日、甘露寺親長が自邸で催した(百年ぶりに復興したというが事実上の創始か)。朝・日中・晩景の三度にわたり行うもので、老衆・若衆を分けて鞠数を競った。そして合間には酒肴と破子を用意するという、極めて遊興的性格の濃いものであった。このため「破子鞠」の名も行われた。鞠庭に立つのも大臣以下の公家衆、武家衆、石清水社僧、賀茂輩らの混在であり、かつ略装である直垂・葛袴を着用した。この会は多数の見物人を集めて成功裡に終わり、親長は「凡そ今日の儀、比類無きの興なり」と満足した(『親長卿記』)。

明応七年(一四九八)五月十四日、飛鳥井雅康は新たな趣向を加えた破子鞠を企画した。これは「扇鬮并破子鞠」とも称されるもので、鞠庭に立つ上八人の場所を、おのおの所持する扇を取って鬮とし、任意の木の下に置いて定めた。かつて厳然としてあった参加者の身分差を無視するものであった。会は終日にわたり、朝・日中・晩景の三度のプレーがあり、終われば豪華な破子が用意された[稲垣 二〇〇八]。

扇鬮子鞠や破子鞠といっても、新たな趣向には格別の知識が必要とも思えず、また逸興を優先とすれば蹴鞠の格式を損なうとして一部から非難もされていた。一方で、新たに蹴鞠を習おうとする武家は、自分たちでもこのような賑やかで楽しい会を催したいと強く願ったであろう。上洛した武士が公家衆の蹴鞠を見物することは珍しくない。そしてこの時期には、公家の私邸で行われた蹴鞠には必ずといってよいほど武士の姿が見られ、もはや見物に止まらず、公家と一緒に鞠庭に立っている(8)。参加するだけでも莫大な謝礼を納めたことは言うまでもないのだが、さらには地方の大名・国人が主催し公家衆を参加させた事例も見られる。

天文七年(一五三八)九月、肥前の国人大村純前(?~一五五一)が飛鳥井雅綱の邸で催した鞠会は、明応七年から実に四十年ぶりの「破子鞠」であって、その財力といい数寄といい特筆される［稲垣 二〇〇八］。永禄七年（一五六四）二月七日にも、薩摩の島津義俊（義虎、一五三六〜八五）が飛鳥井邸で破子鞠を行っている（『言継卿記』）。この会は関白近衛前久・右大将久我通興の兄弟が登場した。地方の武家が摂家出身者を動員するのは破格であった。「破子鞠」でなくとも、地方の武家を迎えて開催されたと考えられる蹴鞠は数多い、というよりそれがほとんどであっただろう。応仁・文明の乱後、公家の物心両面を支えていた大名たちはこぞって下国し、生じた空白は大きかった。在京を続けた奉公衆とともに、地方の国人が待望される存在となったのである。

そして驚くべきことに、飛鳥井家ではすぐにこれを門弟への伝授の内容としている。

やはり肥前の国人である志自岐縁定は大永七年（一五二七）に上洛し、飛鳥井家の門弟となって、「雅綱様ニ毎日祗候を遂げ、御説を受」けていた。この聞書は百九十五箇条にもわたる蹴鞠故実であるが、(9) ここにはすでに扇鬮子鞠も破子鞠の作法も載せられている。

29一、扇鬮と云、むかしはなき事也、近代はしまりたる事也、まりの衆扇をとりて物の蓋に入て扇をあはせて木の下立所に可置、さて我扇のある所によりて扇をとりてさして可立なり、条々口伝あり、

157一、三時の鞠の事、朝昼晩景三度の事也、まりの作法も三度にかはるへし、まり衆の支度もおなし、又庭にて酒なとあらは、朝と昼のあひたなるへし、晩景はまりはてゝ座敷にてあるへし、三時のまりの時はわり子なともあるへき也、口伝条々在之、

伝統に乏しいにもかかわらず、「口伝」の存在を示すのは、これを知っていなければ開催できない、という主張である。

現に武家が最も欲した知識は、蹴鞠の技法でも装束でもなく、こうした会席作法なのであった。天文十八年（一五四九）、相模小田原に下向した雅綱は、北条氏康にまず葛袴・鴨沓の免状を与えているが［田島 一九九二］、さらに「扇

くしの作法の事」を口授し、聞書に加証している。(10) 氏康が扇鬮鞠を催すことを渇望していたのである。

現代人の理解の外にあるが、状況に応じてどのような性格の会を催すかの判断に資する知識が最も喜ばれていたことは、実は和歌や連歌でも同じである。(11) 飛鳥井家はこうした領域にすぐに介入して自らの権威を振りかざし、既得権としていった。「口伝あり」とあったら要注意なのである。

おわりに

蹴鞠の師範の指導力が斯界の方向をしばしば決定したように考えられがちであったが、本稿で考察したところを顧みれば、やはりそうではない。

文化伝播と言えば、まさに伝播の名のごとく、中心の一点から放射状に発していくようなモデルを思い浮かべる。それは京都から地方への一方的なヴェクトルでとらえられがちであったが、実際には地方の引力をより重視する必要があろう。また応仁・文明の乱以前でさえ、原則として在京を義務としていた大名よりも、その被官として臣従しつつ在地で勢力を保った国人の文化摂取の熱意が著しく、時代の特色を形成した。戦国期となると、彼らはしばしば上洛したようで、在洛の間に熱心に学藝に励んだことが注目される。演ずることは再現することでもあった。歌道や蹴鞠への熱意は、こういうところにあることを見落としてはなるまい。

戦国期、蹴鞠の流行はもはや全国的なものであり、師範とてそういう奔流を追認せざるを得ない。飛鳥井家の活動に見られる虚勢は自家を埋没させないための方策と見るべきである。だいたい免状を濫発していれば、その価値は下落する一方である——八境図は入門許可書どころか贈答品の一種と化しており、さまざまな免状もけっきょく礼銭の多寡によって違うものが得られるに過ぎない。このため、より高い層に門弟を増やすか、流行を取り込んで伝授の段階を新たに設けることになる。たとえば飛鳥井雅教は大名や神官に対しては烏帽子や冠の懸緒の免許を発給し始め、大きな権益をもたらす[12]。地方の好尚を敏感に受け止めた上で、普遍的なモデル（伝授の対象）化を果たしたと見るべきであろうが、その内容は空虚なものであった。

註

（1）雅教は永禄十一年（一五六八）には足利義昭の命で武家伝奏となり、公的な立場を得ての政治的活躍も見られるようになる［水野 二〇一六］。

（2）重雅については以前に伝記を考証した［小川 二〇一一］。最勝院・橘本坊と号した。飛鳥井家にとって有力な顧客である後北条氏の庇護を受け、家臣に歌道・蹴鞠を指導し、古河公方足利義氏のもとへの使者を務めてもいる。出家の身である彼が、おそらく老父の黙認の下、東国では「飛鳥井重雅」「飛鳥井自庵」と名乗って活動しているのは、家督の雅教に対抗して一家を立てようとした意志の表れであろう。

（3）雅量は年齢未詳ながら、右少将頼孝（一四九七～？）の男とされており、享禄三年（一五三〇）九月九日に叙爵、ついで侍従となっている。二楽院流は土佐一条家に仕えており、頼孝はしばしば下向していた。永禄六年（一五六三）以後の土佐国で「飛鳥井曾衣」と称する人物の活動がいくつか確認される［朝倉 一九九八］。雅量の変名であろう。曾衣は蹴鞠を媒介として一条氏とそれを支える国人との紐帯に一役買っていた。後に一条氏が没落すると、長曾我部氏にも親しく仕え、給人として遇されている。

なお「曾衣」は法名とされるが、奇妙な号である。後世の鹿持氏流系図では、兼好の「思ひたつ木曽の麻衣あさくのみそめてやむへき袖の色かは」という和歌に因むとする。しかしこの歌は「木曽の麻ぬの」が正しい形で（風雅集・雑下・一八五五）、かつ人口に膾炙したのは徒然草注釈書（埜槌）に収録されて以後、つまり江戸前期まで降る。一方、「木曽の麻衣」は和歌童蒙抄にも見える古い歌語であり、「曾衣」とは「木賊かる木曽の麻衣袖ぬれて磨かぬ露も玉と置きけり」（新勅撰集・雑四・一三一〇　寂蓮）などの作例に基づくと認めてよいか。麻は木曽の名産、麻衣は非常に粗末な衣であり、隠遁の決意を象徴する。なお曾衣を伝称筆者とする、飛鳥井流の筆跡の短冊・古筆切がかなりの点数残存しており、ほぼ信用できるごとくである。

（4）『惟房公記』永禄元年（一五五八）六月二十九日条に次のようにある。引用は京都大学文学部蔵本による。

入夜左金吾（飛鳥井雅教）来臨、双瓶又被持来、丁寧也、沙汰令迷惑了、一盞張行、彼卿今夜申分取要記之、

一、哥鞠両道之事、先年前大納言（飛鳥井雅綱）八境図ヲ数十巻相調テ、子息最勝院（八幡法師也、橋本坊ト号ス）廻諸国取門弟云々、頗以不可然之由先皇（後奈良院）江申入、勅書申出之云々、一巻加軸表紙、□□一覧、

勅書之趣、

近日在国早可罷上之事、乍次被仰近比道之者トテ非分之者之事、代々御師範事、両道再興事、

この記事の要旨は以下の通り――正親町天皇の外戚であった前権大納言万里小路惟房のもとに雅教が手土産持参でやって来て訴えることがあった。かつて雅綱が「八境図」を数十巻濫造し、最勝院重雅がこれを携えて諸国を回り、勝手に歌鞠の門弟を取ったことがあった。あってはならぬことだと故後奈良院に申し入れ、勅書を賜った。雅教は軸装した件の勅書を見せ、惟房はその要点を書き留めた。

最勝院重雅は天文二十一年（一五五二）五月、雅綱・雅教が西国に下向した時にも同行した。翌年十月に帰京するまで一年半の長期にわたり、父子は周防・長門から豊前・薩摩・筑前などを回って、数多くの大名・国人に蹴鞠の免状を与え、歌道を伝授したが、重雅は専ら雅綱と共にあって輔佐した［安田 一九九九］。雅教は重雅に脅威を感じ、重雅の伝授を禁ずる故後奈良院の勅書を申請したことがあったと分かる。これより二年前、『お湯殿の上の日記』弘治二年四月二十六日条には「あすか井さゑもんのかみ、とうこくへくたるよし申てちょくしょ申いたさるゝ、かたしけなきよし申て三色三かしん上申さるゝ」とあるのに相当しよう。

後奈良の勅書の文面は次のようなものであった（引用は石川県立図書館李花亭文庫蔵於歌道成業譜代頗相違之事による）。

（後奈良院勅書）在国の事申され候、ゆたむなくやかて上洛可然おほしめし候、兼又つゐてなから仰られ候、鞠道の儀、代々師範として他にことなる事にて候に、一家のものとてそつしなる輩門弟をとり候事あるましき事にて候まゝ、聊爾なきやうにかた〳〵申つけられ候にて候、今川北条なとにも自然このよし物かたり候へく候、弥哥鞠道再興の事簡要とおほしめし候、このよしよく〳〵申せとて候、かしく

左衛門督（飛鳥井雅教）とのへ

写ししか伝わらず、後柏原から雅綱に宛てたとする写本もあり、江戸期には飛鳥井家の権益主張のために利用されているが、その内容は『惟房公記』に記し留められた要点とことごとく対応しており、偽作を疑わなくてよい。後奈良は、雅教に用事が済んだらすみやかに上洛せよと釘を刺しつつも、「一家のものとて率爾なる輩」（惟房は「道之者トテ非分之者」と言い換える）が門弟をとってはならない、今川氏・北条氏にもこのことを申し聞かせよ、と雅教の権利を認めたのであった。

（5）註4前掲の『惟房公記』には、続けて以下のようにある。

一、当今勅書同可申出云々、
如此アレハ、二楽（飛鳥井雅康、宋世）・少将頼孝入道まてハ可相支之由存分也、
此事者不審之事歟、庶嫡其流々者、其道伝受、可授他人之条、勿論歟、橋本坊ナト、以尺門之身、以父之八境図賦
与之儀者不可然事也、可有差別、

この時、雅教は同じように正親町の勅書も所望した。これは重雅とは別の誰かの伝授を禁じてもらい、自身の権益を護ろうとしたものであろう。

ところで、陸奥の亘理元宗（伊達稙宗の子、一五三〇〜九四）は天文二十一年（一五五二）に上洛し、将軍義藤（義輝）に対面した。蹴鞠の名人であった元宗の評判は禁中にも達し、この間「飛鳥井殿」に参り、黄金一枚を献上して葛袴の免状を下された。そして「飛鳥井殿」は元宗に随行し陸奥へ下向、翌二十二年三月二十五日、亘理城で蹴鞠を興行した。帰京に際して元宗は馬一疋と黄金百両を献上したという［横田ほか 一九九六、小林 二〇〇二］。この「飛鳥井殿」は雅教と考えられている。しかし前述の通り、二十一年五月から二十二年十月まで雅綱・雅教・重雅の三名は確実に九州ないし防長に滞在していた。また雅教嫡子雅敦は五歳に過ぎない。したがって「飛鳥井殿」は別人でなくてはならない。単独で免状を出すことができ、かつ非常にフットワークが軽い、この「飛鳥井殿」こそ、雅教が新たに脅威を感じた相手であろう。とすれば、それは当時すでに三十歳以上にはなっていたと思われる雅量こと曾衣であろう。蹴鞠師範としての活動は十分可能である。

さて『惟房公記』によると、雅教は正親町の勅書をねだった時に、「二楽・少将頼孝入道までは相ひ支ふべきの由存

分なり」と語っている。雅康・頼孝まではバックアップしてきたつもりだ(しかし雅量はそうではない)という表明であろう。雅康は一時雅俊を養子にしており、微妙な対立は生じたものの、生前は雅俊・雅綱と行動を共にしている[今泉 一九七九]。また頼孝の室は雅俊の女であった。惟房は、「尺門之身」である重雅の行動はたしかに問題であるとしながら、一方で「此の事は不審の事か、庶嫡その流々の者、其の道伝へ受け、他人に授くべきの条、勿論か」とする。嫡流・庶流それぞれが伝授を受けていれば、門弟をとることも構わないだろうに、と疑問を呈した。これは長らく嫡流・庶流が協力してきた飛鳥井家で、雅教が雅量を排除しようとしたことへの違和感なのである。

(6) 陸奥の白川隆綱の邸には永禄五年(一五六二)頃に「まりの庭」が設けられ、歳暮には置砂の行事が祝われていた[小林 二〇〇二]。土佐でも七雄の一、本山氏の居城朝倉城跡、あるいは国人の山田氏の佐岡土居城跡に「マリノ庭」「マリノニワ」という小字名が確認される[朝倉 一九九八]。

(7) 勝仁親王が御所に鞠庭を設けようとした際に、飛鳥井雅康は在国中であったため、甘露寺親長を召した。親長は大工に指図して「縄を引き、丈数を定め、竹四本を立て畢んぬ狭き御庭なり」と、一日足らずで造作を終えている(『親長卿記』文明十一年五月十一日条)。

(8) 文明・延徳の交に在京した土佐の大平国雄、天文十四・十五年にしばしば上洛した伊勢の朝倉賢茂の事例が考察されている[下村 一九八二、伊藤 二〇一七]。

(9) 大津平野神社蔵難波家蹴鞠書、蹴鞠条々オ本。引用は東京大学史料編纂所蔵写真帖による。

(10) 国立公文書館蔵、扇鬮次第相伝御聞書。

(11) 雅教が永禄十一年(一五六八)に安芸国吉田に下向した際に、現地で大庭賢兼に授けた歌道の聞書に、次のようにある[小高 一九五七]。

一、出題の事、勅題の外は冷泉・飛鳥井両家の沙汰也、此外は公家の中にも随分堪能ならでは召されぬ也、

一、出題御免と云事、日本にも二人三人には過へからすとや、御免なれはいかなる所にても筆をそむる也、

歌会で出題できるのは冷泉・飛鳥井の両歌道師範家のみである。出題を許された者は日本でも二、三人である——明らかに誇大である。むろん本気でこんなハッタリを述べた訳ではない。要するに顧客が知りたい知識を高く売りつける駆け引きである。そして飛鳥井家では出題の資格にも免状を出すのである。

(12)　懸緒とは、蹴鞠の競技中に冠り物が滑り落ちないようにする頤に懸ける紐(紙縒で代用)で、実用的なものであるが、飛鳥井家は紫色の組紐を懸緒とする風潮(単なるお洒落であろう)に着目して、これにも免状を発給するようになる。これも雅教が永禄末期から天正にかけて授けた事例が早い。江戸時代、大名が任官時に正装して参内する際には、蹴鞠とは関係なく、飛鳥井家に多額の礼銭を納めて懸緒の免許を受けることになる[桑山一九九八、並木二〇〇〇]。

〔補記〕　宮内庁書陵部蔵鞠口伝(四五七・一四五、一軸)は、飛鳥井流の蹴鞠故実書である。外題に「鞠口伝　曾衣筆」(智忠親王筆カ)とあり、書写奥書には、

右条々重平尾摂津守懇望以当流秘説令伝受畢、雖一子於無執心者伝之事努々不可有云云

永禄八年正月吉日、

とある。平尾摂津守は土佐国幡多郡の領主であり(長宗我部地検帳)、同国において雅量が授けた伝書と断じてよい。内容は道仕之事・庭木立事・鞠長之事・三段之事・鞠請事・扇之事同着座・竿之事・鞠請取渡事・鞠干事・鞠介事の十箇条にわたる。その内容は主として会席作法の知識であるが、同家の伝書に比較しても非常に平易である。しかし「初参の人なと心に扇つかふこと努々有へからす、鞠扇ゆるされてはあふき自在なるへし」(扇之事同着座)と、新たに扇の所持を伝授の対象としたり、しばしば「口伝多」の句を差し挟んで、家の口伝の価値を強調していることは本稿で指摘したこととも重なる。何より地方武家への具体的な教授内容が知られ、興味深い。

参考文献

朝倉慶景　一九九八年「室町・戦国期における土佐国有力国人衆の動向と蹴鞠について」『土佐山田町研究紀要』1

伊藤信吉　二〇一七年「室町幕府奉公衆朝倉賢茂と蹴鞠会」『皇学館論叢』50―1

市村高男　二〇〇六年「戦国期城下町研究の視点と方法」『国立歴史民俗博物館研究報告』127

稲垣弘明　一九九四年「蹴鞠における家元制度成立の前提―永禄元年閏六月二日誠仁親王方三人御鞠とその背景」『年報三田中世史研究』1

稲垣弘明　二〇〇八年『中世蹴鞠史の研究―鞠会を中心に』思文閣出版

井上宗雄　一九八四年『中世歌壇史の研究　室町前期』風間書院(改訂新版、初版一九六一年)

井上宗雄　一九八七年『中世歌壇史の研究　室町後期』明治書院(改訂新版、初版一九七二年)

今泉淑夫　一九七九年「文明二年七月六日付飛鳥井雅親書状案をめぐって」『日本歴史』369

大井ミノブ　一九五三年「戦国時代における地方文化の一考察―飛鳥井家を中心として」『日本女子大学文学部紀要』3
小川剛生　二〇〇八年『武士はなぜ歌を詠むか』角川学藝出版
小川剛生　二〇一一年「飛鳥井重雅と冷泉明融」『室町時代研究』3
小川剛生　二〇一七年『中世和歌史の研究　撰歌と歌人社会』塙書房
尾下成敏　二〇一七年「戦国期の織田弾正忠家と和歌・蹴鞠・連歌」『織豊期研究』19
桑山浩然　一九九八年「飛鳥井家伝来蹴鞠道文書の研究」皆川完一編『古代中世史料学研究』下巻　吉川弘文館
小高敏郎　一九五七年「飛鳥井家歌道秘伝書」『共立女子大学短期大学部紀要』1
小林清治　二〇〇一年「戦国期南奥の武士と芸能」小林清治編『中世南奥の地域権力と社会』岩田書院
下村　效　一九八二年「土佐の国人大平氏とその文芸」『戦国・織豊期の社会と文化』吉川弘文館
末柄　豊　二〇〇九年「東京大学教養学部所蔵『飛鳥井家和歌関係資料』」『東京大学史料編纂所紀要』19
田島光男　一九九二年「小田原北条氏の蹴鞠に関する史料」『郷土神奈川』31
並木昌史　二〇〇〇年「近世大名の官位と故実に関する一考察―紫組懸尾許状をめぐって」徳川黎明会編『金鯱叢書』27　思文閣出版
水野　嶺　二〇一六年「武家伝奏飛鳥井雅教の登用とその背景」『戦国史研究』72
安田晃子　一九九九年「豊後国における蹴鞠の展開―戦国期を中心として」『大分県先哲史料館研究紀要』4
山本啓介　二〇一四年「蹴鞠伝授者から見た室町・戦国期における飛鳥井家とその周辺」『国文学研究資料館紀要』40　文学研究篇
横田信義ほか　一九九六年「宮城県図書館蔵涌谷伊達家文書について―翻刻並びに解題(一)」『東北福祉大学研究紀要』20
米原正義　一九七六年『戦国武士と文芸の研究』桜楓社
渡辺　融　一九六六年「蹴鞠の展開についての一考察―江戸時代の争論を中心として、蹴鞠における家元制について」『体育学紀要』3
渡辺融・桑山浩然　一九九四年『蹴鞠の研究―公家鞠の成立』東京大学出版会

庭園遺構にみる戦国大名の志向性

佐々木健策

はじめに

庭園の研究は、「庭作」の世界では古くから行われていた。過去の事例に学び、新しきに活かすことは、いずれの分野でも共通する作業であろう。一方で、庭園を学術的・歴史的に研究する流れは一八九〇年頃には始まり、一九二〇年代に入ると文献史料と地形実測を併せた調査も行われるようになった［田中 二〇〇二］。しかし、現存の庭園を研究対象としていたため、作庭当初からの時期的な変化や荒廃・改修による影響が捉えきれず、庭園を構成する各遺構の実年代が不明確なままに議論されることが多かった。

こうした研究状況を一変させたのが、一九六〇年代より検出事例が増加した庭園遺構の発掘調査であり、これまでに実施された調査件数は三六八箇所に及んでいるという(1)（奈良文化財研究所ホームページ 発掘庭園データベースより）。調査事例の増加と研究の蓄積を受けて、庭園の研究は「庭園史」として一分野を築き、日本庭園学会や奈良文化財研究所により精力的に研究が進められているのが現状である。

とはいえ、庭園史の研究では、城郭・居館・寺院など遺跡全体の空間構成の中で、庭園がどのような役割や機能を果たしていたのかを追究することは稀である。その反面、発掘調査成果から当時の人々の営みや景観、空間全体を考察する考古学においては、庭園は遺跡の中の一つの遺構に過ぎず、建物跡や溝・土坑・井戸などとともに、それぞれの遺構が有機的に機能しあって遺跡全体が成立しているという視点での考察が求められる。また、発掘庭園データベースにも明らかなように、事例の増加により垣間見える庭園遺構は検出された遺跡の種別や様式が多様であり、庭園だけに焦点を絞った見方では捉えられない遺構も増えている。

本稿では、このような状況を踏まえて、考古学の立場で庭園遺構の持つ意味と役割を考えつつ、その中から見えてくる京都との関係、「京都っぽさ」について考えてみたい。

1　考古学からみた庭園

遺跡全体の空間を構成する遺構の一つとして庭園を捉える。この考古学の手法で庭園遺構を整理したのが小野正敏氏である〔小野 一九九四・一九九七・一九九九など〕。小野氏は、庭園遺構を評価する前提として、権力者の「権威表象の装置」と庭園を位置づけたうえで、館・屋敷全体の中で庭園は舞台装置であると捉え、そこで使われる道具（遺物）も含めた庭園の機能こそが重要であると指摘している。とりわけ、戦国時代の権力が庭園にどのような役割や機能を期待していたのかを検討し、戦国大名の居館は地方の文化サロンであり、そのシンボルのひとつが都風の庭園を持つことであったと指摘している〔小野 一九九九〕。さらに、「戦国大名をはじめ権力者たちが、自分の権力の正当性を示し、内外の反勢力から身を守るために使ったのは、槍や鉄砲だけではなかった。特に地方の権力者にとって、庭園をもつ館空間や建築、ハレの場での将軍を頂点とした規範世界を視覚的に具現することは、権力者としての徳を示すことであり、自らの立場を権威づけることであった。そして、それは、将軍の権威が裏付けるもうひとつの武器ともなったのである。」と述べ、将軍家の権威を規範として、地方の戦国大名が庭園を用いていたと説明している〔小野 一九九九〕。

この指摘で重要なのは、「庭園を持つ館空間や建築、ハレの場」という空間全体の中での一つのアイテムとして庭園を評価するという視点である。あわせて、戦国大名が庭園を用いることの規範を「将軍を頂点とした規範世界」に位置づけた点にあろう。

ここで小野氏が庭園以外の要素として重視したのは、空間・建築（遺構）であり、京都系かわらけの需要のあり方や室礼の道具として使われた陶磁器のあり方（遺物）の違いであった。そしてこの視点は、「発掘された館をどう読むか―戦国期を例に―」（考古学と中世史研究会の第13回シンポジウム『考古学は中世を語れるか』二〇一五年七月四・五日）においても取り上げられ、戦国期の「武家権力が自らの論理に合わせて既成の権威から、何を取捨選択し、どのようにアレンジしたのか」という問題を設定し、

(1) 武家の権力編成の原理である主従関係が館や建物空間などの場の設定や道具の使い方の基底にあること

(2) 中世に特徴的なふたつの空間原理（表は主従制・イエの原理、奥は一揆の原理）の並立が都市空間のみならず、権力表徴としての館、建物の空間にもあり、それが織豊期にその一方が吸収、統合されて近世の屋敷空間へ変化すること

(3) 日本列島のなかで、各地の武家権力がもつ個性や地域性が館・屋敷の景観、モノに独自性として反映されていること

という三つの論点に整理している［小野 二〇一七a］。

そのなかで、武家館全体を権力表徴とみた場合、庭園は大きな役割を担うアイテムの一つとして位置づけられることになる［小野 二〇一七a・b］。

さらに、近年、全国的に戦国大名の館跡の発掘調査が増加し、各所で庭園遺構が確認されている状況を受け［東国中世考古学研究会 二〇一六など］、小野氏は神奈川県小田原市の小田原城御用米曲輪下層の遺構と東京都八王子市の八王

子城御主殿跡の遺構を例に、「氏政邸のように広い砂利敷きの空間の中に規模の大規模な池庭を配置し、池と会所などの主建物との距離が大きく、広がりを重視した構成を持つグループと、氏照邸のような比較的規模の小さな池庭で、石組みを重視して会所などの建物と一体となった空間を構成するグループ[2]」に分けて整理し、前者の代表例として豊後府内大友館・阿波勝瑞細川館、後者の代表例として越前一乗谷朝倉氏館を示している［小野二〇一八］。

この分類を小野氏は、前者を「守護」系、「伝統的景観を志向した」もの、後者を「下克上のいわば成り上がりもの」で、「当世風の構成、景観を志向した」ものと整理している［小野二〇一七a］。

ここでは、仮に前者をⅠ類、後者をⅡ類と仮称するが、本稿で取り上げる「京都っぽさ」を確認するため、「守護」系・「伝統的景観を志向した」Ⅰ類の事例を挙げて、その状況を確認してみたい。

2 各地で確認された庭園遺構

(1) 豊後府内：大友氏（第1図）［五十川二〇一六］

豊後国守護大友氏の館跡では、十四世紀後葉から館に関連する遺構が認められ、館は大きくⅠ期～Ⅴ期の変遷が確認されている。館Ⅰ・Ⅱ期は掘立柱建物跡が中心で、館Ⅲ期以降の中心建物跡は礎石建物になる。館Ⅲ・Ⅳ期は建物周囲を溝で囲み、館Ⅴ期は正面と考えられる中心建物跡東側のみを溝で区切るようになる。大友館では、館の外郭施設の構造も確認されており、館Ⅳ～Ⅴ期の外郭構造は北・南・西側は土居廻塀で、東側の大門想定箇所では築地塀の可能性が高い痕跡も検出されている。

庭園の遺構は、館Ⅲ期以降に認められ、最低三回の改修を受けているという。館Ⅲ・Ⅳ期は庭園の詳細は不明だが、館Ⅴ期で庭園は大改修され、池の規模は六七メートル×三〇メートルを測り、庭園全体の想定面積は五〇〇〇㎡以上になる。園

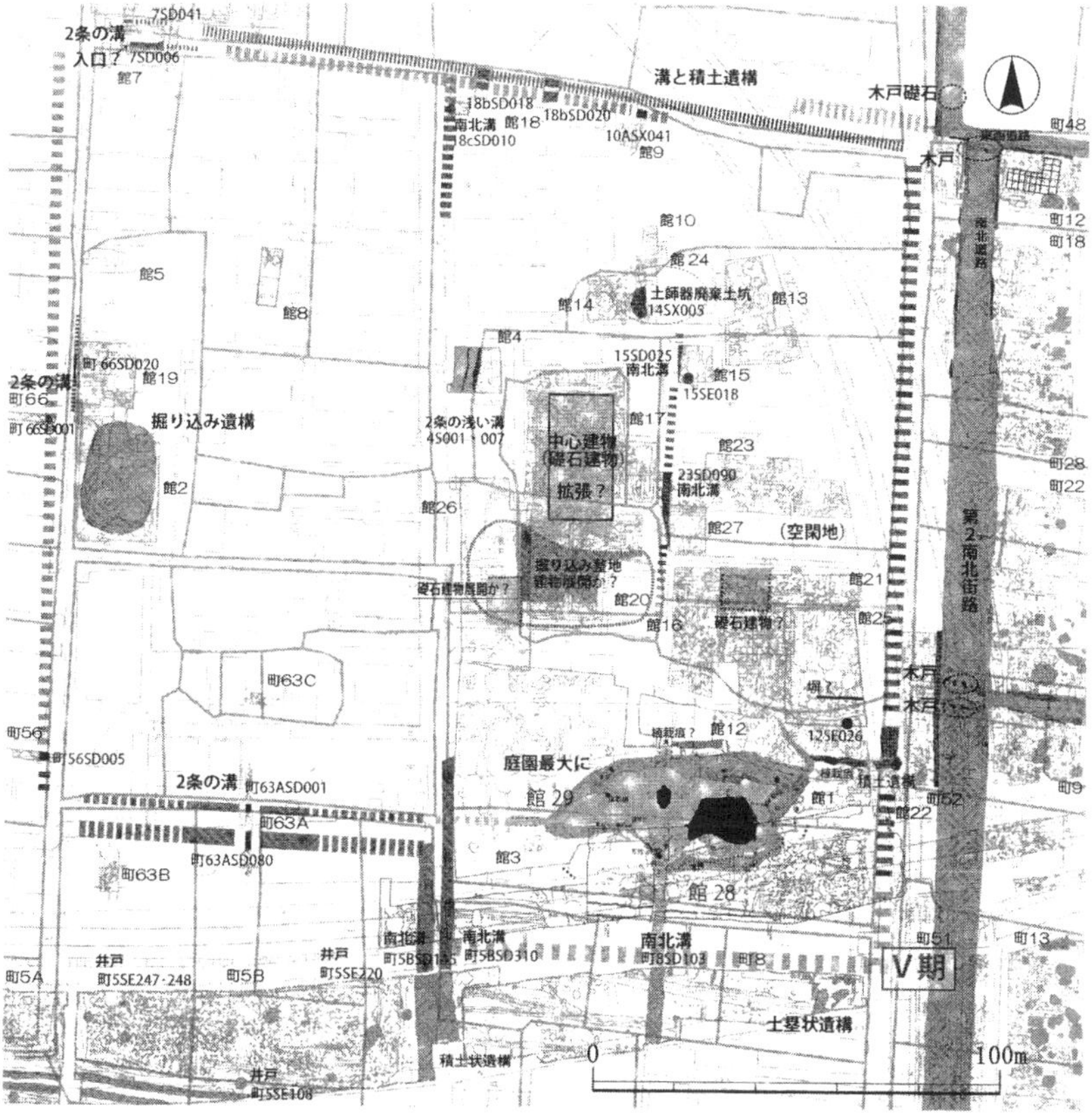

第１図　大友館Ｖ期の遺構展開図（1/250、五十川 2016 より）

大友館の池泉庭園

池内の様相は、東側と西側で大きく異なり、東側は石組を多く用い、西側は局所に景石を配するが、東側に比べるとシンプルな造り方であると評価されている。そして、園池の規模などからも東側と西側を同時に鑑賞するのではなく、公私等の使い分けを考える必要があると指摘されている。

大友館内で確認される遺物は、かわらけの出土量が膨大で出土遺物全体の九〇%以上を占める。貿易陶磁は、館Ⅴ期の館廃絶に伴うと考えられる遺構から高級品が一括で出土しており、青磁夜学型器台が五個体、元青花梅瓶は八個体分が出土していると想定されている。

守護大名大友氏の館としての特徴が遺跡に現れていると評価できるだろう。

大内館の池泉庭園（2号庭園）

(2) 周防山口：大内氏（第2図）［丸尾二〇一六］

周防国の守護大名である大内氏の館跡では、堀・築地塀・土塀といった区画施設、土橋・建物跡・門跡・庭園・方形石組などの遺構が検出されている。建物跡は礎石建物二棟、磚列建物二棟、石列建物三棟、石積基壇一基、掘立柱建物などが検出されているが、館空間の中心部に想定される場所に現在は曹洞宗龍福寺があるため、主殿や会所に相当する建物は未検出である。

庭園は、これまでに四箇所で確認されている。1号庭園は十五世紀前半～末まで機能して埋め戻され、次いで2号庭園が十五世紀末～十六世紀初頭、3・4号庭園は十六世紀前半に作庭され、いずれも十六世紀中頃に廃絶している。1号庭園は調査範囲が限られていたため詳細は不明だが、2号庭園は池庭、3・4号庭園は枯山水である。

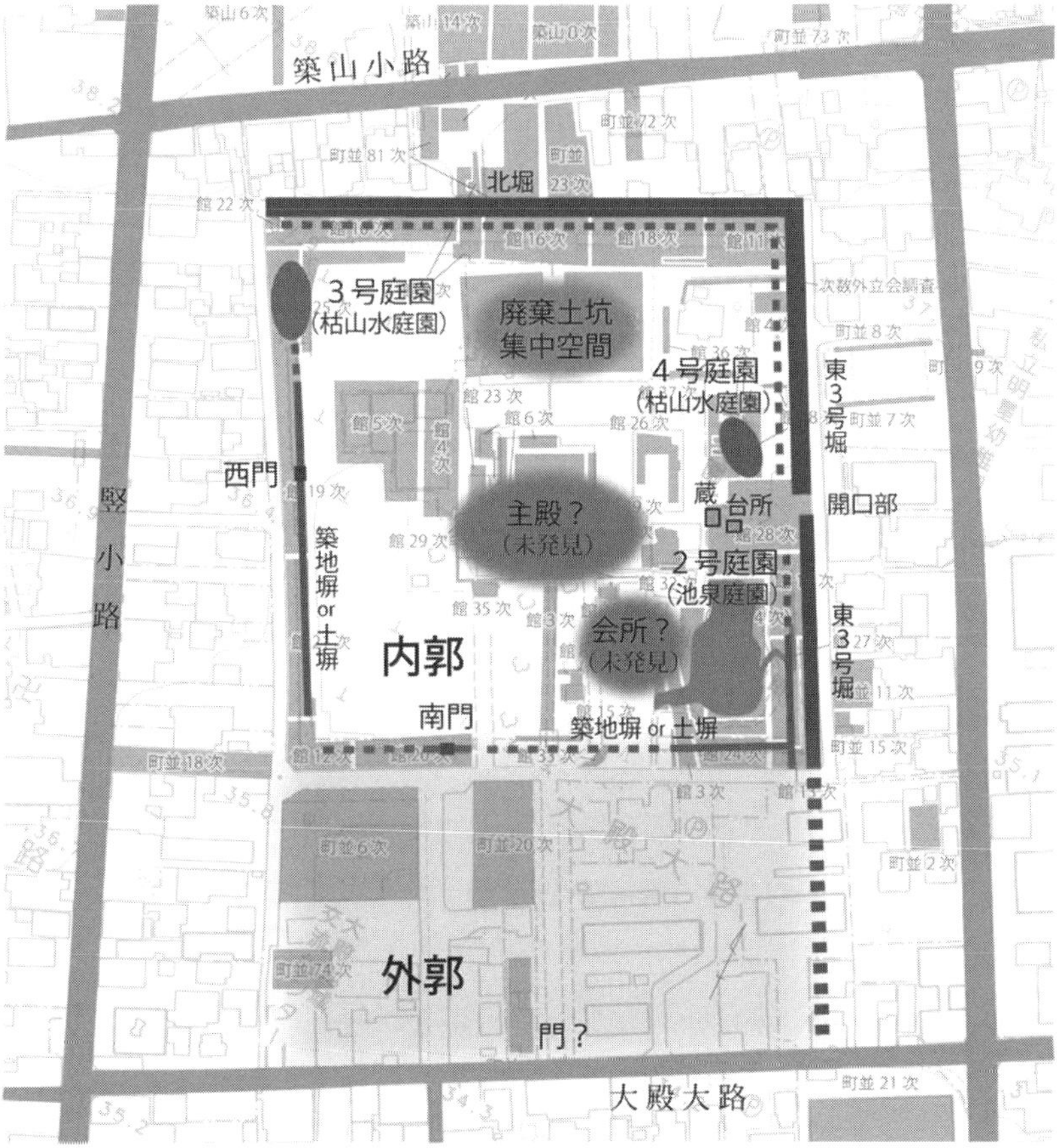

第2図　大内館の空間模式図（1/300、丸尾 2016 より）

大内館の枯山水庭園（3号庭園）

庭園に伴う建物には、1号庭園の北側に掘立柱建物が想定されている。また、2号庭園の改修に伴って池泉の南東に構築された石列建物が、3号庭園の東側にも礎石建物があり、その周りには幅約一・〇㍍の縁がめぐっているとのことである。

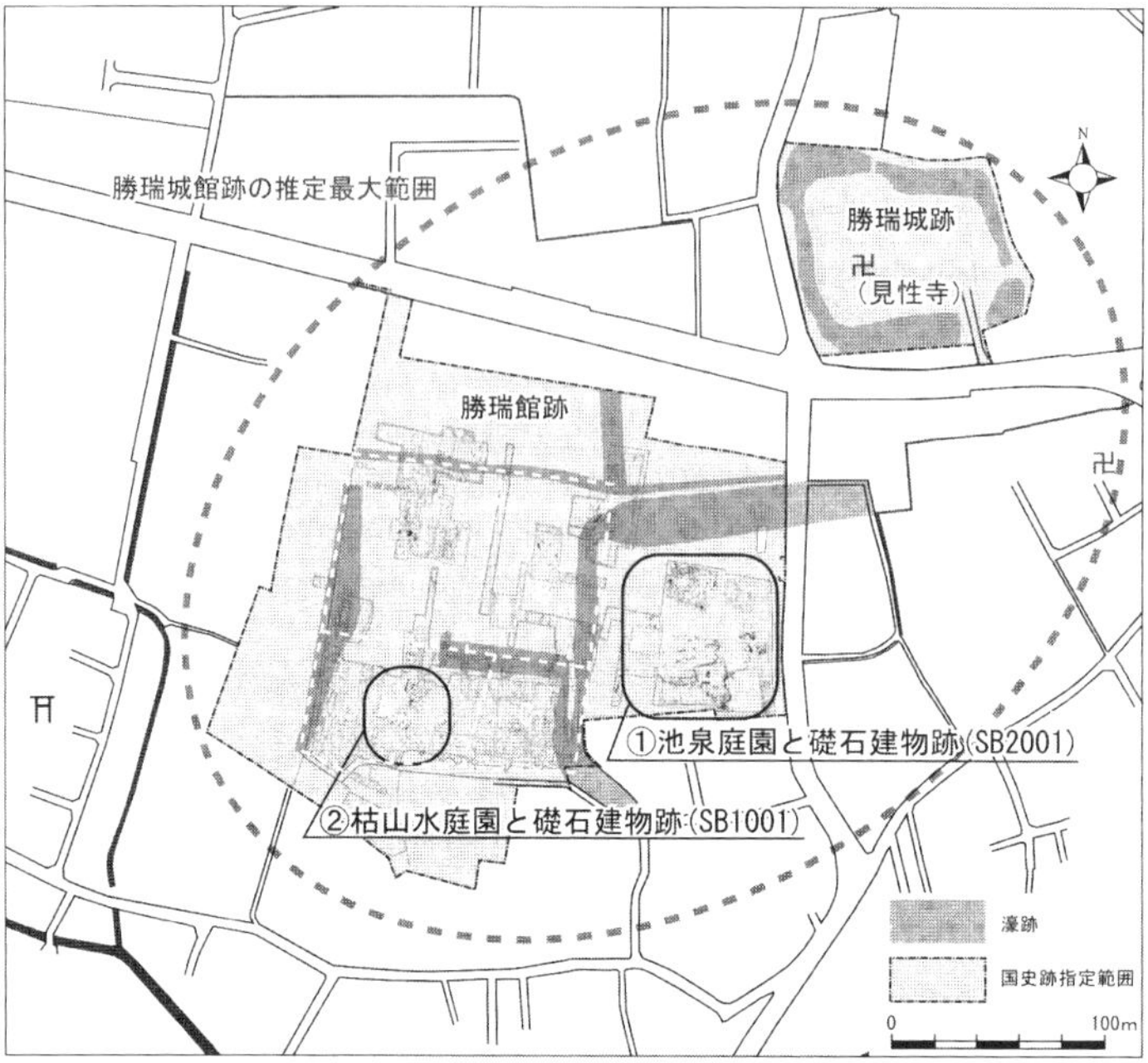

第3図　勝瑞館の遺構配置図（1/6,000、重見2016より）

大内館でも、かわらけの一括廃棄土坑が検出され、金箔かわらけを含む多くのかわらけが出土している。

(3) 阿波勝瑞：細川氏（三好氏）（第3図）［重見二〇一六］

阿波勝瑞は、十五世紀代からの阿波守護細川氏の守護所が置かれたところで、後の戦国大名三好氏が勝瑞に館を築いたのは十六世紀前半からであろうと考えられている。

ここでは複数の建物跡が確認されているが、検討中の建物が多い中で、明確な遺構は二棟の礎石建物である。庭園遺構には、池泉庭園と枯山水庭園が認められ、池泉庭園は十六世紀中葉に造られ、十六世紀後半の廃絶と考えられている。枯山水庭園は十六世紀第3四半期に作庭され、十六世紀末の廃絶とされる。池泉が細川氏ゆかりの庭園、枯山水が三好氏ゆかりの庭園ではないかと考えられている［小野二〇一七b]。

池泉庭園は、東西約四〇メートル、南北約三〇メートルの範囲に広がる園池を中心とした庭園で、幅五メートル〜一〇メートル、長さ二五メートルの掘り残しによる中島を有している。岬の南側には石積みを施し、池東岸に洲浜護岸を造り、全体的に大きな石を用いず、緩やかな池岸としている。

枯山水庭園は後世の撹乱により一部破壊を受けているものの、一二個の景石が確認されており、五〇センチ〜一〇〇センチ大の石を単独で配置している。

勝瑞館でも出土遺物の九〇%以上をかわらけが占め、館外の比率を大きく上回る。貿易陶磁は青磁盤・白磁四耳

勝瑞館の池泉庭園

勝瑞館の池泉庭園の護岸

勝瑞館の枯山水庭園

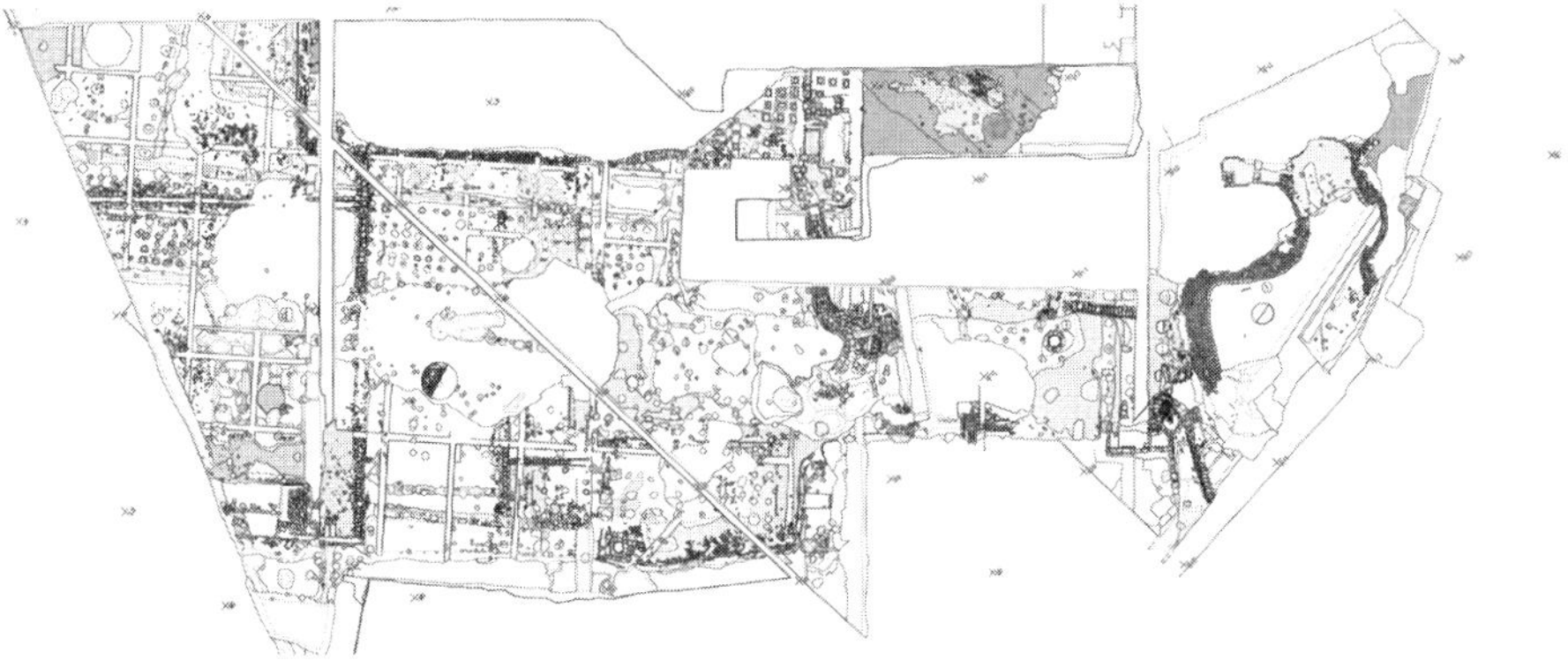

第４図　御用米曲輪の遺構配置図（1/400、佐々木 2016 より）

壺・青白磁梅瓶・天目碗などが出土している。

(4) 相模小田原：北条氏（第４・５図）［佐々木二〇一六、佐々木ほか二〇一六］

小田原城跡北側に位置する御用米曲輪下層では、一六棟の礎石建物と一四棟の掘立柱建物跡が確認された。遺構面は少なくとも四面以上あり、地割れ・地滑り等の寛永小田原大地震（寛永十年：一六三三年）の影響を受ける面に覆われていることから、下限は寛永十年に位置づけられ、出土遺物の様相からは十六世紀第3四半期を中心とする時期の遺構群であろうと評価される。

ここで庭園と考えられる遺構群は、①二つの池を中心とした空間、②切石を敷き詰めた空間、③砂利を敷き詰めた空間、④硬化面による空閑地、の四種類が想定できる。このうち全体の様相が確認できるのは、①二つの池を伴う空間と②切石を敷き詰めた空間である。ここでは、この二つの遺構群を取り上げておく。

①二つの池を伴う空間　二つの池は上下の位置関係にあって、上段の池は八・五㎡程度の小規模なもので（1号池）、下段の池は検出範囲だけでも約一九〇㎡を測る（2号池）。1号池は、箱根安山岩製の石塔（五輪塔・宝篋印塔・宝塔）の四角い部位や「風祭石」と呼称する箱根凝灰岩、「鎌倉石」と呼称する三浦層群の凝灰岩を用いて底面を作っており、中央は楕円形に一段下げて一〇センチ弱の円礫と砂利を敷き詰めている。側面には、「根府川石」と呼称す

御用米曲輪下層　1号池

御用米曲輪下層　2号池

御用米曲輪下層　切石敷庭園

る板状節理する箱根安山岩の板石を用い、要所に安山岩や「風祭石」の巨石を配置する。南側の背面には、「風祭石」の切石で擁壁が構築され、戦国期に存在した斜面の裾を抑える役割を果たしている。そして、1号池の下位に2号池が築かれ、1号池をオーバーフローした水が滝をつたって2号池に落ちる排水構造をもっている。

2号池は、東側が調査区外へと広がるが、外周は少なくとも七〇㍍を超えている。構築時には最大で約一七〇㌢の深さがあり、護岸には箱根安山岩製の石塔(五輪塔・宝篋印塔・宝塔)部材が、二次加工を加えられて用いられている。近世以降の攪乱によって崩落していた石材三七二点は、ほぼ全てが石塔の部材であることから、護岸として残る石材も石塔の部材であろうと想定される。その数は一二〇〇点を超える。

②切石を敷き詰めた空間　切石敷の遺構は、黄色（鎌倉石）の砂岩と黒色（風祭石）の凝灰岩を、モザイク状に組み合わせて敷き詰められ、安山岩の巨石を中央に配して景観を造り出している。１・２号池のような石塔部材の転用は少なく、切石には砂岩・凝灰岩の柔らかさを利用した立体的な加工が施されている。また、検出時に倒れていた巨石は抜き穴が確認でき、屹立していたことは明らかである。その石面には梵字等が刻まれていたが、細かな鏨痕が認められ、意図的に梵字等を削り取ったうえで、巨石を立てていた状況が復元できる。前述の小野氏が八王子城御主殿跡の庭園との共通性を指摘したのは、この切石敷庭園の縁辺部に配された石についてである［小野二〇一八］。

この切石敷遺構は、調査区内最大の七間×八間以上の14号礎石建物に接しており、この建物に付随した庭園と想定している。

出土遺物については、全ての整理作業が済んでいないために最終的な数値を提示することはできないが、集計済み一万〇〇三五点のうち九六四八点（二万七五七〇・九ｇ）がかわらけである。陶磁器は、国産陶器では瀬戸美濃編年の大窯１〜３段階の製品が主体であるが、貿易陶磁を含めた出土点数は二一一点にとどまり、未整理分のかわらけを考慮すると、出土遺物の九七％以上がかわらけになる。

この数値は、小田原城下の他の調査地点で、かわらけの出土比率が二四・六％にとどまるのとは大きく異なる。陶磁器類も五五・七％出土している城下町とは異なり、全体の二％にとどまるのは、御用米曲輪下層がもつ空間の性格を考えるうえで重要で、その特異性を見出すことができる。

前述のとおり、御用米曲輪下層の遺構群は、戦国期と想定している遺構面だけでも四面以上確認できるが、遺構・遺物の様相と文献史料の解釈(3)から、北条氏政の館であったのではないかと想定している。

まとめにかえて

大友館・大内館・細川館、そして小田原城御用米曲輪下層など、Ⅰ類に位置づけられる遺跡を中心に庭園遺構の様相と空間構成を概観してきた。事例紹介の域は出ないが、最初に小野正敏氏の整理を引用したことで、それぞれの大名居館における庭園の個性は十分に紹介し得たのではなかろうか。すなわち、庭園とは将軍家あるいは都の権威を示すモノであり、権力者の「権威表象の装置」ではあるが、そこに現れる権威はまさに「放射状あるいは一円的に各地に及ぶのではなく、その効果、利用価値を認めた大名達が、積極的に働きかけた結果」として導入されたものなのである［小野 二〇一八］。そのため、戦国大名が求めた「京都っぽさ」は一様ではなく、庭園遺構に現れた様相には、それぞれの個性が現れているのである。

このような庭園遺構・空間構成の多様性を受け、村木二郎氏・中島圭一氏から小野正敏氏による空間モデルや都の権威に対する評価は過大ではないかとする批判的な意見も出されている［村木 二〇一六、中島 二〇一六］。

これに対し小野正敏氏は、当初提示した「朝倉モデル」（「都型屋敷空間モデル」）［小野 二〇一七b］は、事例が限られた中での地域的にも限定されたモデルであるが、「決して設計図ではなく、理念的な空間概念の構成を示すものであり、実現レベルでは多様な要因が重なる」と述べ、「一定の視覚によるモデルを提示し、比較することが有効であることは間違いない。普遍的なものが認識されているからこそ、多様性の認識とその意味を語ることができるというのが筆者の視点であり、モデル導入時に、各権力の意志が働くという理解で多様性の意味を説明するのもそれによる。」と述べている［小野 二〇一七a］。そして、戦国期に朝廷や将軍の権力が弱体したからこそ、各地の大名権力が欲しいものを入手しやすい状況が生じたとも指摘している［小野 二〇一八］。

そのような状況を加味し、発掘事例が増加した現在、庭園遺構の共通性・普遍性とともに多様性に注目することで、地域性・時代性・権力の個性・格差などを検討していく作業が必要となる。今後は、どこまでが普遍的なものか、どこまでがその類型となるのかなどを評価して議論することが重要である。

ここで紹介した中では、小田原城御用米曲輪下層の事例は、空間としての全体像は未解明ながら、大友館・大内館・勝瑞の細川館などと比べても、検出遺構は極めて個性的であり、特徴的である。この遺跡を素材に与えられたテーマである「京都」との関係、戦国大名が庭園を作り用いることの目的、あるいは志向性を考えていくうえでのヒントが得られるのではなかろうか。まとめにかえて検証しておきたい。

『作庭記』に記された「乞はんに従ふ」という言葉に示されるように、庭園作りの本質は自然に従うことにあるとされる〔飛田 一九八五〕。特に、庭園に配される石については「個性を持つ自然石は最も重要な素材」とされ、「石を立てる」ことが作庭を意味した」とまでいわれる〔小野(健)二〇〇九〕。こうした指摘を前提に考えると、御用米曲輪下層の切石敷庭園は、石製の供養塔婆の梵字等を意図的に消し去ったうえで転用して庭の中心に据え置き、加工した切石を全体に配置するといった構成となる、明らかに従来の庭作りの規範とは異なる脈絡で造営された庭園であると解釈できる。

また、そもそも作庭は飛鳥・奈良時代より、百済からの渡来人、絵師、僧侶(貴族の子弟)、河原者などにより行われ、江戸時代になって「庭作」が「諸師諸芸」として登場するようになるという〔飛田 一九八五〕。この点から見ると、石塔類の再加工や「隅欠き」を伴う積み方などからは、御用米曲輪下層の作庭に関しては、石切(石工)の関与を想定することができよう。

石工の関与は、御用米曲輪下層で用いられている石塔部材に未成品が含まれることからも指摘できる。小田原城下では、御用米曲輪下層のほかにも御組長屋遺跡・山角町遺跡で十六世紀代の石塔未成品が多量に出土しており、「関東石切棟梁」と呼ばれた市右衛門・左衛門五郎・善左衛門に由来する遺跡と考えられる［佐々木二〇一〇］。とりわけ山角町遺跡第Ⅳ地点一〇〇号遺構では、十六世紀第2四半期に埋没した石塔・挽き臼未成品が多量に集石されている様子が確認されており、小田原城下各所の遺跡で未成品の石材を部材として用いる事例が確認されている。(4) 石製品の未成品は集石され、保管されたうえで建築部材等として転用されているようであり、石製品の未成品を多用する御用米曲輪下層の作庭に、石切（石工）が関与していた可能性は十分に考えられるであろう。そのように考えれば、御用米曲輪下層の庭園には、通常の作庭とは異なる技術が動員されていると解釈することもできる。

小野氏は、Ⅰ類の御用米曲輪下層の庭園の様相とⅡ類の八王子城御主殿跡の庭園との相違を指摘するだけでなく、「池の護岸を大きな景石を組むことで形成せずに小さな四角い石を用いて縁取りし、水深の浅い池を作るという発想は共通しており、景石はその外側に組まれている」とし、作庭における技術系譜の共通点を指摘しつつ、「全体の景観、コンセプトでは異なる池庭が設計、築造されたことの意味を、北条惣領家と庶流家との違い、さらには小田原北条氏の権威演出戦が反映されていると言う見方ができないだろうか」と提起する［小野二〇一八］。

武家館としての空間論理の共通点と相違点から庭園を作るうえでの技術系譜、さらには権威表象の手法にまで論を展開する視点は、(5) 庭園遺構単体の検証では確認し得ないことであり、戦国大名の志向性や権力表徴のあり方を考えるうえで重要である。

各地の戦国大名は領国を治めるために、文化的・芸術的な教養を身につけ、領国内の国人領主層の上に立つ必要があった。また、競い合う周辺の大名勢力に対しては、「武力だけではない優位性、都の上位権威（将軍、天皇）からの「公」の大義名分や家格の授与・保証は、覇権の正当性を語り、相互の関係の中でプラスアルファの要素として実体としても有効に働いた」という評価がある［池二〇〇九、小野二〇一七a］。

その中で、小田原北条氏は、伊藤裕偉氏の報告にもある京都系かわらけ、小川剛生氏の報告にあった蹴鞠の伝授な

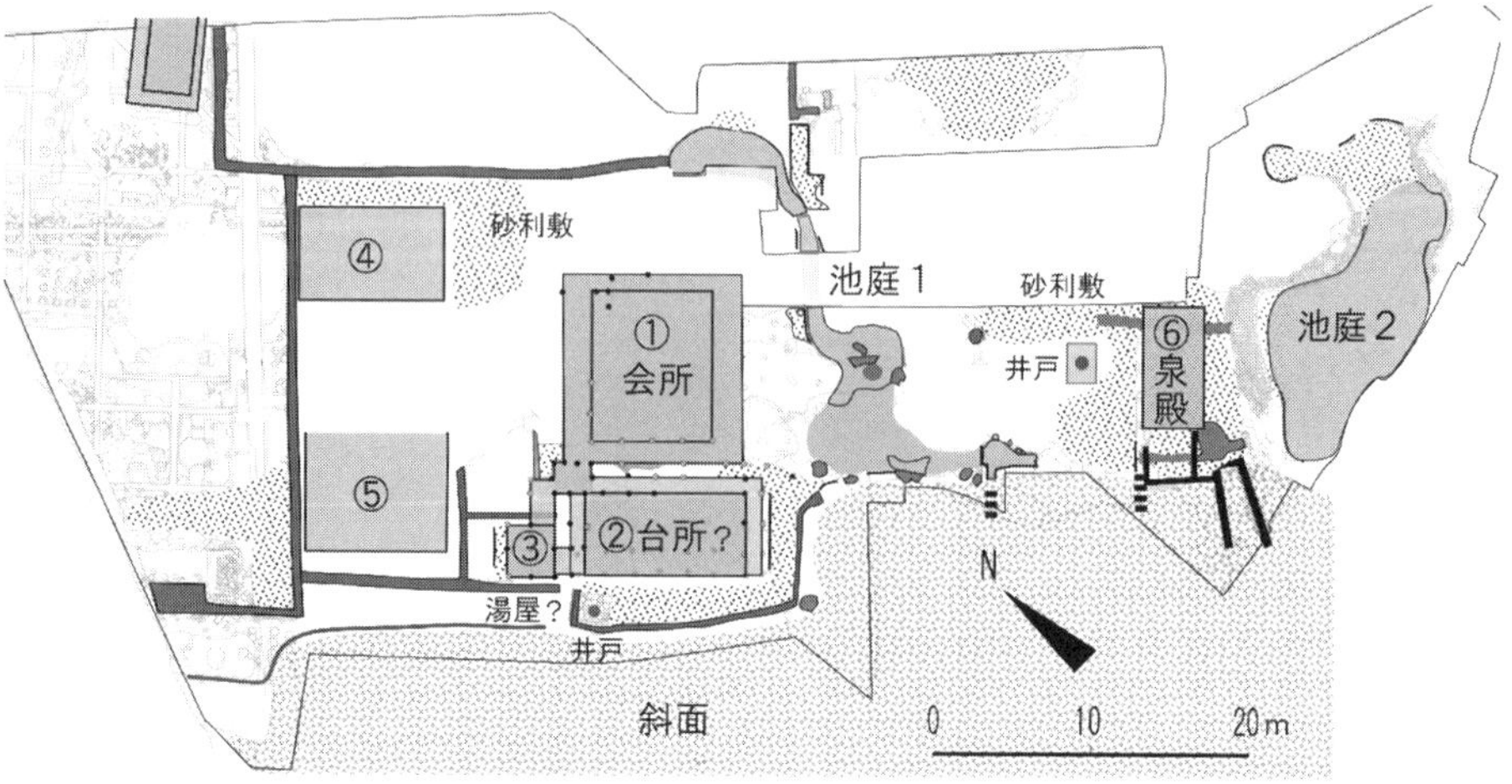

第５図　御用米曲輪下層の空間模式図（1/800、小野 2018 より）

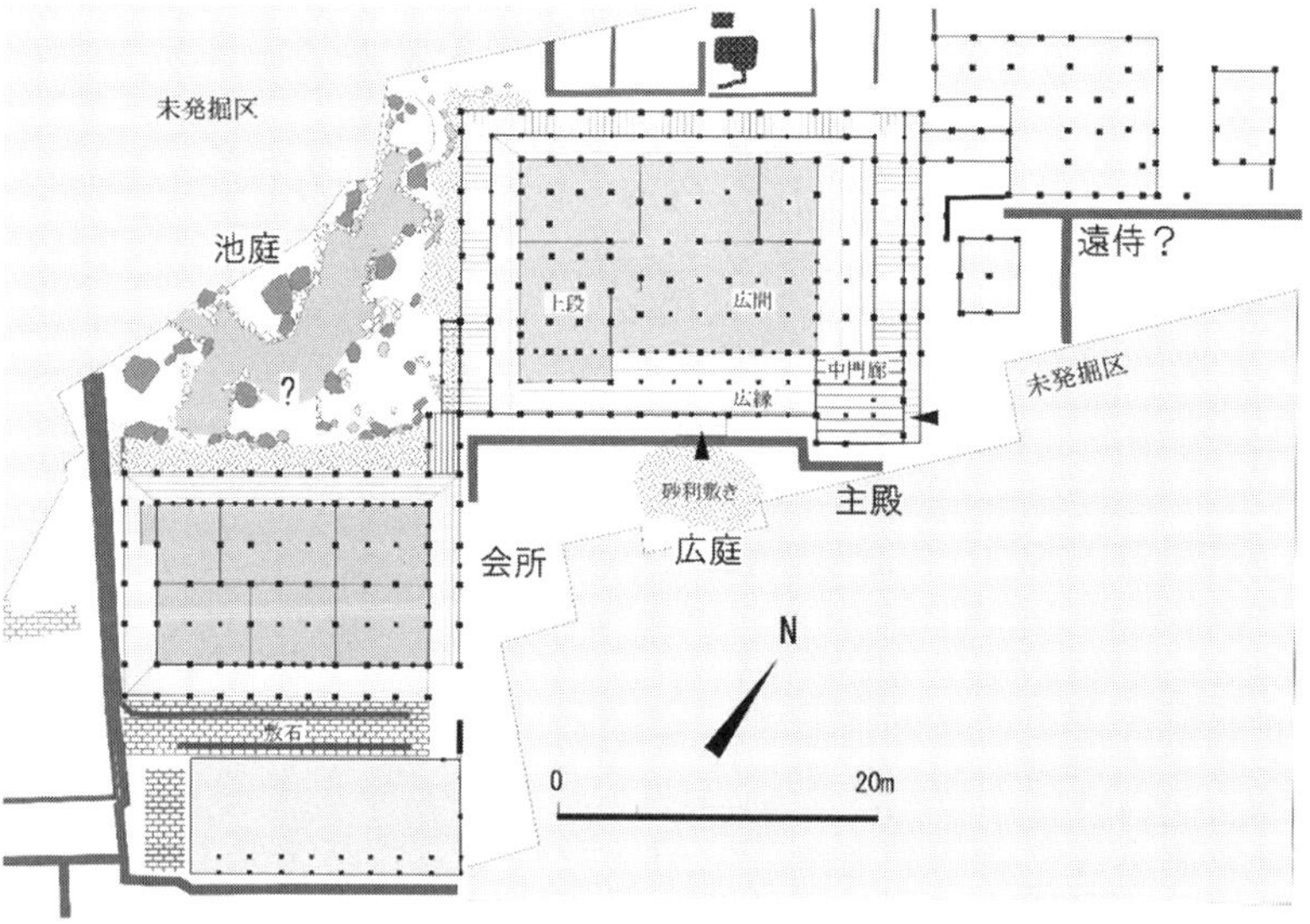

第６図　八王子城御主殿跡の空間模式図（1/800、小野 2018 より）

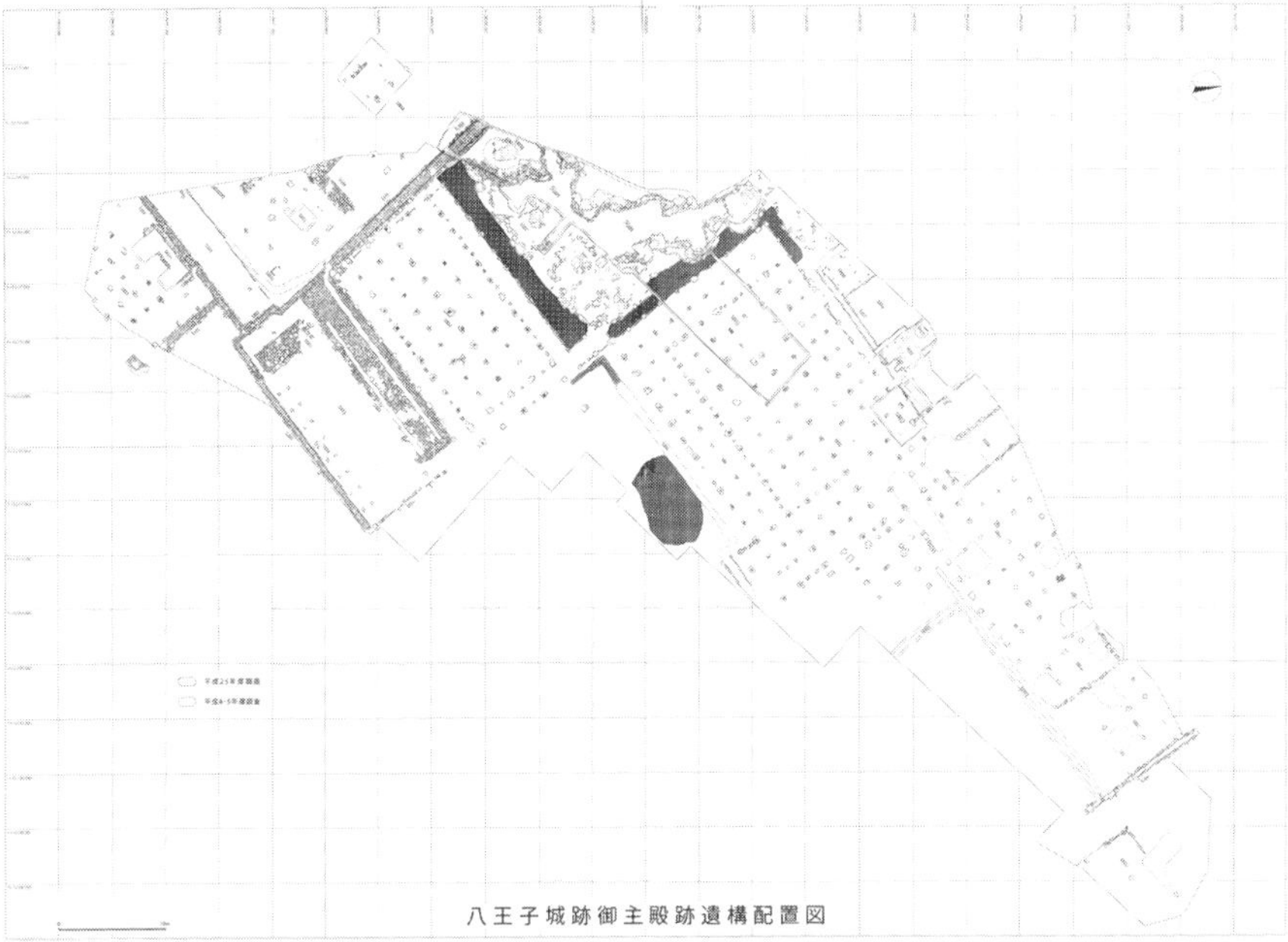

第７図　八王子城御主殿跡の遺構展開図（1/200、八王子市教委 2014 より）

八王子城御主殿跡の池泉庭園（村山 2017 より）

どにも見られるように、都の文物・文化・情報を積極的に求めて受容しており、その痕跡は考古学的にも文献史料上からも確認できる［佐々木 二〇〇九］。

このような小田原北条氏の志向性にあって、御用米曲輪下層で検出された切石を多用する石敷遺構、あるいは石塔の部材をふんだんに転用した作庭のあり方は、京都を中心とした中世の伝統的な作庭の規範からは明らかに逸脱している。しかし、切石敷や石塔部材の転用を玉砂利や白砂に置き換えてみれば、大内・大友・細川らの庭園と遺構の構成要素は共通しており［小野 二〇一八］、御用米曲輪下層の特異な庭園遺構も小田原北条氏のアイデンティティを示す戦国大名庭園の一つと評価することができるのではないだろうか。

周知のとおり小田原北条氏の初代宗瑞は、室町幕府の政所執事伊勢氏に出自をもち、二代氏綱（十六世紀前葉）にかけても、積極的に京都文化の移入には努めていた［佐々木 二〇〇九］。そして、三代氏康（十六世紀中葉）を経て、四代氏政・五代氏直（十六世紀後葉）になると、室町幕府・朝廷の意向には配慮しつつも、関東に独自の文化を育む力を備えるに至った。小田原北条氏一〇〇年の歴史を見たとき、そのような経過で京都への志向性を整理することができると考えている。

小野氏が指摘するように、さらに詳細に空間全体の構成要素を検討すると、それぞれの戦国大名の屋敷空間において、池庭の有無・礎石建物と掘立柱建物の相違・かわらけ導入の有無・京都系かわらけの有無・威信財の質量差、等々の相違が生じる要因には、「京都っぽさ」の模倣から自立へと展開する戦国大名の志向性が影響しているのは明らかである［小野 二〇一七ａ］。御用米曲輪下層の庭園遺構も戦国大名小田原北条氏の志向性の変遷と合わせて位置づけるならば、庭園として規格外な遺構なのではなく、小田原北条氏によるアレンジを受けた結果の庭園の姿と読み直すと、決して例外的な遺構にはならないであろう。

庭園遺構だけにとらわれていては、その製作者・利用者の志向性までを想定するには限界がある。多角的な視点で館全体の空間構成を複合的に分析すれば、小田原北条氏に見られたような「都合の良い京都志向」という戦国大名の志向性も垣間見えてくるのではないだろうか。

註

(1) ただし、以下で取り上げる庭園の中では、小田原城御用米曲輪下層の庭園は登録されていないなど、未集成な遺跡も目立つ。
(2) ここでいう「氏政邸」とは小田原城跡御用米曲輪下層の様子を、氏照邸とは八王子城御主殿跡の様子を示している。
(3) 永禄十二年(一五六九)の武田信玄来攻の際の記録として、『甲斐国志』には「小田原押寄彼城下無残所放火」「号蓮池地迄押入」とあり、武田信玄書状には「為始氏政館悉放火、其外彼一類城郭不貽撃砕」と表現されている。蓮池まで押し寄せて氏政館を放火したことが事実であれば、蓮池の内側(南側)に位置する御用米曲輪周辺こそが、氏政館の有力候補地になる。
(4) たとえば、三の丸幸田口跡第Ⅷ地点では火輪未成品、城下欄干橋町遺跡第Ⅸ地点では宝篋印塔基礎の未成品を用いた石組水路が確認されている。ともに十六世紀後半に比定される遺跡である。
(5) 蛇足ながら、庭園遺構自体も池・導水路・排水路・州浜・景石・築山・砂利敷遺構など、複数遺構の融合体であると言う点は認識しておくべきである。

参考文献

池　亨　二〇〇九年『戦国大名と一揆』日本中世の歴史6　吉川弘文館
五十川雄也　二〇一六年「豊後府内、大友氏館の調査成果」『発掘調査成果でみる16世紀大名居館の諸相』東国中世考古学研究会
小野健吉　二〇〇九年『日本庭園―空間の美の歴史』岩波新書
小野正敏　一九九四年「戦国期の館・屋敷の空間構造とその意識」『信濃』四六巻三号
小野正敏　一九九七年『戦国城下町の考古学』講談社メチエ
小野正敏　一九九九年「もうひとつの武器、館と庭園」『日本庭園と石』庭園学講座Ⅵ　京都芸術短期大学ほか
小野正敏　二〇一七年a「館・屋敷をどう読むか―戦国期大名館を素材に―」『遺跡に読む中世史』考古学と中世史研究13　高志書院

小野正敏　二〇一七年b「勝瑞館の景観と権威空間としての意味」『守護所・戦国城下町の構造と社会【阿波国勝瑞】』思文閣出版

小野正敏　二〇一八年「戦国大名と京都—小田原北条氏の権威演出—」小田原市・八王子市・寄居町姉妹都市盟約記念シンポジウム『小田原北条氏の絆』小田原城総合管理事務所

佐々木健策　二〇〇九年「小田原北条氏の威信—文化の移入と創造—」『東国の中世遺跡—遺跡と遺物の様相—』随想舎

佐々木健策　二〇一〇年「中世後期の小型石塔に見る加工技術と伝播」『中世東アジアにおける技術の交流と移転—モデル、人、技術』平成18～21年度科学研究費補助金（基盤研究（A））研究成果報告書　国立歴史民俗博物館

佐々木健策　二〇一六年「御用米曲輪と北条氏城館の調査成果」『発掘調査成果でみる16世紀大名居館の諸相』東国中世考古学研究会

佐々木健策ほか　二〇一六年『史跡小田原城跡御用米曲輪　発掘調査概要報告書』小田原市文化財調査報告第一七九集

田中哲夫　二〇〇二年『発掘された庭園　日本の美術2』至文堂

重見高博　二〇一六年「阿波勝瑞、三好氏館の調査成果」『発掘調査成果でみる16世紀大名居館の諸相』東国中世考古学研究会

東国中世考古学研究会　二〇一六年『発掘調査成果でみる16世紀大名居館の諸相』東国中世考古学研究会

飛田範夫　一九八五年『「作庭記」からみた造園』鹿島出版会

中島圭一　二〇一六年「戦国時代の大名・国衆にとっての室町幕府規範」『発掘調査成果でみる16世紀大名居館の諸相』東国中世考古学研究会

奈良文化財研究所　二〇一四年『室町時代の将軍の庭園』平成25年度庭園の歴史に関する研究会報告書　奈良文化財研究所

奈良文化財研究所　二〇一五年『戦国時代の城館の庭園』平成26年度庭園の歴史に関する研究会報告書　奈良文化財研究所

八王子市教育委員会　二〇一四年『国指定史跡八王子城跡　XⅧ—平成25年度遺構確認調査報告書—』八王子市教育委員会

丸尾弘介　二〇一六年「周防山口、大内氏館の調査成果」『発掘調査成果でみる16世紀大名居館の諸相』東国中世考古学研究会

村木二郎　二〇一六年「「朝倉モデル」とその地平—小田原城跡御用米曲輪の調査成果が投じた問題」『発掘調査成果でみる16世紀大名居館の諸相』東国中世考古学研究会

村山　実　二〇一七年「陸奥守氏照の居城　八王子城～東京都八王子市」『小田原城天守閣特別展小田原北条氏の絆～小田原城とその支城～』小田原城天守閣

中世における諸階層の官途受容

木下　聡

はじめに

中世後期以降になると、武士層はもちろんのこと、諸階層において官途を名乗ることが一般化していく。例えば村落の構成員であれば、村内の有力者や一定の年齢に達した者が官途成している。地方神社の神官も朝廷より叙任を受けており、諸道の芸能者にも官途を持つものが散見されるようになる。ただし、それを共通認識として感覚的に理解していても、実際の史料に基づいて明らかにされているかというと、不十分な点もある。

こうした諸階層のうち、武士の用いた官途については、金子拓［金子 一九九八］・山田貴司［山田 二〇一五］や筆者［木下 二〇一一］など、中・近世を通じて多くの研究が近年蓄積されており、村落においても、畿内とその周辺を中心に検討が進められている［薗部 一九八九、坂田 二〇〇三、中村 二〇〇四など］。一方、その他の階層に目を向けると、近世においては多く指摘があるものの［安田 一九九八、間瀬 一九八三、山口 一九九〇など］、中世ではまだ検討が不十分である。

以下では、中世段階で、諸階層がどのような官途を用いたかを見ることにより、彼ら各々の官途への認識について見通し、それを通じて、京都の朝廷をどのように意識していたかを見ていきたい。

1　武士における官途の受容

ここでは中世の武士層が、官途をどのように受容していたか、用いていたかについて、拙著［木下 二〇一一］での成果をもとに見ていく。

源頼朝の時代に、御家人たちが勝手に叙任を受けて、頼朝から咎めを受けた一件はよく知られているが、そこには当時の武士たちが官位を欲している姿がうかがえる。これは官位所持の有無が、他の階層の人々（＝凡下）とは異なる存在であることを示すためでもあったからであるが、鎌倉後期～末期になると、官途を求める傾向はより強くなっている［田中 一九七六］。ただし、御家人の叙任は、鎌倉幕府によって厳しく統制されていたので、誰もが得られるものではなかった（そのため欲しがる者も多くいた）。

南北朝期に入ると、建武政権とそれに続く南朝が、武士への恩賞として叙任を利用したこともあり、全国的に官途を有する武士が増加していった。そして南北朝後期以降には、室町幕府の叙任のあり方の変化もあって、私称官途が容認されるようになり、全国に一気に拡がっていった。ただし、実際に用いられた事例を見ると、それは一定度の範囲内からの選択に限定されていたことがわかる。そして武家社会での由緒などによって上位に位置づけられた官途や、武士が本来任官できない官―参議以上・少納言・弁官など―を私称することはなく、また許されていなかった。この傾向は豊臣期まで続いている。

では武士の使用官途は、具体的にどのようなものであったのか。実際に史料上から判明する、用いていた官途は、時代が降るにつれて拡大していることがわかる。

鎌倉期は、前述のように幕府によって御家人の叙任が統制されていたが、幕府が御家人の叙任を認める場合、それは成功形式によってなされていた。これによって任官できたのは、左・右の衛門尉・兵衛尉・近衛将監・馬允、諸司助・允、八省丞であった。ただし北条一族や一部有力御家人は、成功形式に拘らないため、四職大夫や受領に任官している。

これが南北朝期になるとどうなるか。室町幕府では、足利直義主導のもと、鎌倉幕府を継承した方法で叙任が行われている。そのため観応の擾乱までは、基本的に成功や除目によって任官している。ただし成功任官できる官途が拡大しており、名国司・権守、八省大輔・少輔などにも任官できるようになっている。

そして観応の擾乱をきっかけに、南朝ですでに行われていた官途挙状が将軍から出るようになり、義詮期になると、成功任官形式は消滅する。除目でも応永以降は足利一族ぐらいしか行われておらず、口宣案のみで叙任が完結する方法がとられるようになる。この叙任形式の変化により、将軍直臣以外の私称官途は黙認されるようになったのである。その場合、自分が名乗るだけでは完結せず、主君や周囲が認定することにより、社会の中で認知されるわけである。

では私称する場合、用いる官途はどのようなものであったのか。この時点では、東北・関東・九州の事例を見るに、鎌倉期に成功形式で任官できたものがほとんどであり、さほど選択肢はなかったようである（一例として九州地域の実例表を示す）。

室町期に入ると、室町幕府や地域・大名ごとに官途による秩序が形成されてくる。具体的には、「大館常興書札抄」（『群書類従』）内の「官途等類事」の記述に見えるような、四職大夫・諸司頭や、相模守・武蔵守・陸奥守などの受領といった、一部の者のみに限られる上位官途が、幕府内で成立してくる。これは最初から定められていたわけでなく、幕府内の有力者が用いたことを由緒として形成されたものである。同時期には当主が代々用いる「家の官途」も成立している。また官位相当は、全く無視されるようになり、位階も従五位下以上か無官かとの二極化が進む。左衛門佐や修理大夫であっても、あるいは左衛門尉・左京進であっても、最初は一律従五位下となるのである。その影響か、

文書・記録に見る九州地方における官途使用表

	14 C	15 C	16 C		14 C	15 C	16 C		14 C	15 C	16 C		14 C	15 C	16 C
陸奥守	2	3	2	肥前守	14	18	37	帯刀助	0	0	6	木工頭	0	0	0
出羽守	9	13	22	肥後守	4	6	19	帯刀允	1	1	30	木工助	6	1	54
常陸守	1	4	13	日向守	1	5	21	監物	0	0	7	木工允	2	0	21
常陸介	8	6	36	大隅守	5(1)	8	13	監物助・允	1	0	21	大炊頭	0	0	0
下野守	9(2)	17	36	薩摩守	6(1)	11	19	大監物允	0	0	2	大炊助	8	16	78
上野守	1	9	14	不明守	1	2	5	左近将監	43	14	53	大炊允	0	0	2
上野介	0	4	9	受領介	25	14	46	左近大夫	9	3	35	兵庫頭	2	3	16
下総守	2(2)	3	30(1)	佐渡介	0	0	10	左近助	0	0	20	兵庫助	23	20	60
上総守	0	1	22	紀伊介	0	5	33	左近允	1	0	43	兵庫允	21	2	24
上総介	8	16	41	周防介	4	5	15	左近	0	0	17	左馬頭	0	0	7(1)
安房守	0	1	13	狩野介	0	0	18	左近将曹	0	0	2	左馬助	7	25	126(1)
武蔵守	1	2	26	千葉介	1	3	1	右近将監	3	1	8	左馬允	0	1	52
相模守	0	2	10	税所介	1	0	0	右近大夫	0	0	8	右馬頭	0	3	17
甲斐守	1	3	16	宇渡助	0	0	5	右近助	0	0	5	右馬助	5(2)	19	96
信濃守	5(1)	8	17	佐賀助	0	0	1	右近允	0	0	35	右馬允	2	6	54
佐渡守	3	9	47	荒河助	0	0	1	右近	0	2	14	主殿頭	0	0	3
越後守	3	15	57	受領掾	1	0	21	右近将曹	0	0	6	主殿助	0	2	58
越中守	2	7	74	中務大輔	0	5	10	将監	8	17	42	主殿允	1	2	13
越前守	10(3)	14	66	中務少輔	2	11	81	将監允	0	0	5	掃部頭	0	1	8
能登守	6	12	21	中務丞	18	11	51	将監助	0	0	17	掃部助	40	33	168
加賀守	4	23	75	兵部大輔	3	3	15	勘解由	1	4	22	掃部允	7	2	15
若狭守	12(2)	13	46	兵部少輔	3	23	122	勘解由助	0	2	0	内膳正	0	0	1
伊豆守	8	24	57	兵部丞	8	17	72	勘解由允	0	4	39	内膳亮	0	0	7
駿河守	10(2)	17	59	民部大輔	0	2	31	勘解由大夫	2	0	0	内膳佑	0	0	2
遠江守	13(1)	27	29	民部少輔	0	13	87	勘解由判官	1	0	0	隼人正	1	0	1
三河守	5(3)	32	87	民部丞	10	13	75	勘解由使	0	0	1	隼人佐	8	4	51
尾張守	5(1)	11	21	治部大輔	1	5	20	神祇少副	0	0	1	隼人佑	4	2	13
飛騨守	0	10	23	治部少輔	3	16	84	神祇介	0	0	2	織部正	0	0	0
美濃守	8(2)	22	54	治部丞	1	11	55	左京大夫	1	3	2	織部佐	0	0	34
伊勢守	5	7	31	宮内大輔	3	1	14	左京亮	13	27	146	織部佑	0	0	25
志摩守	0	0	21	宮内少輔	2	8	79	左京進	7	0	20	主膳正	0	0	6
伊賀守	4(1)	6	65	宮内丞	4	5	55	右京大夫	0(1)	0	1	主膳亮	0	0	12
近江守	9	18	15	大蔵大輔	0	0	3	右京亮	9	33	125	主膳佑	0	0	5
山城守	6(1)	31(1)	65	大蔵少輔	1	1	19	右京進	2	1	37	采女正	0	1	9
大和守	10(3)	37	55	大蔵丞	4	11	62	修理大夫	0(1)	1(1)	11	采女助	0	1	6
摂津守	1	9	16	刑部大輔	5	9	22	修理亮	24	20	42	采女佑	3	3	21
和泉守	0	15	87	刑部少輔	3	17	88	修理進	3	3	11	市正	0	0	6
河内守	7(2)	18	58	刑部丞	10	4	51	大膳大夫	0	0	4	市助	0	0	59
丹波守	1	8	23	式部大輔	1	2	10	大膳亮	3	9	58	市佑	0	0	41
丹後守	7(1)	18	54	式部少輔	3	9	59	大膳進	1	0	13	主馬首	0	0	4
但馬守	9(4)	12	64	式部丞	8	14	50	図書頭	0	0	4	主馬助	0	0	10
因幡守	11(5)	25	51	八省大夫	10	9	10	図書助	3	10	32	主馬允	0	0	35
伯耆守	4(1)	15	46	兵部助	0	0	1	図書允	3	1	3	主水正	0	1	5
出雲守	5(1)	24	35	中務助	0	1	0	内蔵頭	0	0	2	主水佐	0	0	34
隠岐守	1	2	32	大蔵助	0	0	3	内蔵助	0	1	87	主水佑	0	0	19
石見守	9(3)	21	34	弾正大弼	0	0	1 ?	内蔵允	0	1	49	外記	1	0	14
播磨守	2(1)	9	29	弾正少弼	3	8	11	縫殿頭	0	0	0	内記	0	0	10
美作守	4	15	48	弾正忠	21	24	128	縫殿助	1	4	48	外記助・允	0	0	16
備前守	10(4)	16	66	蔵人頭	0	0	1	縫殿允	4	5	4	内記助・允	0	0	12
備中守	3	1	22	蔵人	44	12	40	内匠頭	0	0	0	舎人	0	0	8
備後守	1(1)	5	56(1)	蔵人大夫	3	0	1	内匠助	0	0	11	舎人助・允	0	0	20
安芸守	8(4)	16	48(1)	蔵人佐	0	9	35	内匠允	0	0	2	大舎人允	1	0	5
周防守	6(1)	13	19	蔵人佑	0	1	5	大学頭	0	0	0	造酒丞	0	0	1

中世における諸階層の官途受容

	14 C	15 C	16 C		14 C	15 C	16 C		14 C	15 C	16 C		14 C	15 C	16 C
長門守	11(2)	26	67	左衛門督	0	0	3	大学助	2	6	19	典薬允	0	0	3
紀伊守	0(1)	2	31	左衛門佐	1	4	30	大学允	1	0	4	囚獄助	0	0	2
淡路守	2	6	29	左衛門大夫	3	4	49	雅楽頭	0	0	2	判官	3	2	0
讃岐守	2	8	39	右衛門督	0	0	3	雅楽助	3	10	69	検非違使	1	0	0
阿波守	0	0	7	右衛門佐	1	2	33	雅楽允	0	0	9	勘解由次官	0	0	2
伊予守	1	6	27	右衛門大夫	0	8	46	玄蕃頭	0	0	1	進士允	0	0	11
土佐守	4	18	52	左兵衛督	0	0	2	玄蕃助	0	0	21	平馬允	0	0	5
大宰少弐	4	6	2	左兵衛佐	0	0	3	玄蕃允	0	3	42	蔵人少輔	0	1	1
豊前守	8(7)	16	37	左兵衛大夫	0	0	0	主計頭	0	0	2	左馬大夫	0	0	14
豊後守	8(3)	12	9	右兵衛督	0	0	0	主計助	3	5	22	右馬大夫	0	4	15
筑前守	8(1)	14	43	右兵衛佐	1	2	1	主計允	4	17	59	大炊大夫	0	0	4
筑後守	4(1)	4	32	右兵衛大夫	0	0	0	主税頭	0	0	0	内蔵大夫	0	0	3
壱岐守	6	2	40	帯刀	0	5	15	主税助	0	8	53	外記大夫	0	0	1
対馬守	12	9	65	帯刀長	0	0	6	主税允	0	0	16	治部助	0	0	1

1. 兵衛・衛門尉の事例は多数にのぼるため、ここでは略した
2. （　）内は権官を示す
3. 律令官本来ならば「すけ」が無い官については使用事例が最も多い字に統一した
4. 網掛けは天正年間以降のみの事例しかない場合、また 15 C は便宜上応永元年から
5. 主馬は主馬寮ならば頭・助・允となるが春宮坊主馬署であれば首のみ。豊臣期の任官では主馬首のみ
6. 京官で四等官部分が無い場合は便宜上すけとし、八省は丞にしている
7. 右京大夫は神官にのみ確認される
8. 和泉守・紀伊守・右馬頭はすべて文明以降に確認される
9. 大宰少弐は少弐氏のみ
10. 肥後守は 14･15 C は菊池氏と佐藤秀安のみに限定される

公家社会でも青侍などの任官は、同様な傾向へと変化していくようになっていく。

戦国期には、十六世紀半ばから、本来律令官位に存在しない名乗りを官途として用いる風潮が新たに現れるようになる。具体的な事例を挙げると、

本来「かみ」「すけ」「じょう」が付かないものに付ける

進士允、将監助、内記助、外記助、（刑部助・宮内助など「八省」助も）

仮名などに「かみ」「すけ」「じょう」を付けて、官途らしいものにする

太郎介、鹿介、勘助、三丞

朝廷でも室町期以降使われていなかった官途

囚獄・主馬・主膳

官途の上に「小」を付ける

小大膳・小越後・小刑部・小隼人

本来存在しない受領国守

琉球守・台州守（台州は現在の台湾）

通称である「〜介」を官途として用いる

三浦介・狩野介

存在しない官、特に対馬で用いられる

雲井亮・軍監助・尾崎助・荒河助・佐賀助

十六世紀後半から東海・甲斐・関東地方で用いられるようになる官途

伊織・左門・典膳

他に文禄慶長から見られる数馬・頼母、寛永頃から見られる求馬

こうした官途名乗りは、畿内周辺であまり見られず、中央と離れた地域によく確認される。幕府との関係が強く、その影響力が比較的及んでいた地域─中国地方や北九州・北陸でも少なく、東海・甲信・関東・対馬・土佐・南九州が中心である。

近世になると、四代将軍家綱の時代、寛文頃に、正式な叙任を受けていない武士の官途名乗りは四等官部分を取るようになる。以後、大膳亮は「大膳」、修理亮・進は「修理」のみとなる。またいわゆる「東百官」と呼ばれる、律令官位に存在しない名乗りを通称として用いるようにもなる。こうした風潮により、近世では武士の官途名乗りが、ただの「名」となったのである。そして多種多様な名乗りが一般化し、官途＝律令官との意識は、大名レベルでのみ残るようなものになった。

2　村落の人々の官途受容

ここでは村落について見る。村落では、鎌倉後期より畿内周辺で官途成が行われるようになる。この官途成とは、村落内において、その構成員が官途名を名乗れるようになる儀礼を指す［薗部　一九八九など］。当然それは、朝廷から正式な叙任を受けたものではなく、あくまで在地レベルで通用するものであった。

さて、中世前期において在地で見られる官途名は、判官代や「〜大夫」、検校・別当・所司など様々見られるが、中村哲子氏の分類に従えば、

①京官グループ
　〜丞、左近など
②国司・在庁グループ
　権守・介
③寺社グループ
　上座、祝など
④荘園グループ
　庄司、惣官、専当

といったものに大別され、これらは律令由来の官途そのものというよりは、荘園・寺社などの役職由来がほとんどであることがわかっている〔中村 二〇〇四〕。これは、在地の人々が本来叙任がなされるような階層ではないからである。京官や受領系もあるが、割合としては寺社・荘園グループのほうがはるかに多い。

しかし、官途成が村落で行われるようになると、それまでの多様な名乗りは淘汰されていったようで、鎌倉末から南北朝期には、右馬大夫・和泉大夫・平内大夫などの「〜大夫」や、美濃介などの「国名＋介」、権守・介、藤内・平内などの「〜内」といったものへ収斂される。ただしこの官途成の儀礼事例は、鎌倉期では現在畿内周辺のみでしか確認できておらず、その他の地域ではどのような形で名乗りを用い、改めたかはいまだ不明である。

これが室町期になると、用いる官途名乗りが変化してくる。南北朝期までよく見られる「国名＋介」がなくなり、「〜衛門」・「〜兵衛」が増えてくる。例えば南禅寺領遠江国初倉庄内では、嘉吉二年(一四四二)の江富郷検地目録で

四割、文安二年(一四四五)の名主百姓等連署請文で三分二が「~衛門」・「~兵衛」となっている(『南禅寺文書』)。武士の間で衛門・兵衛尉を官途名乗りとする者が大半を占めるような状況と軌を一にしている。ただし村落では時代が降るにつれて「尉」部分をあまり付けなくなることには留意する必要がある。後述のように、「尉」の有無は別扱いにつながるからである。また衛門・兵衛の割合には地域差もあり、天正十二年(一五八四)の山城国久世郡狭山検地帳(『石清水文書　田中家文書』)では四分一に留まっている。そして武士層同様に、勘介や三丞などの、「~すけ」・「~じょう」といった四等官部分をつけた名乗りも、天文年間以降増えてくる。

ところで室町期の畿内近郊では、本所・領家・官司領主の公家を通じて、朝廷より口宣案による任官を受ける村落の人々もいた。例えば『康富記』享徳三年(一四五四)二月二十二日条には、丹波国隼人保の百姓たちが、その領主である中原康富を通じて任官を申請し、康富は頭中将庭田雅行に申して、藤原景吉を弾正忠に、藤原之吉を豊前守に任じる口宣案を三通出してもらい、それを受け取って現地に下している。康富はその見返りとして祐玄を権大僧都に任じる口宣案を三通出してもらい、それを受け取って現地に下している。康富はその見返りとして銭百疋を受け取っている。

また『言継卿記』天文十九年(一五五〇)五月二日条を見ると、禁裏御料所山城国山国庄の衆への官途任官口宣を、山科言継から職事である葉室に対し、三十通作成するように伝えている。こうした村落から申請される叙任は、任官の口宣案のみが作成され、叙位の口宣案は作成されないようである。なお朝廷に仕える雑色なども、口宣案による任官がなされていることが、『康富記』文安四年四月十三日条などに見える。

このような村落の状況は、近世になっても継承されている。官途成の儀礼が行われている史料も散見される[井上一九九八など]。ただし、武士ほど用いる種類は多くなく、また、大名によっては名乗りに制限を設けられていることもあった[小岩　一九六三、堀田　二〇〇七など]。

3 職人・芸能者の官途受容

ここでは様々な職人や芸能者の官途名乗りについて見ていきたい。

まず能役者から見ていこう。これについては、戦国期室町幕府の中で故実家として名を馳せた伊勢貞助の手になる「貞助記」(国立公文書館内閣文庫所蔵写本)に見える、次の記述が重要である。

一観世四郎の官途の儀につき、内々に尋ね下され候旨、畏まりて承り候、よって四郎左衛門に成され候やの御事、苦しからず候、同じ事ながら左衛門尉と尉字をばそへられ候はで、ただ四郎左衛門とばかりしかるべく存じ候、この趣御心得候て申入られるべく候、よって　御目に懸けられ候に付て、上意として官途させられたる先例の事おぼへ申さず候、但し観世座に春と申すきやうげん候や、一段の上手にて物は彦次郎と申し候つるを、慈照院殿様御代、応仁の乱前にて御座候、春と仰せられ候由承り及び候つる、別して　御目に懸られ候やうには御座候はず候つる、其時の観世大夫かくのごとく申し、さた仕りたる事哉、いかさまそれ已後は春と申しき、かやうの御事も御座候間、四郎事　御目に懸けられると申し、かくのごとき御儀苦しからず存じ奉り候、去りながら四郎左衛門の尉とは成され候はで、ただ四郎左衛門とばかりしかるべく存じ奉り候、

これは、能楽者の観世四郎に将軍から官途を与えてもよいかどうか、時の将軍足利義晴から大館尚氏入道常興に対して諮問がなされ、常興がそれに返答した内容が記されたものである。常興は、義政以来の故実を知る者として、義晴時代に多くの諮問を受けた人物である。

その常興の返答はというと、官途を与えるのはいいが、四郎左衛門「尉」でなく、四郎左衛門とするのがよい、能役者を将軍の上意として官途を与える先例は知らないが、慈照院＝足利義政の時代、応仁の乱の前の頃に、観世座に

いる彦次郎という役者に対し、「春」という名を与えた事例があり、すでに観世四郎は将軍のお目に懸けられた人物であるので、「名」を与える意味で「四郎左衛門」とのみ授けるのは良いでしょう、というものであった。

この記事はほぼ同文を載せる「大和家蔵書三　大館伊予守尚氏入道常興筆記三」（山口県図書館所蔵〔木下 二〇一八〕）に「天文八十五」とあるので、天文八年十月五日の話である（残念ながら常興の日記『大館常興日記』にはその日の記述は現存していない）。波線部に端的に示されるように、この頃の室町幕府内での認識では、「四郎左衛門」と「四郎左衛門尉」とは別物で、「尉」がなければ、ただの名乗り扱いとなり、特に与えて問題は無いとされていたことがわかる。この「尉」の部分をつけるかどうかは、室町期以降「〜左衛門」・「〜兵衛」と「尉」のない官途名乗りが増えることと密接な関係にあるだろう。特に村落では「尉」を付けない「〜左衛門」・「〜兵衛」が通常であったことは前節で見た通りである。

幕府ではなく、有力者からもらう事例も確認される。例えば『蔭凉軒日録』延徳三年（一四九一）二月十七日条では、赤松政則の重臣で、守護代や幕府侍所別当代も務めた浦上則宗が、観世新三郎に対し、「宗久」の名前二字を授け、同時に「新兵衛」の官途も与えたことが見える。ここでも「新兵衛尉」ではなく、「新兵衛」となっている。これらからすると、どうやら能役者は、名としての「兵衛」「衛門」は許されても、官途名乗りは幕府から認められていなかったようである。

次に刀鍛冶の任官について見る。刀鍛冶の任官初見として、後鳥羽上皇の番鍛冶を務めた粟田口久国が大隅権守、備前信房が長原権守、備前宗吉と備中恒次が刑部丞を称したと言われているが、その官途名で銘を切った刀は現存せず、現在確認される官途名あり銘の刀は、久国の甥則国の「藤右馬允則国」が初出という〔福永 一九九五〕。これ以後刀鍛冶には、京官・受領を持つ者がしばしば見える。その用いた京官を見ると、鎌倉〜南北朝期には、左右の兵衛尉・衛門尉・近衛将監・馬允などであり、室町期以降になると、八省（式部・刑部）丞に左右の京亮・進も見えるようになる。一方受領はというと、青江貞次の大隅権介・大隅権守を始め、多々散見されるが、他の階層・芸能者と異なる点として、守・介以外に掾・目になる者がいることが挙げられ、これは近世でも継承されている(文化年間に守は禁止)。ただ五位以上の叙位は行われなかったようである。

刀鍛冶への任官は、朝廷から口宣案が下されて行われている。例えば『お湯殿の上の日記』永禄四年(一五六一)二月十二日条を見ると、

むろまちとのより、せきのかちかねさた、大ち〔大父〕左ひやうへしなのゝかみ申うけ候ほとに、今左ひやうへおわりのかみ申さるゝ、まへにくせんたゝしき事にて候はは、御心えなされ候よしおほせらるゝ、

と、室町殿=将軍足利義輝を通じて、美濃関の刀鍛冶「かねさた」が、祖父の先例に任せ尾張守任官を申請しており、以前に口宣案が出されたことが確認できるため、勅許されている。なお現存する刀鍛冶への口宣案の最古は、寛正四年(一四六三)のものである(「一二正克家文書」)。

一方同じ鍛冶であっても、鋳物師には刀鍛冶のような叙任の事例がなかなか見えない。十五世紀以降ようやく、官途を名乗る事例が増えてくる。例えば「大野昭八家文書」に見える下総の鋳物師大野氏を事例に見ると、

関東中鋳物師棟梁として見える大野和泉入道(牧定基副状)

房州鋳物師大工職に任じられた大野大膳亮(里見義豊判物)

といった者がいる。用いている官途は、おそらく刀鍛冶と同様な範囲のものであったと思われる。

番匠・大工に目を向けてみると、こちらも刀鍛冶同様に、鎌倉時代から官途を持つ者が見える。『鎌倉遺文』に見える範囲では、文永四年(一二六七)の「惣大工権守国久」が初見(九六六一号)で、律令官途持では、建治三年(一二七七)の「一山衆徒大工左馬允丹治国則」(五一六五一号)が初見になる。これ以後、京官・受領(〜権守が多い)・〜大夫(四郎大夫等)を名乗る大工が散見される。その官途は、同時期に武士が成功によって任官・叙爵できたものと同じ官

である。

室町期以降もその傾向は変わらなかったようだが、『康富記』嘉吉二年六月二十九日条に、「又番匠左右衛門・左兵衛尉に任じる例を尋ねらるるの間、引勘ずといえども初見を得ざるの由、返答せしむ云々」と、康富のような経験豊富な下級官人でも、番匠が左右衛門・左兵衛尉に任官した事例を尋ねられて、その初見がよく分からないとあり、事例としてはあまりなかったのかもしれない。

他の職人・芸能者と異なるのが絵師・仏師で、官途と僧位を持つ者がいる。中世朝廷の絵師として、代々絵所を管掌した土佐氏は、南北朝期の土佐行光が越前守である。その後代々絵所預となり、東京国立博物館「土佐家文書」所収文書から、弾正忠・左近将監・刑部大輔・中務丞などになっていることがわかる。ただ十六世紀までは、出家してもまだ官途名乗りを用いていて、十七世紀の光起の時に、最初の任官の二十七年後、法橋、ついで法眼となって以降、僧位を持つようになったようである。

一方武士を出自とし、十五世紀後半以降絵師として勢力を拡げた狩野氏は、古記録の記述によれば、狩野正信が狩野介・大炊助・法橋、元信が大炊助・越前守・法眼というように名称が推移しており、絵師は最終的に僧位を持つことが最上であったと言える。十六世紀後半の長谷川等伯なども、晩年に法橋・法眼となっている。

仏師はというと、本来的に寺院に属するため、治安二年（一〇二二）に法橋となった定朝（「釈家初礼抄」）以来、基本法師・法眼・法橋といった僧位を持つのが通常であったようだが、時折官途を持つ者も確認できる。一例として、下野国鶏足寺所蔵の釈迦如来像背面銘に作者とある「大田近江守忠定」がいる。おそらく朝廷から僧位をもらえないような地方の仏師が、こうした官途を用いていたのであろう。

以上、ここまで見てきた職人・芸能者の官途の特色をまとめると、中世を通じて、用いた官途が中世前期の武士と同様なものが多く、十六世紀の武士のような多様性はない。これは同業者の中で、自身が官途を持つことに対して特別性を出すため、官途を朝廷のものに則らせる目的があったと思われる。ただし彼らの官途が必ず朝廷からもらったものかというと、そうではなかったであろう。なお、江戸幕府が宝永五年(一七〇八)に職人へ対して出した京都町触で、受領名の私的世襲・私称・他者への譲渡を禁止しているが、これは職人の官途私称がこの時期まで行われていたことを示している[山口 一九九〇]。

4 神官の官位受容

本節では、神官の叙任について見ていく。各地の有力な神社、伊勢神宮・春日神社や、朝廷から重視されていた畿内の神社——京都の上賀茂・下鴨・松尾・大原野など、奈良の春日、摂津の住吉など——の神官は、早くに朝廷より叙任を受け、以後継続して受けている。しかも一般の神官も叙任されている。

伊勢神宮では長官である祭主は、室町期には従二位まで昇進しており、内宮・外宮の神官も、多く四位・五位に叙されている。他では摂津住吉社を見ると、享禄三年(一五三〇)に行われた津守国順神拝始において(「国順御神拝始之記」)、国順が京都へ権神主職補任・官位叙任・実名の三ヶ条を申請し、口宣三通が届けられているが、同時に家子・侍衆も、二十人が受領叙爵を受けている。このように、神社の長が叙任を受ける際に、同時にその下にある者たちも叙任を受ける、あるいは官途を与えられていたようである。

では、地方の神官はどうであったのか。十四世紀までは不明な部分が多いが、その中で阿蘇大宮司の惟村は、応安八年(永和元年：一三七五)に従三位に叙されている(『阿蘇家文書』一九〇号)。ただしこれは、征西府による南朝勢力の強い九州の中で、北朝・室町幕府方にあった惟村への優遇措置の一つであろう。また惟村が庶家の出で、南朝方で菊池氏の影響下にあった本家に替わって大宮司に就任したため、その権威付の意味合いもあっただろう。他には信濃諏訪社の矢島正忠が、正平十年(文和四年：一三五五)に南朝から従五位下に叙されている(「矢島文書」)が、口宣案の形で残されているのはこれぐらいである。

十五世紀以降になると、関連史料が各地で見られるようになる。いくつかの事例を挙げると、

応永二十六年(一四一九)に左衛門尉に任官した藤原景秀　伊勢酒井神社神官?(「酒井神社文書」)

永享五年(一四三三)に式部大夫に任官した石垣昌包　熊野の神官?(「紀伊続風土記附録」)

寛正五年に美濃守に任官した中務丞桜井基真　能登気多社神官(「気多神社文書」)

文明三年(一四七一)に信濃守に任官した守矢満実　信濃諏訪社神官(「守矢文書」)

などが、現在残る口宣案によって任官が確認出来るが、いずれも従五位下以上への叙爵はなされていない。十五世紀段階では、地方の神官は基本的に任官のみが許されていたのかもしれない(阿蘇氏のような例外も存在する)。

しかし十六世紀に入ると、地方の神官も従五位下に叙されるようになり、さらにそれより上を求める事例も散見される。極端な事例を挙げると、位階であれば、阿蘇惟豊の従二位昇進、守矢頼真の正三位昇進があり、官途では宗像氏貞の中納言申請がそれである。

阿蘇氏では、右の惟村を始め、応永三十年にも惟郷(惟村子)が従三位へ叙されている(『阿蘇家文書』二四五号)。この惟郷の叙位は、本来大宮司を継ぐべき本家筋の惟武・惟政・惟兼らと、阿蘇本社領をめぐる争いの中でなされたものなので、これも政治的な意味合いの強い叙位であった。

惟豊は、天文十三年に従三位に(『阿蘇家文書』三一一号)、そして天文十八年に従二位に叙されている(『阿蘇家文書』三一六号)。いずれも正四位下、正三位からの昇進と口宣案には記されているが、実際には越階であったのを、段階を踏んで昇進したように見せるために付されたものであろう。惟豊が従三位になった前年、大宮司職をめぐって争っていた惟前を没落させており、従三位昇進は自身の権力を確立させたことを示すものとして求められ、機能していた

と思われる。

次に信濃諏訪社の守矢頼真である。頼真は天文二十二年十月二十一日付の書状で、正二位昇進を望んでいることを繰り返し述べ、それが叶わずに三位になるとしても、それは本意でないとも述べている(「守矢文書」)。実際には一ヶ月後に正三位昇進口宣案が作成されて、頼真の許に届けられている。おそらく伊勢祭主が従二位まで昇進するので、頼真はそれを超越するのを目的としたかと思われるが、朝廷の判断ではこれを不可とし、祭主に准じる位である正三位を与えることにしたのであろう。

そして筑前宗像社の大宮司宗像氏貞は、永禄九年から数年にわたって、中納言任官を朝廷に求め続けている。宗像氏にとって中納言は、宗像初代とされていた清氏の極官であった。氏貞は、大宮司への就任が穏当なものでなく、自ら強行して就任したいきさつがあったため、先祖と同官になることで、大宮司の地位正当化を図ったのであった。また戦乱で荒廃した社殿や、奪われていた所領の回復をするために、神社そのものへの権威付を求める必要があった。

氏貞は、これらの理由から中納言任官を申請したのだが、朝廷からは先例にそぐわないとしてすげなく断られ、代替案として、宇佐・厳島社の社官が当時任官していた、八省大輔や四職大夫なら可能と返答されている。結局氏貞は、朝廷への運動を断念し、宗像社内でのみ「正三位中納言」を自称することにしている[桑田 二〇〇五]。

これ以外にも十六世紀には、本来ならば中央の神官でもなかなか任じられることのない、四職大夫に任官する地方の神官が続出している。一例を挙げると次の通りである。

右京大夫…伯耆八橋郡多祢大宮大明神神主の渡辺某(「竹矢文書」)

修理大夫…厳島神社の棚守房顕(「野坂文書」)

大膳大夫…宇佐神宮の宇佐公澄(「広橋兼秀符案留」)、六条八幡宮の佐伯盛重(「若宮八幡宮文書」)

このように神官の官途が高騰する一方で、正六位下隼人令史という低い官位に叙任された長門二宮忌宮神社神主竹中隆国(「武内大宮司古文書」)のような事例もある。

また、庇護を受けている大名による推挙を受けて叙任することもある。例えば周防・長門の神官の任官は、大内氏による推挙であることが「広橋兼秀符案留」によりわかる。大内氏は、領国内の寺を勅願寺にすることを申請するなど、寺社への影響力を行使しており、神官の叙任推挙もその一環であろう。

そしてもう一つ、十六世紀に新しく見えるようになった神官の叙任に関する現象として、吉田家の関与が挙げられる。しかも朝廷への叙任の仲介をする場合もあれば、大きな神社の社人でなければ、吉田氏が独自に官途を与えることもある。

まず吉田家が叙任の仲介をする事例としては、『兼右卿記』永禄十年四月二十五日条に、伊勢国桑名春日社の神官鬼島右実が兼右を通じて修理大進に任官したこと(同時に兼右から「右」の一字ももらっている)や、『兼見卿記』天正三年四月十日条の、尾張国府中社の祢宜の尉大夫が上洛し、吉田兼見を通じて申入れ、口宣を受け取って御礼をしていることなどが挙げられる。それまで神官の叙任は、公家の執奏による仲介で朝廷へ申請されていたが、吉田家も十六世紀には、各地の神官の叙任を仲介していたのである。

次に『兼見卿記』から、吉田氏が私的に官途を与える事例について見ていくと、元亀元年(一五七〇)九月二日条では、丹波国美濃田保松尾の祠官西田又七が、兼見(この頃の名は兼和)から一字を拝領した「和宗」の名と、左近亮の官途を与えられている。次に天正十五年正月二十六日条では、但馬国姫宮大明神の神官助左衛門が、左衛門尉の官途と盛継の名前を与えられている。官途だけでなく仮名も与えており、天正四年六月十七日条を見ると、儀俄某が橘六となされている。

そして『兼見卿記』天正六年三月十七日・十八日条では、兼見の父兼右の門弟であった伊勢国の郷司左京大進右秀の子孫が、その先例に基づき、兼見に左京大進の官途を所望し、併せて兼見からの一字偏諱と二、三ヶ条の相伝を求め、兼見がそれに応えて、引合に「左京大進和秀」と記し、紙の奥に花押のみを記した、官途名字書出を作成して与えていることが見える。兼見が同時期の武士同様に、官途書出・名字書出を出していることが注目される。もちろんこのような官途・一字授与は、お返しに御礼を伴っており、兼見に銭が贈られている。また畿内のみならず、周辺地域にも吉田家の勢力が及んでいたこともうかがえよう。

こうした吉田家の勢威は、江戸時代に入るとさらに増し、権力者との関係も強め、結果として、周知のように吉田家が神祇伯白川家に取って代わり、神社・神官への支配を任されるようになる。それに基づき神官の叙任も、吉田家が一手に統括することになり、幕末までそれは保たれた。ただしこれは例外もあり、畿内の二十二社及び出雲大社・常陸鹿島・下総香取・信濃諏訪・尾張熱田・紀伊日前・紀伊熊野・豊前宇佐・肥後阿蘇については、それぞれの訴えにより、吉田社が執奏仲介をしないことになっていた[宇治二〇〇六]。

おわりに

ここまでの状況をまとめよう。

武士は、その発生期から朝廷に官位を求める気風が強く、それは鎌倉期に入っても同様であった。そのため南北朝期に私称官途が許されるようになると、全国的にほぼ必ず官途を帯びることになった。そしてこの私称官途の広がりは、違う身分階層にも影響を与えている。十六世紀になると、他とは異なる官途を求める風潮が現れ、その中から律令官途とは異なるものが生み出され、正式な叙任が一部に限定されるようになると、近世には官途はただの「名」となる。

在地・村落では、中世前期は官途そのものを名乗るわけにいかないとの認識から、荘園役職などに由来するものを用いていた。それが中世後期になると、武士の私称官途が定着したこともあり、衛門・兵衛を含む名乗りが増加し、一般的になる。また京都に近い地域は口宣案による任官もしているが、京都から離れた地域には確認できない。京都周辺とその他の地域で異なる状況があったのである。

職人・芸能者層も中世前期になると官途を持つ者が現れるが、武士と同様に成功で許される官途を用いている。中世後期でも、同時代の武士のような多様性はなく、「～左衛門」・「～兵衛」・「～大夫」以外は、前代と同様な官途への任官を求める傾向が強いようである。

そして神官では、京都周辺の有力神社の神官は、元々叙任を受けていたが、中世後期になると、地方の神官も任官するようになり、十六世紀には叙爵や高位の叙位を受ける者もいる。これはおそらく武士の叙任や官位上昇が背景にあるのだろう。そして十六世紀後半より、吉田家の関与が見られるようになり、近世には一部を除いて全国の神官の叙任を吉田家が一手にまとめるようになる。

それでは、このような官途認識から、中世の諸階層に京都の朝廷への意識はあったと言えるのだろうか。少なくとも中世前期の段階では存在していたと思われる。官途を持つことは、基本的に朝廷より任じられる他なかったからである(村落の官途成も正式な官途は持てない)。しかし中世後期に、武士を中心に私称官途が広まり、多くの者が律令官由来の官途を名乗るようになるとどうであろうか。私称官途は主人や周囲の認定により用い始めるものなので、そこに官途が本来朝廷のものとの意識はあったであろうが、前期よりかなり薄まっていたのではないか。その傾向は、近世に官途がただの「名」へと移行すると、より強まっていたであろう。ただし、職人・芸能者や神官は、同階層の中での優越を示すため、朝廷から正式な任官を求め、時には高次の官位を申請することもあった。この動きは近世にも継承されており、彼らにとって官途は朝廷とのつながりが感じられるものであったのではないか。神官は吉田氏から官途をもらうこともあるが、吉田氏が朝廷への仲介もしているのは、それだけ朝廷からの叙任により価値があることを、神官たちが認めていたことを示している。

つまるところ、中世後期に武士にとって官途は主から与えられ、自らを示す指標と化したため、村落の構成員にとっては、村内での地位を示す身分標識となっていたため、朝廷への意識は希薄化し、一方で職人・神官は、正式な官途を持つかどうかに、同階層中での自身の位置づけが定まるため、朝廷への意識が保たれていたと言えるだろう。

参考文献

井上智勝　一九九八年「近世村落官途成についての覚書―常陸国信太・河内郡の事例を素材として―」『牛久市史研究』七号

宇治美弥子　二〇〇六年「近世信濃国諏訪神社神職の本所的機能―神長官の国名・官名・神鉾免許を事例に―」『信大史学』三一号

金子　拓　一九九八年『中世武家政権と政治秩序』吉川弘文館

木下　聡　二〇一一年『中世武家官位の研究』吉川弘文館

木下　聡　二〇一八年「「大和家蔵書」所収「大館伊予守尚氏入道常興筆記」」『東京大学日本史学研究室紀要』二二号

桑田和明　二〇〇五年「戦国時代における筑前国宗像氏貞の中納言申請について」『福岡県地域史研究』二二号(後に同『戦国時代の筑前宗像氏』花乱社、二〇一六年)

小岩末治　一九六三年「国名・官名を冠せる百姓―近江国蒲生郡の郷村、検地との比較―」『岩手県史第4巻近世編1』

坂田　聡　二〇〇三年「中世後期～近世前期の家・家格・由緒―丹波国山国地域の事例を中心に―」『歴史評論』六三五号

薗部寿樹　一九八九年「中世村落における宮座頭役と身分―官途、有徳、そして徳政―」『日本史研究』三二五号

田中　稔　一九七六年「侍・凡下考」『史林』五九―四号(後に同『鎌倉幕府御家人制度の研究』吉川弘文館、一九九一年)

中村哲子　二〇〇四年「中世在地官途名の位置づけと変遷―中世前期から惣村の成立へ―」『史苑』六五―一号

福永酔剣　一九九五年「刀鍛冶の称号」同『刀鍛冶の生活』雄山閣出版

堀田幸義　二〇〇七年「武家の「名」と近世社会」同『近世武家の「個」と社会―身分格式と名前に見る社会像―』刀水書房

間瀬久美子　一九八三年「近世の民衆と天皇―職人受領と偽文書・由緒書―」藤井駿先生喜寿記念会編『岡山の歴史と文化』福武書店

安田富貴子　一九九八年『古浄瑠璃―太夫の受領とその時代』八木書店

山口和夫　一九九〇年「職人受領の近世的展開」『日本歴史』五〇五号(後に同『近世日本政治史と朝廷』吉川弘文館、二〇一七年)

山田貴司　二〇一五年『中世後期武家官位論』戎光祥出版

ミヤコをうつす

福間裕爾

はじめに

多様な人々を迎えてきた京都。その都としての煌きは、全国各地に京都を模した街を生み出した。いわゆる「小京都」の誕生である。変動する時代を通じて、京都とはいかなる輝きを放ち、その影響はどのようなところに現れてきたのであろうか。その原動力を学際的に「中世を通じて全国へと広まった様々な京都モデルの実体を探り、その受容のあり方を検討するとともに、この時代における中央の規範性の限界(や場合によっては存否)についても考えて」［中島二〇一七］いくシンポジウムが行われた。

本稿は、中心性の概念「京都モデル」の実体の再検討に、日本民俗学という現在を基軸とする学問から、寄与することができるかを考える試みである。

1　博多の祇園会

歴史学で中世の事象を考えるには、多くの場合、残存している同時代の文書などの史料を用いる。民俗学が分析対象とするのは支配層にない人びと(民俗学では「常民」という用語を使うが、本稿では一般的な意味での「民衆」という用語を使うことにする)が織り成してきた生活や文化の実相である。そして、文化の中心から周辺への広がりを、「伝播」という概念とともに、時代の推移にともなう事象の変化・変容の要因を考えることを本儀とする。ただ、それを明確に示すような史料が存在しない場合が多く、口伝えで代々伝えられてきた「伝承」や、現在まで継承されてきた祭礼行事などの「民俗資料」を通じた分析になることが一般的である。もちろん、対象に関する史料が存在していれば、併せて分析対象とするが、時代を遡れば遡るほど、名も知れぬいわゆる「普通の人びと」に関する記録は残されることが極めて少なくなってくる。

福岡市には、始まりが中世に遡ると伝える祭礼行事がある。重要無形民俗文化財の「博多祇園山笠」である。京都祇園会の系譜に連なる祭礼と認識されてはいるが、博多商人たちの創意工夫により変化・変容を繰り返しながら、独自に発展してきたものであり、博多オリジナルの祇園祭として現在まで継続している。この祭礼に関係する文書等の史料は近世に関しては散見するが、中世のものとなると、ほとんど見ることができない。起源については諸説あるが、いずれも伝承、言い伝えの域を越えない。以下の史料は、起源を示すものではないが、康正二年(一四五六)に博多において、祇園会が行われていたことを間接的に証明するものである。

禁制　筥崎松

右彼神木採用事、代々禁遏之旨炳焉成、而或号門松、或号祇園会以下作物、雅意伐取之輩、至其身過怠者、非沙汰限、於自今以後者、罪科於可被懸六親之、且者就社家註進、堅固可有御裁断状如件

(「大内氏奉行人連署禁制」田村文書『新修　福岡市史　資料編　中世一』二〇一〇年)

筥崎八幡宮前の松原から、松を切り出すことを禁じた書状だが、門松のほかに、祇園の作物に飾るために切り出していたようである。この時代の祇園会につながる作物として現在の山笠がある。松を飾ることは今でも必須とされ、

枯れないように、祭礼の期間中、山笠に携わる人びとは手入れを欠かさない。松を通して、現在と中世とが連続していることになる。しかしこれだけでは、当時の祭礼や街の様子はよくわからない。同時代の史料でそれを書き留めたものとして、最も古いものは、イエズス会宣教師ルイス・フロイスの報告である。以下は、天正三年（一五七五）の祇園会終了後の様子である。

市の或るいくつかの町内では、祇園といい、毎年彼らの偶像を敬って公然と行なう祭りや盛大な行列に使用する材木その他の道具を、我らの教会や司祭館に保管してもらおうとの考えが浮かんだ。（中略）「これらの物品は昔から、以前ここに建っていた神社に保管されていたのであって、彼らにはあなたのところに預かってもらう権利がある」と。（中略）一ヶ月が経過した。今や異教徒たちは、伴天連がその決心を断乎堅持することが判ると、彼らの多数が集合し、かの悪魔の道具を肩に担ぎ、大声で叫び喚声をあげながら真直ぐ我らの教会に曳っぱって来た。

（『完訳フロイス日本史10』）

博多の人びとが、祇園会終了後に用材などを教会や司祭館に持ち込もうとして騒動になったことを記している。当時、祇園会の道具類は神社に預ける慣例になっていたようである。「材木」というのが、現在の山笠の台の部材や舁き棒にあたる。悪魔の道具と称された道具を肩にかついで、大声で喚声をあげながらと記されているが、現在の博多祇園山笠でも、終了後に解体した棒や台などの材木を肩に担いで神社に持ち込むが、その様子である。喚声とは、山笠を舁くときの掛け声、偶像・悪魔の道具とは、不動明王などの偶像を配した人形飾りなどをさすものと推定される。中世に宣教師が見ていた祇園会と、現在の山笠行事にはいくつもの共通点があり、歴史的に連続性が確保されているように思われる。

以上の二例が、明らかに中世に記された史料ではあるが、博多における祇園会がいつ、何故に始まったかという由緒については、伝えてはいない。

2　京都へのまなざし

博多における、中世の祇園会の様子がやや具体的になるのは、慶長六年（一六〇一）に記された中世九州戦乱史である。永享四年（一四三二）の条にある次の一節である。

同六月十五日、同津櫛田の祇園の社祭有、三社の神輿沖の浜へ御幸の後、山の如く十二双の作り物をから組上に人形やうの物を居て、是を舁捧けもて行、前代曾て無りし事なれハ、見物の貴賎幾千万と云数を不知、小弐か武士幷三原入道か士、数輩上下一百余人出津して、彼祭の飾物を見ル

（草野入道玄厚「九州軍記」『大宰府・大宰府天満宮史料巻十三』一九八六年）

中世の記録断片を近世に採録したものと考えられている。神輿に付属する作物は双で数えていることから、現在の飾り山のように人形飾りを表・見送り（裏）の両面に配したものだったのかもしれない。また、「前代曾て無りし事」とあることから、この年を博多の祇園会の始原とする考えがある。

この始原説は、宝永六年（一七〇九）に福岡藩の儒学者貝原益軒によって引用され、以下のような江戸時代の博多における祇園会の様子が記述されている。

六月十五日に祇園の祭礼あり。猿楽をも取行ふ。又此祭に大なる作り山をこしらへ、博多津中を舁もてありく。これは後花園院永享四年六月十五日に始れり。むかしは作り山の数十二あり、いつの時よりか其数へりて六となる。

（中略）京都の祇園にくらぶるに、其制甚大也。殊に京都にかはり、毎年異なる模様を作りかへて、其制定らず。此事今に至りて絶ず。

（「筑前国続風土記」『益軒全集　巻之四』一九七三年）

江戸時代には「作り山」の数は六本になり、猿楽が催されるなど、現在とほぼ同じ形式が出来上がっている。益軒は、作り山の趣向を毎年作り変える決まり事は、すでに京都では失われ、その慣行を博多が受け継いだのだとも考えていたようだ。つまり、京都の流儀が博多に遷されたと認識していたことになる。しかし、作物の形状は京都祇園とは違い異常に大きいとし、京都を意識しつつも、博多が独自の変容を遂げたものであったとしている。

3 京都を言挙げする

この頃の博多では、祇園会に関しては、系譜を京都に求めながらも、博多の独自性を主張しており、京都への依存度はさほど高くはなかった。それが変化するのは、明治の近代化のなかで日本の伝統的文化全般が悪習とみなされ禁止されたときであった。博多祇園山笠も例外ではなかった。博多の人びとは、明治七年(一八七四)に福岡県に対して山笠製作許可を求めて、次のような言説を提出する。

博多山笠之儀ハ、天慶年中小野好古朝臣叛賊藤原純友征伐トシテ西征之節朝敵追討為祈願洛東祇園神社勧請之時ヨリ権輿候トモ中伝、御花園天皇永享年間ヨリノ書記等モ有之候得共、詳細不相分候

(「松囃子山笠記録四」一八四九〜一八七三)

中世よりさらに遡り、古代の戦乱時に京都から祇園神が博多へ伝えられたとする「九州軍記」の記述を取り上げることによって、単なる眼差しではなく、京都との直接の関係を強調して継続を訴えた。このときが博多祇園山笠として「京都」を言挙した最初である。近代化という旗のもとに、古くから続いてきた祭礼行事を廃止に追い込もうとしていた県に対して、博多の人びとは、山笠は、日本国の政治と文化の中心であった京都からもたらされたものであるとして、存続を訴えた。民衆が「京都」というミヤコの権威を盾に、行政と対峙したことになる。その後、継続を確

実にするために、明治二十三年(一八九〇)には、山笠が天皇即位のときの標山を模したものであるとして、今度はミカドの権威を言挙げして県に製作許可を求める。博多の祇園社が京都の祇園社と系譜関係にあり、なおかつ山笠が天皇即位の儀礼とも関係がある作物であるという申し立てでは、博多祇園山笠が単なる地方の祭礼ではなく、中央的権威を背景とするものとの主張であった。これには地方行政の力といえども逆らえず、山笠を簡単にやめさせることはできないはず、という博多の人びとの読みであった。これが功を奏して、山笠は明治の危機的状況を脱した。

この後、博多祇園山笠は始原と由緒を変更する。「聖一国師(円爾弁円)が施餓鬼棚に乗って博多の町に清水を撒いて回り流行病を鎮めたことが山笠の始まり」とする説となり、京都との関係はひとりの入宋僧の事跡と結びついて語られるように変わっていく。宇野功一の研究[宇野 二〇〇五]によると、明治二十四年(一八九一)七月二十一日付「福陵新報」「聖一国師が其昔し博多に山笠を発起されたるが為めなり云々と」という短い新聞記事から派生した新しい説であった。聖一国師は、宋から帰朝し博多に承天寺を開基し、のちに京都の東福寺を開く。その事績にあわせて始原を仁治二年(一二四一)とした。この説の登場以降、博多は脱「京都モデル」を果たし、独創性を強調していくことで、周辺への影響を強めていく。

4 博多うつし

博多は、大陸との貿易で発展してきた中世貿易都市で、堺・安濃津と並んで三津とされる。街のありようや言葉・習慣などに、京都との関係が看取できる部分は少ない。すなわち「小京都」ではないということである。北部九州においては、物資の集積地、先進文化の中継地であったが、幕藩体制になり、中心地は城郭とともに街づくりされた藩主黒田家の故地にちなんで名づけられた「福岡」に移った。それでも、周辺部の人びとは、依然として博多へ惹きつけられ続けた。このような博多の「吸引力」は中世から近世まで継続した。現代にいたって、周辺地域から人びとが向かう先は、九州一の商業地となった天神に変わった。そこは「福岡」にある。だが、それも「博多行き」と呼び慣わしている。実際の行き先は天神であろうとも、賑わいの中心は「博多」であるべきとの思いの現れである。周辺の人びとに熱狂的に支えられて、中心性が担保されてきたのが博多であったわけである。人びとの憧憬や思いの収束を、権力の中枢である都から地方へ広がっていく「小京都」のように括れる言葉があるだろうか。

玄界灘沿岸では、博多の周辺への影響力を「博多うつし」という言葉で言い習わしてきた。「博多まねび」というところもある［福間 一九九二］。これらは、年中行事・人生儀礼、言葉や流行などの文化一般を、博多に倣って行い、それが定着したことを意味する民俗語彙、つまり民間で言い習わされた言葉である。それを「小博多」と言わないのは、京都のような政治的権威が博多にはなかったということであろう。街の構造を模倣するほどではないが、博多の雰囲気がお洒落で、そのファッションや行事などを真似することで周辺でも賑わいを実感できる中心として博多があったことを民俗語彙は伝えている。

5 京都文化の地方的展開

祇園会が京都に起源を持つことに疑いの余地はない。現在の京都祇園祭でも、中世からの伝統を帯びた煌びやかな飾りを施した「山」や「鉾」など多彩な作物が出る。北部九州には、京都の祇園会の山と同様な人形飾りを持つ作物が出る祭礼が、廃絶したものまで含めると百余ある(第1図参照)。その多くは「山笠」と呼ばれ、江戸時代以降に始まったものである。夏の祇園祭礼に関連するものが大半だが、春・秋の神幸行事に登場するものもある。江戸時代の藩域と重なるように広がっているのが特徴である。分布を俯瞰すると、その形態や飾りの製作に関与する人形師の系

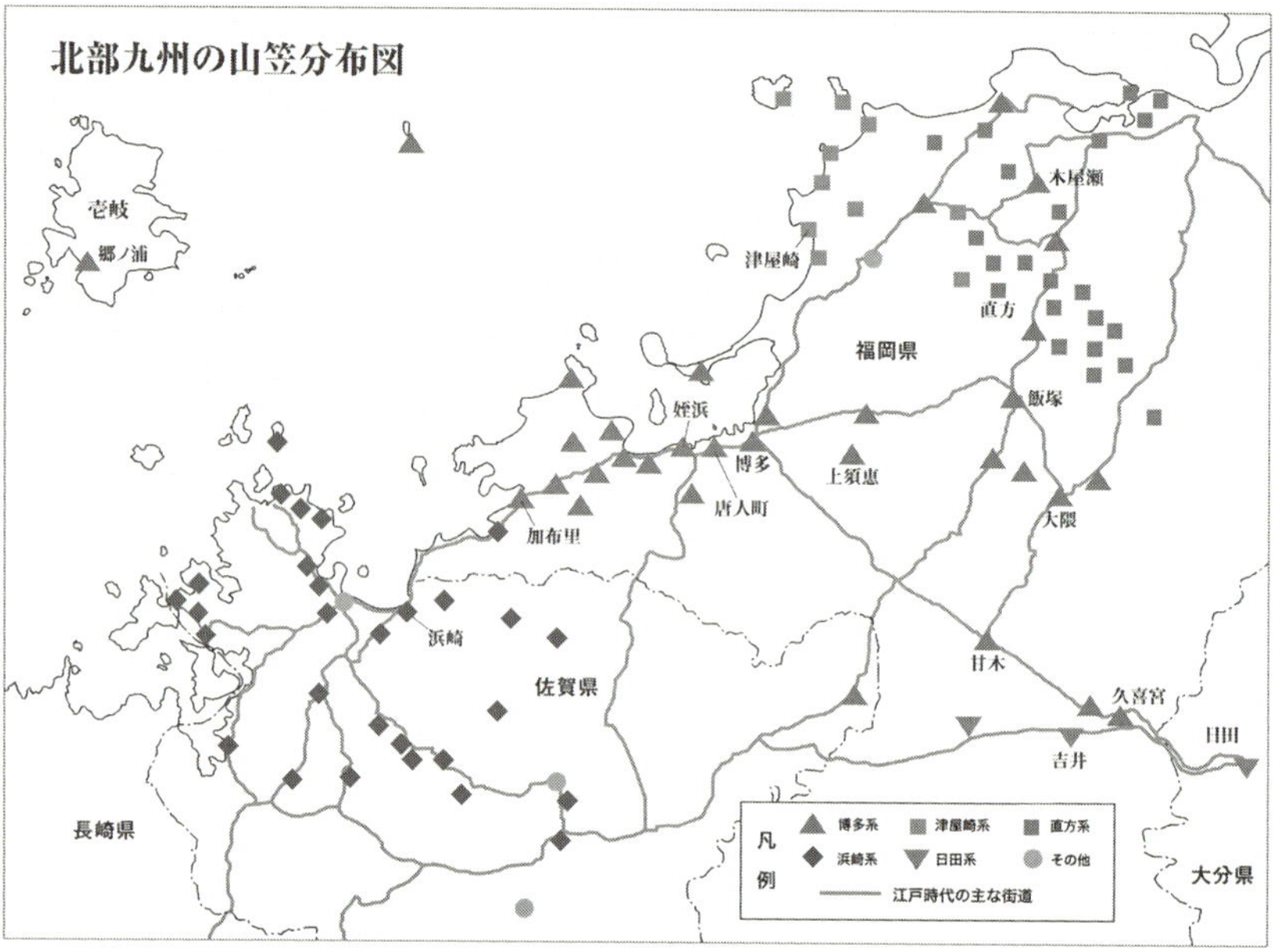

第１図　北部九州の山笠分布図

譜などに共通点が認められ、筆者はかつて、四つの系統に分類する案を示した〔福間 一九八九〕。その後、調査研究の進展で、現在では以下のように五つの系統に分類を修正している。

〈博多系〉　中世由来とされる博多祇園山笠を代表とするもの。杉の枝を竹で網代状に挟んだ「杉壁」が囲んだ台の上に、竹枠に紙を貼り付けて作った岩や、屋形・波・川の背景に、上中下の三段に舞台を構成し「山人形」（山笠人形）を配置して、歌舞伎や浄瑠璃などの名場面を表現したものである。岩の上に情景を配置する風情から「岩山」（岩組山）と呼ばれる。飾りは表と見送りの両面構成で、内容の如何にかかわらず、頂上から台上までは、必ず一本の道筋を通す決まり事があり、川には橋を架け、海には船を渡し、館には回廊を設けるなどして、「道」が途切れないようになっている。人形の頭は、土型の上から何層も紙や大鋸屑を貼り付け型抜きしたものに、胡粉を塗り日本画を描くように着色していく、人形はまるで生きているような生々しい表情を見せるようになる。また、胴体は割り竹で枠組みを作り、藁などを入れて上に紙を貼り付け衣装を着せたものである。現在、山笠に飾る人形は大型化する傾向にあるが、かつては等身大であり、衣装は本物という決まりだった。武者人形に着せる甲冑も本物だった（写真1）。博多の山人形は「活き人形」と称されるほど写実的につくるのが伝統である。土人形を事とした博多人形師たちに山笠の細工人形を伝えたのは、京都から招いた人形師だった。『筑前櫛田社鑑』には、永享九年（一四三七）「京都の木偶氏小堀善右衛門を博多に迎え櫛田神社に住まわせる」という記述がある。小堀家は近世まで山笠製作に関与していたようだが、黒田家から認可を受けた博多人形師へと山笠製作が引き継がれ、博多から離れたようだ。近代に、福岡市西区姪浜で行われていた山笠を製作していたことが当地の住吉神社に奉納された絵馬から知れる。また、福岡市博物館には、子孫の家に伝わった小堀家の家系図が収蔵されている。山人形を作る博多人形師には、『小堀秘書』なる人形の製作法を記した書物が伝えられている。それには、割り竹を組んで胴体などを作っていく製作の秘伝が挿絵とともに記されていた。

写真１

写真2

〈津屋崎系〉　福岡県福津市の津屋崎祇園山笠が中心。江戸期の『筑前国続風土記附録』によれば、正徳二年（一七一二）博多から祇園神を迎え、三本の山笠を舁き祇園神の祭りをしたと記されている。後の編纂になる『筑前国続風土記拾遺』では、正徳四年（一七一四）の事となっている。昭和三十四年で一時中断したものの、現在でも古風を残して行われている。飾り方は博多系と大差はないが、「田舎山」と呼ばれることで博多と区別されてきた（写真2）。津屋崎を中心とする玄界灘沿岸部に多く、次に述べる直方系とも重なった分布を示している。現在は博多から人形を借用して山笠を製作している長崎県壱岐市郷ノ浦、福岡市東区西戸崎も古くは津屋崎人形による山笠飾りだったと伝えている。博多人形師と津屋崎人形師との間には縁戚関係・師弟関係ともにないが、古くから互いに交流があり、江戸期の博多人形の型が津屋崎に伝えられている。

〈直方系〉　福岡県直方市の多賀神社の秋祭り神幸行列に供奉するものとして始まった山笠をその代表とする。明治初期までは「花山笠」という高さ四丈（一二㍍）に余るものを立てていた。屋形・川を背景に人形を配するものの、博多系・津屋崎系の「岩山」のように天から台まで一本の「道」を通してない

写真３

形態は「屋台山」と呼ばれる。明治四十四年ころから現在のような低い曳き山となり「開き山」という横に広がるような形態が考案された(写真３)。この直方系の分布地域では、「博多の山笠は上品すぎる」と言い、良しとされない。旗差し山として有名な戸畑祇園でも、昭和に入ってから、大山笠を出さない地域に直方系の山笠が取り入れられている。直方の人形師には、津屋崎人形師と姻戚関係にある職人と、姻戚関係がなく博多人形師から技術を学んだ兼業的職人の二系統が山笠製作にあたってきた。

〈浜崎系〉　佐賀県唐津市にある浜崎祇園山笠の形態は博多系と同じ「岩山」である。岩山・川ならびに館の飾りがあり、天から台まで一本の「道」も一連のものとして造られている。浜崎ではこれを「岩の山」と呼んだ。明治四十二年には高さ八間(一四・五メートル)あり、台高二尺六寸(六一・八センチ)であった。現在でも一五メートルと高い。横から見ると、骨組みの四本柱から腕木を前後に大きく差し出して人形を配すヤリダシ(槍出し)という手法による空間構成と、巡行時に笛・三味線などの囃子が付随することなど、博多系とは違った趣を醸し出している。浜崎の人形師は、博多との系譜関係はないが、博多人形師から頭や土型を譲ってもらい、それをもとに当地の山笠人形を製作していた(写真４)。

〈日田系〉　大分県日田市の日田祇園山鉾は寛文五年(一六六五)から作られており、当初は舁き山であった。曳き山になったのは江戸時代末期といわれている。山鉾の形態は、高さは三丈(九メートル)あり「山、家、川」を表した背景に人形を配した「岩山」である。現在では電線の地中化に伴って一五メートルの高さに変貌してきている。本格的な囃子など、ど

写真4

写真5

ちらかといえば浜崎系と共通するが、館を左右に大きく張り出して、そこに岩や人形を飾ることは浜崎とは異質である。人形の頭や手足は木製で重量があるため、直立したかたちでの配置にほぼ限定されている。なお、人形の面目は、博多の山人形が活き人形といわれ写実的なのに対して、つり目などの特徴から文楽系と評される。日田の祇園囃子は「明清楽」と呼ばれ、大型の横笛が雅な音色を奏でる。また、京都との関係を感じさせる錦織の「見送り幕」を鉾につけることもその特徴である(写真5)。

6　博多うつしの諸相

五系統の山笠は、各々独自の分布域を持っている。各系統は、それぞれ相互に関係性を有しているが、最終的にはそのすべてが博多に収斂していく。具体的には、どのような点に博多が現れてくるのだろうか。特徴的な部分を以下に示していく。

まずは、山笠飾りの形式の類似である。山人形を岩や館などの背景を舞台に飾りつけて歌舞伎や浄瑠璃の一場面を表現するものは、北部九州においては博多が発祥と言っていい。それを周辺が学んで取り入れているが、博多の山人形や背景の飾りが、祭り終了後に周辺へと流用されていくこととも深く関係している。山笠を製作するのは、人形師や山大工たち専門の職人集団である。飾りのうちでも「屋形」とよばれる城・五重塔・和船・橋などの遠近法を取り入れた造形を特徴とするものについては、昭和時代まで際物師が製作していた。それらが一式転用されてきたのである。博多から外部に運ばれたものを、出向いた博多人形師が地元の人びとと共に再度飾り付ける。また、博多から山人形の頭だけを借用して、地元の山笠を製作したこともあったようだ。活き活きとした面目をした頭は、博多でしかできなかったからである。博多系以外の人形師たちも、山笠の制作技術を学ぶなかで、博多人形師から山人形の頭やその型を借用したり、譲り受けて所有することも多かった。

博多祇園山笠の最高潮は「追い山」行事にある。七月十五日早暁、六本の山笠(現在は七本)を一番山笠から順番に五分間隔で、博多櫛田神社境内に舁き入れる「櫛田入り」を行い、その後博多の街五キロを駆け抜け、終点の「廻り止」に至る。先に出た山笠を追いかけ速さを競うように舁きまわる姿は、勇壮であり見物客も多い。『櫛田社鑑』によると貞享四年(一六八七)に偶発的に始まったことが記されている。それまでは、前の山笠を追いかけることはなく、飲食・休憩しながらのんびりと巡行するものであった。娘の婚姻をめぐる若者組の町どうしのいざこざの意趣返しから、追いかけるようになったものと伝えている。前の山笠を追い越してはならない定めで、追う方も追われる方も山笠を止めることなく、舁き手が交代して走りきる。本来は神前に山笠を奉納する神事ではあるが、近代以降それぞれの山笠の疾走タイムが発表されるようになり、速度を気にするようになり、舁き手とともに観衆の興奮度も増してきた。

重量約一トンの山笠の台には車輪はなく、およそ三〇人で担ぎあげて台の脚をすりながら走る。推進力は棒を後ろから押す「後押し」。人数が多く勢いがあるほど、山笠は跳ねるようにして進む。全速力で全行程を疾走するには、交代要員を入れて一七〇〇人から二〇〇〇人を必要とする［福間 二〇一二］。博多だけではその人数を賄うことはできず、多くを博多外からやってくる加勢人で充当している。山笠に携わる人びとは、加勢人ともども、みな追い山に向けて一年の生活のすべてをかけるといっても過言ではない。それほどに没頭できる祭礼と認識されている。このような追い山を頂点とする博多祇園山笠の行事やそれにまつわる儀礼などが、諸系に取り入れられている。その範囲は、博多系とは形態の異なる車輪付きの曳き山を出す直方系などにまで及んでいる。博多祇園山笠は博多人のための祭礼である。加勢人が多いと述べたことと矛盾するようだが、彼らも博多在住者の家にいったん所属して、博多人となってから参加する定めである。その制度を「預かり」と呼ぶ。江戸時代から周辺農村に「山笠加勢」を頼んできた、博多商人たちの人員調達の方法に続くものである。

山笠は、流（ながれ）と呼ぶ町の集合体から出すしきたりである。藩政期には祭礼組織であると同時に支配組織としての町組でもあった。時代によって数の変動はあるが、江戸時代からある流は特別に「七流」と呼ばれる。この「流」制度は博多独特のものである。ところが、山笠の分布地には、これを名乗るところが多く見られる。なかには、町組としての機能がない場合もあり、多くがファッションとして「流」という漢字とともに語彙を取り入れている。この文字が入っていることが粋で「かっこいい」という感覚である。

「流」の模倣のように、博多の粋をまといたいと願うのは若者たちである。博多山笠は子供、若手、中年、年寄という年齢集団で運営されてきた。町を代表するのは「総代」で年寄が勤める。町の指揮者は「取締」、役職を経験した中年のなかから選ばれる。上意下達ではなく、それぞれの集団が年齢に応じた役割を自発的に果たすのが、本来の山笠である。そのなかでも、実働部隊の若手をまとめる「赤手拭」（あかてのごい）という役職は、若者たちの憧れである。総赤の手拭を着用することからの命名で、安政三年（一八五六）、土居町という博多のひとつの町が思いつきから始めたことであった。その後、博多中が真似るようになり、現在に至っている。その粋の表現は、博多系をはじめ各系の山笠にも影響を与え、いろいろな所で総赤の手拭を身につけた若者を目にするようになった。日田祇園山鉾には、たくさんの町々が携わるが、そのなかで大和町だけに赤手拭が見られる。山鉾巡行の操作を指揮する「棒鼻」という役職者だけが、赤い手拭を身につける。「棒鼻」自体はどこの町内にもある若者の憧れの役職であるが、数ある日田の町々のなかで、何故に大和町だけ赤い手拭をその印としたか。その答えは、博多祇園山笠をそのまま転用した唯一の山鉾を製作してきたのが大和町だったからである。山鉾の飾りは日田の人形師が製作するのを常とした。ただ、明治期から昭和中期まで、博多との交流もあり、博多の山人形を飾りに使うことは数々の町内であった。博多人形師と日田祇園山鉾との関係は深いものの、博多祇園山笠の飾りをそのままの姿、すなわち「博多系」の飾りで使ったのは大和町だけであった。大和町にだけ赤手拭があるのは、このことと無関係ではない［福間 一九九四］。

山笠では二種類の法被が使われる。山笠を舁くときに着る水法被と、冠婚葬祭にも身につけることができる長法被である。両者とも明治になって、裸で舁きまわるのは粗野で不衛生だと山笠を禁止した県への対抗措置として着るようになったとされている。しかし、文政十三年（一八三〇）の追い山を描いた絵馬を見ると、裸の舁き手に混じって、丈の短い黒い水法被を身に着けた舁き手が描かれている［福間 二〇一三］。明治以降に身につけるようになったものとは厳密には長法被のことである。町が当番を務めるときに新調するので「当番法被」の名がある。町名に因む各町独自のデザインを久留米絣で織ったものは、周辺の若者にとって憧れの対象であった。着ることがすなわち町を背負うことになるので、博多においてさえもすぐに着用できるものではなかった。何年も参加し続け、町内に貢献することで、初めてまとうことが許される。その威厳とかっこよさから、博多とは系統が異なる山笠にまで模倣が広がり、各地で「ここは博多か」と錯覚するほどの姿を目にすることが多くなってきている（写真6）。

最後が身振りである。博多山笠の運用には、独特の身体技法が存在する。その代表が、走り方。両腕をだらりと下げて、そのまま上体を振らずに走る。集団で迫ってくると威圧感があり異様にさえ感じる。山笠が巡行するときには、

写真6

舁き手は山の周りについていくが、集団で密集して走るために、腕を振って走ると後続の舁き手にあたり危険だからだとされる。博多の法被など衣装が模倣されるのに伴って、この身体技法も周辺に広まっている。それはあたかも、流行のファッションを見につけた若者たちが、流行の歩き方で街を闊歩するようなものである。

7　情報の伝達媒体

「博多うつし」は、博多の様式をただ単に真似ることではない。畏敬の念をもって、見習っていこうとする心構えでもある。最初は単純な模倣でも、だんだんと本物志向が芽生えてくるのがうつしの本質である。最終到達点は、三世代以上の継承を伴った完全なる同一化にある。既述した当番法被でも、博多の町内が使っている図柄と類似した文様をまずは安価に実現できる染色で模倣する。その後に、費用をかけて絣柄で実現するという過程をへて本物に近づいていく。この時点になると、本物と瓜二つではあるが、ほんの少しだけ違うようなデザインを採用する。博多に敬意を表し完全に同じものにすることは避けつつも、限りなく博多に近づきたいという気持ちの表れである。このようなうつしを実現するためには、博多の詳細な情報を持っていることが前提となる。

博多の情報はどのようにして北部九州一帯に伝えられていったのであろうか。情報を伝達する媒体は、モノ、ヒト、さらには大衆媒体である。モノについては、すでに述べたように山笠飾りや人形の転用、衣装類の模倣、などで伝播がおこってきた。

モノと同時にヒトも動くのが常である。飾りつける技術者である人形師の活動などがそれである。また、博多山笠の集客効果は高く、近世から周辺部のヒトびとを「山見」に誘い、吸引してきた。とくに追い山のときの、熱気や喧騒、舁き手のファッション、町の流行などの見聞は、感動と興奮をともなった臨場感のある情報として伝えられてきた。さらに、加勢人として参加してきたヒトは、山笠巡行中にだけ顕現する隠された技術や、舁き手の身体技法、特殊な禁忌や儀礼など、見物だけでは知りえない情報をもたらした。博多では、祇園山笠に関することは文字にしないという暗黙の掟がある。その厳しさは、たとえ連絡事項であっても、山笠に関するものは簡単なメモですら書くことを許されなかった。理由は、時代に応じて変化する祭礼に対処するためだと説明される。文字に残さないことで拘束力が生じず、必要のなくなった儀礼はいつでもやめることができるからだという。実に合理的な説明である。中世から現在まで、祇園祭を続けることができた要因のひとつがこの口承ということだったのであろう。大切なことはヒトからヒトへ言葉と身振りで伝えられてきたのである[福間 二〇〇八]。

積極的に博多山笠の方法を取り入れるというところも多く、ヒトを博多へ派遣したり、博多からヒトを招聘したりすることで、技術を学ぶところもでてきた。そこでは、衣装、身体技法などの博多化が加速している。ただ、このヒトによる伝播が可能となるには、博多と価値観を同じくするという前提条件がある。佐賀県でも旧佐賀藩領には、山笠が分布していないことがそれを証明している。山笠には多額の費用を必要とし、かつて博多の各町内では間口に応じた金額を日切りし積み立てて準備した。それを祭礼で一気に使い切るのが博多だった。佐賀藩は、藩主自ら倹約を事とし領民にも同様の精神を求めた。その結果、蓄積した財を一年で使い果たすような行事を潔しとしない風土が、江戸時代から醸成されてきた。それは博多とは異なる価値観であった。同じ佐賀県でも、浜崎系の分布する旧東松浦郡は、かつて唐津藩領か幕府領であるところが多く、佐賀藩領ではなかった。唐津城下の唐津くんちでは、客接待に三ヶ月分の収入を費やすことが当たり前とされる。唐津では自らの気風を「佐賀より博多に近い」といい、佐賀藩とは違う価値観によって作られた歴史があったことを今に伝えている。つまり、民衆を統治した為政者の感覚がそのまま、うつすことにも影響してきたことなる。

8　大衆媒体による伝播と「小京都」

現在では、大衆媒体を抜きにして情報の広がりを考えることはできない。なかでも、テレビの影響力は大きい。電子メディアの発達で首位の座をインターネットに譲ったものの、大人数が同時に時間を共有し、価値観を共感できる媒体としては、依然として力を持っている。

テレビを通して「博多うつし」が起こったところがある。北海道芦別市で行われている「芦別健夏山笠」である。芦別では夏のイベントとして「纏おどり」を行っていたのだが、年々、盛り上がりに欠けていくことが悩みの種であった。昭和五十九年（一九八四）夏に、ＮＨＫで博多山笠の特集番組が放送された折、マンネリズムに悩んでいた纏おどり関係者のほとんどがこの番組を偶然にも見ていた。そして芦別のイベントを再生するには山笠導入をおいて他にないと意見が一致する。さっそく、試行錯誤して博多の山笠を模造するのだが、テレビの限られた映像だけではその構造が分からず、うまくいかない。結局は外見からでは知り得ないことを求めて、博多へヒトを派遣することとなる。

博多での見聞から、目には見えない意識や信仰、そして身体技法など、現地での経験を派遣者が生の言葉で語ることで、より詳細に伝えることが可能となった。以降、博多人形師を招いて山笠飾りを製作し、当番法被を久留米絣で作るなど、博多との交流を続けることで本物志向が進み、芦別健夏山笠は博多と瓜二つの兄弟山笠と認められるまでになった［福間 二〇〇〇］。芦別にとっての夢は、「追い山」の実施、つまり神事としての山笠の実現にあった。平成二十年（二〇〇八）にそれを実施、「博多うつし」を完成させた。昭和六十年（一九八五）に初めて山笠を製作してから二十三年が経っていた。

北海道の例は、情報の伝達は、地理的な問題ではなく、同一の価値観とその必要性を有する場所でのみ進行することを語っている。その際に、遠距離にまで拡散し伝播の時間を短縮する役割を果たしたのが大衆媒体だったということになる。全国的にテレビで流れた情報でも、それを必要としない場では受け流され、伝わらないということである。中世には、電子メディアなどの大衆媒体は存在しないのは当然だが、情報を欲するヒトびとは現在と変わらず存在していた。この観点からすれば、ヒトからヒトへと伝わっていく話や、根拠が明らかでない噂なども必要性があれば、「うつし」のきっかけになってきたということである。

ただ、伝えるヒトに、権力が伴っているか否か、政治的な状況の如何によっては、伝播の時間や規模に大きな差が生じる。また、民衆が情報伝達の中心となる場合でも、生活や往来が不自由であるような、制限された環境のなかでは、伝播が限定的になる。博多うつしの範囲が江戸時代の藩域によって限定されていることも、このことと関係していよう。「小京都」は、権力を持った統治者によってもたらされたと伝えているところが多い。大内氏が京都の町並みを模して街づくりをしたとされる山口もそうである。鴨川に見立てたとされる一の坂川など、街のさまざまなところで京都の色を伝えている。京都から勧請した祇園神の祭礼として山口祇園もある。かつては京都祇園会類似の、山鉾の巡行や芸能の鷺流狂言などの神事芸能も行われていた。山口祇園が博多と関係があるという噂が江戸時代からあった。博多祇園の作物を山口祇園が学んでいるのではないか、と感じていたのは貝原益軒であった。

（前略）周防国山口にも、六月十四日には毎年祇園の祭とて、二十一のかざり山を作る事博多の山のごとし。是大内氏全盛の時京都まなびし事多かりしかば、都の祇園をまなびしにや。又博多の山をまなびてつくりしにや。

（「筑前国続風土記」『益軒全集　巻之四』一九七三年）

益軒は、京都か博多か明言を避けているが、当時すでにこの噂が存在していたことを伝えている。山口に残る、江戸時代の祇園祭礼の様子を記した版本『山口名勝旧蹟図誌　第一巻』には、京都祇園に類似した鉾とともに、博多と同じ「岩山」の飾りを持つ山らしきものも描かれている。

佐賀県の小城も「小京都」とされ、中世からの歴史を誇る。そこにも、京都から勧請された祇園社があり、人形一体を飾った上にそれぞれ傘を立てた、京都祇園の山に類似した曳き山が祭礼に出る。博多との共通点は少ないのだが、『小城藩祖鍋島元茂公御年譜書』には「昔より口ずさみに見事見るには博多の祇園、人間見るには小城の祇園と習わし候」とあり、博多との関係が伝えられている。山口と小城に共通しているのは、為政者が京都祇園会を模倣しつつも、博多祇園が持つ町人的要素を意識していることである。権威的な街づくりを伴う「小京都」の実現は、為政者にしかできないことであった。対して、「博多うつし」は民衆でも行えることであった。

「小京都」はあっても「小博多」という語彙はないと述べた。確かに、博多を模範にして街づくりをしたと伝えるところはどこにもない。しかし、成立した環境が博多と近似していた街は存在する。津屋崎（福岡県福津市）である。近世から近代まで、塩田と海上交易で栄え「津屋崎千軒」といわれた港町であった。津屋崎の山笠は、博多から祇園神の勧請にともなって、うつされたものであった。津屋崎の人形師が山笠飾りを製作するが、その技術も祇園神とともに博多から津屋崎に伝えられたものである。京都を模して作られた街と、博多と似た環境から形成された街という違いはあるものの、京都祇園神の勧請とそれを祭る祇園祭礼の導入、博多祇園神の勧請とそれを祭る山笠行事の導入など、共通した要素があることがわかる。こうしてみると津屋崎に、「小博多」という言葉があってもよさそうに思える。津屋崎では、これを「博多うつし」と言い習わすことで、民衆の意思で進行した文化伝播であって、為政者主導の文化移植である「小京都」との違いを表現しているように思える。さらにこれが、北部九州で語られるミヤコという言葉の実相に関係してくる。

9　ミヤコはどこか

津屋崎とは対照的に、博多との関係が間接的である事例として、浜崎祇園山笠がある。現在は佐賀県唐津市となったが、かつては東松浦郡浜崎町であった。旧東松浦郡一帯は、浜崎系の分布域と重なり、博多祇園山笠との関連が、さまざまな伝承で伝えられてきた地域であった。浜崎祇園の起源伝承は次のように語られてきた。

宝暦三年(一七五三)浜崎の庄屋が伊勢参りの帰りに京都の祇園を見て、商売繁盛、家内安全、五穀豊穣、大漁、疫病退散を祈願する祭りとして始めた

重要無形民俗文化財の唐津くんちにも同様の由緒が伝えられている。両者ともに、江戸時代、京都祇園会の様子を直接に見聞きして模倣、つまりは「うつし」たことになっている。ただ、くんちの曳き山は鯛や兜などの大型の漆工を単体で飾るもので浜崎のように歌舞伎や浄瑠璃の一場面を人形などで表現するようなものではない。この由緒に導かれて上京した人がいる。浜崎祇園山笠を製作してきた堀田豊治(明治二十六年生)である。三代続いた人形師の家に生まれ、浜崎系の山笠製作に携わった。彼が製作した山笠は広範囲に及び、佐賀県の唐津市浜崎の他には同市の小友・屋形石・唐房・鏡・小川島・相知・厳木町・岩屋・徳須恵・七山・肥前町納所・入野・高串、伊万里市の南波多・黒川、小城市小城、西松浦郡有田町など旧東松浦郡や西松浦郡の山も手がけていた。他に、福岡県糸島市二丈福

吉・深江の山笠も作った。また、長崎県壱岐市郷ノ浦の祇園山笠に飾る人形も貸し出していた。彼は次のように筆者に語ったことがある。

浜崎には人形師が大勢いた。博多人形師との子弟関係はないが、人形の頭の土型は博多のものを使った。博多の吉村人形師の頭を分けてもらって所有している。また、博多の山笠は必ず見ており、(地元の)山笠を製作するときの参考にした。戦後すぐ、山笠の材料を買うために京都に行った。伝承では京都の祇園を真似たというので、京都には材料が揃っていると思ったが、浜崎の山に合う材料はなかった。それで、博多に出かけると浜崎に合った材料を買い求めることができた。山笠を製作するための材料は博多寿通り「河原田」で買った。主に、紙や筆・糊・顔料などである。当時の山代は一〇円だった。(一九八九年十二月調査)

堀田人形師の資料は、一部が福岡市博物館に収蔵されている。その頭を修理した博多人形師によると、間違いなく博多の山人形の頭との見立てであった。浜崎祇園の故地と思っていた京都に赴き、伝承とのギャップにさいなまれた堀田人形師は、浜崎の山笠作りに必要なものを博多でしか入手できなかったのである。

この話を筆者が論文［福間 一九九二］で発表した後に、浜崎祇園の由来伝承に変化が起きた。浜崎祇園祭のホームページでは、

…江戸時代中期の宝暦三年(一七五三)に、漁師の網元・中村屋久兵衛が疫病退散、五穀豊饒を祈念して、博多櫛田宮の祇園山笠を模した山笠三台を造ったと伝えられています。

(http://www.hamasaki-gionsai.sakura.ne.jp/rekishi.html 二〇一八年一月閲覧)

また、Wikipedia の浜崎祇園山笠の項目には、

一七五三年(宝暦三年)に、浜崎の網元であった中村屋久兵衛が商用で京都に行った際祇園社に参拝し、その帰途に博多祇園山笠の賑いを見物して感動したことから、濱地区が大漁、東地区が商売繁盛、西地区が五穀豊穣を祈

願する三台の山笠を、私費を投じて奉納したのが始まりとされる。当初は博多の飾りを借り受けて山笠を作っていたが、やがて浜崎にも人形師が現われ、浜崎系と呼ばれる山笠の形態を完成させていった。

（二〇一八年一月閲覧）

とあり、博多祇園山笠との関係を組み込んで記されるように変わっている。京都の祇園を詣でた帰りに博多に寄ったという説明で、博多との親縁関係を記して文化的親近性を表現していることになる。筆者の造語である「浜崎系」という用語も使われている。筆者の記したものが影響したのかどうかは不明だが、博多と浜崎の祇園山笠振興会の交流が始まったことなどが働いた結果の改変とも推察される。

また、博多祇園の飾りを借り受けるという部分は、浜崎系が分布する旧東松浦郡一帯には、「博多の山笠人形が回ってくる」という伝承があったことがその伏線にある。そもそも、京都との直接関係を表明していた浜崎が、博多を言挙げするようになったことは、北部九州では都はどこを指しているのか、という問いへと繋がっていく。

10　ミヤコは博多

実は、浜崎祇園の由緒にある「京都」と実際の京都との齟齬に悩んだ人形師の体験は北部九州のおける都の実相を示している。「京都」をミヤコと読むのは、九州ではわりと一般的である。福岡県に京都郡という地名もあり、この場合の「京都」はミヤコと呼ぶ。

長崎県壱岐島では、ミヤコという言葉は次のように使われてきた。

島外へ出ることをタビへ行くという。唐津・呼子・博多（福岡）・長崎・平戸・大阪などに行くことをタビといった。対馬はタイシュウイキ（対州行き）といって、タビとはいわなかった。特に博多はミヤコと呼び、他のタビとは区別していた〔西南 一九八八〕。

壱岐島は、玄界灘に浮かぶ離島。長崎県でありながら博多との交流が頻繁なところである。壱岐市郷ノ浦では、博多系の祇園山笠行事が現在でも盛大に行われている。始まりは、流行り病の平癒を祈願して、津屋崎の人形師が製作した山笠を島の祇園社へ奉納したことにあるとされる。その後、郷ノ浦の人形師の手になる山笠となったが、浜崎や博多の人形師との交流も盛んだった。博多人形師からは頭を譲ってもらい、山人形を作っていた。その頭は定期的に博多人形師のところで補修され使われてきたが、人形師なき現在に至って、博多祇園山笠終了後にその飾り一式を借用して祭礼を行うように変容してきている。

壱岐の漁師たちは、博多港に魚を卸し、休漁日には歓楽街中洲で遊ぶ。かつては、壱岐の娘たちが奉公に向かう先も博多であった。壱岐島から博多に奉公に出た娘の手紙が評判になった。

「はたにくれば、な(何)でもある　すど(水道)ある　みずくまん　ひこき(飛行機)もみた　けむりはいた　かもじは　こんさん(人名)に　おくったとん」〔西南 一九八八〕

飛行機、水道、鉄道など、近代都市の様子に驚き、最新ファッションの髪文字を島に送っている。「はた」と書いているのが博多のことである。都会のまばゆいばかりの光景の描写は、島の人びとの共感を呼んだ。そして博多へと人びとを誘った。何でもある便利な都会こそが博多であり、それは現在でも同じである。週末になると、JRの電車に乗って博多駅に降り立ち、コインロッカーで着替えて街へと繰り出す少女たちがいる。かつてはその列車名にちなんで、カモメ族・ツバメ族と呼ばれた彼女たちの存在は、北部九州における都会が、博多であることを示している。彼女たちは博多で流行の最先端に触れ、そのファッションや身振りなどを持ち帰り地元に都会の文化を伝えた。京都や東京の文物の流入口が博多であり、ここを経由してそれらが周辺へ広がっていったのである。北部九州の人びとは、博多を通して、都を感じていたことになる。「京都」をミヤコと呼び変えて、浜崎祇園の由緒や、壱岐の事例などを考え合わせると、北部九州の人びとが考えていた「京都」とは、博多ではなかったのかということになる。

おわりに

管見の限りではあるが、「博多うつし」という言葉はあっても、「京都うつし」「京うつし」あるいは「ミヤコうつし」などという言葉は存在しないようだ。これは、京都に似せた特徴を持つ地方の都市を「小京都」と呼んでも、津屋崎のように、博多とよく似た環境を持つ港街を「小博多」といわないのと対応している。民俗語彙を生み出すのは、民衆感覚である。誰もが共感する事象から自然に発生し、定着して世代を超えて伝えられるものである。誰が言い出したか分からない匿名性も特徴である。

茶道の世界では、京都に因んだ茶器を紹介するときに「利休好み」などと表現し、京都由来の作法・道具・色彩など、利休というひとりの秀でた人間を通して京の文物の写しであることを説明する。利休の名前に権威が内在することは説明の必要はないであろうが、これは壮大な都である京都を、特定個人を通して身の丈に変換する作法ではないかとも思える。京都は、手の届かない権威の中心であり、簡単に真似できるものではないという感覚が民衆の中に存在していたのかもしれない。対して、博多は、気楽に出入りできて真似ることができる都会であり、北部九州の人びとにとって、身の丈にあったミヤコであった。民衆にとって、遠くの理想より近くにお手本という感じだったのかもしれない。

筆者は本稿において、「小京都」を権力者及び支配層主導の文化移植、「博多うつし」を民衆側から起こった文化模倣であるとして論を展開してきた。それは中世という時間軸のみから紡ぎだされたものではなく、現在に至る時間のなかで起きた変化変容をも含めた考察であった。両者は、支配層の消長・喪失などの変遷のなかで混ざり合い変容することで、峻別できないものになってきてもいる。京都が持つ中央の規範性は、権力層の問題であったが、時間を経るに従い権力とは無縁の民衆にまで浸透していった。さらに民衆自らが地方都市の文化に権威付けすることにも利用するようになり、「うつす」ことの本質のなかに、中央の規範性は内包されていった。

今回のシンポジウムの論点は次の二点であった。

①京都スタイルの導入を、京都の中央権力に地方権力が正当性を求めた表れとする見方に対する懐疑。

②「全く新たな規範を創出するよりも既存の体系を利用する方が彼らにとって遥かに容易であり、かつそれで十分に有用であったに過ぎず、決して彼らが自らの支配の実現に伝統的な権威や中央の権力への依拠を必要としたわけではない」(中島圭一『中世学研究会第一回シンポジウム「幻想の京都モデル」企画趣旨』二〇一七年)

中央と地方との関係性のなかで、京都の権威・権力を分析するように設定されたものであった。この論点の権力部分を民衆に読み替えると、今回述べた山笠分布を題材とした京都文化の地方的展開の事例なかに、ひとつの答があると考えている。地方の民衆が京都の権威を必要に応じて取り入れて利用してきた実体を広がりは示しているのであり、その憧憬のベクトルが指し示すところが「博多」であった。中央の規範性のモデルである「京都」=ミヤコへと通じる扉が博多にあったのである。

すなわち、「博多をうつす」ことが「ミヤコをうつす」ことだったのである。

参考文献
宇野功一　二〇〇五年「儀礼、歴史、起源伝承―博多祇園山笠に関する一考察」『国立歴史民俗博物館研究報告』第一三六集
西南学院大学国語国文学会民俗学研究会　一九八八年『西南学院大学民俗調査報告』第五輯
中島圭一　二〇一七年「中世学研究会　第一回予告　(仮)幻想の京都モデル」
福間裕爾　一九八九年「博多祇園山笠とその周辺」『民具マンスリー』二二巻四号

福間裕爾　一九九二年「都鄙連続論の可能性―北部九州の山笠分布を中心に」『福岡市博物館研究紀要』第2号
福間裕爾　一九九四年「アカテノゴイ―民俗伝播と変容の過程」『民具マンスリー』二六巻一一号
福間裕爾　二〇〇〇年「現代の祭りにおける伝承のありかた―北海道芦別市の健夏山笠を題材に―」『福岡市博物館研究紀要』第一〇号
福間裕爾　二〇〇八年「壱岐島の娘の手紙―都会を記すために―」『市史研究ふくおか』第3号
福間裕爾　二〇一二年「聞き書き抄　瀧田喜代三さん」『新修　福岡市史　民俗編1　春夏秋冬・起居往来』栞
福間裕爾　二〇一三年「絵画と写真で読む山笠」『博多祇園山笠大全』西日本新聞社

問題の所在と展望

中島圭一

京都が中世日本における最大の都市であり、朝廷とその周囲が体現する古代以来の秩序や伝統文化、あるいは室町幕府が築いた政治的構造や規範など、全国に対して様々な面で大きな影響を及ぼす特殊な地位にあったことは間違いない。ただ、その影響力はもしかすると過大に評価されてきたのではなかろうか。

例えば中世国家論においては、権門体制論や室町幕府—守護体制論など、京都を中心に据えたものに関して、すでに多くの指摘がある。私自身が十分に議論を理解できているわけでないので深く立ち入ることは避けるが、もし権門体制論が天皇(もしくは治天)を日本の中世国家の頂点に置くことにこだわるのであれば、その地位が鎌倉幕府の左右するところとなった承久の乱以降に当てはまる議論ではなかろう。また、室町幕府—守護体制論が幕府による守護職補任を分国支配の前提と位置づける限り、守護職がないままに一国支配を実現する実例がある一方で、守護でありながら国成敗権を実現できない事例も存在する、言い換えれば守護職がその国の支配の必要条件でも十分条件でもない現実との乖離は覆い難い。山名氏・大内氏のような大大名から伊勢国司の北畠氏、さらには備後の広沢氏のような国人クラスに至るまで、南朝方として培った勢力を保ったまま室町幕府の秩序に迎え入れられた者が広く各地に存在しているのをみれば、京都で取り繕われた枠組みよりも、在地における現実の力関係が優位にあるのは明白であろう。

これに対し、文化や儀礼の面では京都の有する規範性が疑われることは少なく、国文学のように、むしろそれを当然の前提としている分野もある。考古学においても、戦国期の地域権力の居館で検出された建物・庭園や出土した高級貿易陶磁・かわらけなどに京都の規範の模倣を見出し、大名や国衆の支配の正統性をアピールするために室町将軍家の権威を利用したとする小野正敏氏の議論が大きな影響力を持っている。しかし、京都を中心とする秩序が保たれていた段階には、権威や正統性に弱点を抱えていた大名も含めてほとんどそうした動きが見られず、応仁の乱を経て権力と権威が失墜した幕府に対して挙って正統性の補強を求め始めるというのは、いささか奇妙に感じられる。実際、今川氏の「かな目録追加」二〇条が「守護使不入」について「将軍家天下一同御下知を以、諸国守護職被仰付時之事」だとして、「只今ハをしなへて、自分の以力量、国の法度を申付、静謐する事なれは、しゅこの手入間敷事、かつてあるへからす」と主張しているように、戦国大名はむしろ幕府に依存しない、独立した権力と自己規定していたのである。

そこで、私自身は「あくまでも地域権力としての自立を前提に、大名の地位を荘厳し、主従関係を可視化する儀礼の既成の式次第や周辺装置として受容されたのであって、中央との結びつきを誇示して権力の正統性をアピールしようとしたわけではあるまい」と考えている(拙稿「戦国時代の大名・国衆にとっての室町幕府的規範」『発掘調査成果でみる16世紀大名居館の諸相―シンポジウム報告―』東国中世考古学研究会、二〇一六年)。すなわち、武力によって確立した支配を安定的な秩序につなげる目的で、主君の権威や家中の序列を目に見える形で示すにあたって既存の礼法を借りてきたというだけのことであり、ゼロから新しいシステムを創り出す手間さえ省けるなら、必ずしも京都のもの、室町幕府のものである必要はなかったのではなかろうか。

以上のような京都の規範性への懐疑から企画した中世学研究会第一回シンポジウム「幻想の京都モデル」においては、私の趣旨説明の後、次の八本の発表が行われた。

桃崎有一郎「「関東」の成立と「京都」の相対化―中世社会の基調としての多核化―」

有木芳隆　中世球磨郡の仏像制作と京都―「京都様式」の受容と地域―
伊藤裕偉　モデルの需要と受容―土器からみた「京都モデル」の位置―
本間岳人　石造物からみた東国と畿内
小川剛生　「戦国時代の文化伝播」の実態―地方は中央に何を求めたか？
佐々木健策　庭園遺構にみる戦国期城館
木下　聡　中世における諸階層の官途受容
福間裕爾　ミヤコをうつ(写・映・摸・撮・移)す

報告者とタイトルを見れば明らかなように、儀礼・仏像・かわらけ・石造物・学芸・庭園・官途など、京都ないしその周辺で形成された規範の影響が強いとみられてきた分野を取り上げて、地方におけるモデル受容のあり方を再検討し、民俗学から文化伝播モデルやミヤコへの視線のとらえ方の提供を得ながら、規範性の限界に焦点を当てようと試みたシンポジウムである。詳しくは各報告者が本書に寄せた論考に譲るが、鎌倉という新たな核の登場による京都の相対化、京都モデルから離れた地域独自の様式の創出、京都モデルというよりもそれを受容・消化した伊勢から東海道方面への影響、畿内の様式を変容させた独自モデルを樹立した関東など地域ごとに多様な拡散のあり方、地方の求めに応じた京都の伝統文化のアレンジ、年代が下るとともに模倣から自立へと展開する戦国大名の志向性、私称が広がる武士や身分標識として用いる村落における官途と朝廷とを結びつける意識の希薄化など、多様な論点が提出された。

討論では、戦国期地域権力の研究者から、京都モデルの受容は権力の自立のプロセスにおいて必要なものだったのではないかと、私見に疑問を呈する声があり、全体としても中央の規範性を重く見る意見が多いように感じられたが、その一方で、中央の文化を地方が単純に受容するというような構図が崩れたのも明らかになり、「京都モデル」

の等身大の実像をめぐって議論が交わされた。

報告や討論の内容を踏まえつつ、企画者の立場から展望をまとめておこう。もともと、本書の本間論文が提示した石塔における関東形式の成立に見られるように、中央のモデルを受容しようとする志向性の一方で、それをアレンジして独自のモデルを打ち立てるポテンシャルが地方にも早い段階から存在した。しかも、桃崎論文が注目した『吾妻鏡』の記事で、西行の伝えた流鏑馬の故実が聞き流されてしまったように、京都モデルだからと言って何でも受け入れられたわけではない。もちろん有木論文で言及された、強い中央志向を持つ西遷御家人の京都造像導入による在地勢力への示威と解釈されるような事例も鎌倉期にはあるものの、戦国期に入ると小川論文が取り上げた蹴鞠や私が前掲拙稿で論じた武家故実のごとく、地方の求めに応じて京都の伝統的な文化や規範がアレンジされるようになる。この段階の京都モデルは、むしろ地方への迎合から新たに形作られたシロモノであり、しかも伊藤論文が提言するように、そもそも「京都」がその「周囲」によって創造され、さらに「周縁」によって増幅されていったという実態も勘案すれば、大名や国衆が鄙にあって自ら演ずることを楽しんだのは、まさしく幻想の京都に他ならない。しかも、そうした幻想の京都がいつまでも彼らをつなぎ止めておけたわけではなく、佐々木論文が小田原北条氏に即して示したように、京都モデルから自立して独自のスタイルを創り出していく。木下論文が紹介した本来存在しない官途の創出も、同様の文脈で理解できよう。そして、京都モデルを超越したところに次代の規範が築き上げられ、近世には文化の拠点の多核化が現出するに至るのである。福間論文において触れられた江戸時代の祇園山笠が、京都の系譜を意識しつつも、博多の独自性を強調しているのは象徴的と言えよう。

さて、右のように地方のパワーを重視する私は、特に戦国期についてはすでに失墜した幕府や朝廷の権威を借りるために京都モデルが受容されたと考えないが、ではなぜ地方が「京都」を求めたのかが問題となる。これについてはシンポジウムの中で小川剛生氏が、互いに方言が通じない遠隔地の出身者が謡曲で会話したという伝説を引き合いに出しながら、伝統的な文芸を中世日本における共通語と位置づけたのが一つの回答となろう。すなわち、国内が様々なレベルで分裂状態にあるがゆえに、普遍的に共有可能な文化や規範に対する需要が生じているのであり、したがって日本全体を(たとえ半ばフィクションであるとしても)統合する秩序が崩壊して地域権力が分立する状況に陥った戦国期にこそ、他者との間をつなぎ、あるいは相互の立ち位置を測るために京都モデルが求められる必然性があったのではないか。かくのごとき役割を「京都」が担うことになるに至ったのは、もちろんかの地が長らく日本の政治的・文化的中心であったという歴史性に基づくものではあるが、そのことと同時代における政治的な権威や影響力とはやはり明確に区別されるべきもののように思われる。

執筆者一覧

桃崎有一郎（ももさき ゆういちろう） 一九七八年生れ、高千穂大学商学部教授。［主な著書］『平安京はいらなかった―古代の夢を喰らう中世―』（吉川弘文館）、『室町政権の首府構想と京都―室町・北山・東山―』（共編・文理閣）、『中世京都の空間構造と礼節体系』（思文閣出版）

有木芳隆（ありき よしたか） 一九六〇年生れ、熊本県立美術館学芸課長。［主な著書論文］「肥後・寒巌義尹の造像活動について」（『美術史』一四二号）、「熊本県球磨郡の平安後期・仏師動向と在地領主の造像活動」（津田徹英編『〈仏教美術論集6〉組織論―制作した人々』竹林舎）、『神像彫刻重要資料集成 第四巻 西日本編』（共著・国書刊行会）

伊藤裕偉（いとう ひろひと） 一九六五年生れ、三重県教育委員会。［主な著書論文］『中世伊勢湾岸の湊津と地域構造』（岩田書院）、『聖地熊野の舞台裏』（高志書院）、「近世瓦の刻銘から人と地域の諸相を読む」（『三重県史研究』32）

本間岳人（ほんま たけひと） 一九七四年生れ、池上本門寺霊宝殿学芸員。［主な論文］「関東地方における中世石造物―石材と石塔、関東形式について―」（『中世における石材加工技術～安山岩製石造佛の加工と分布～』国立歴史民俗博物館）、「伊豆石製五輪塔の研究」（『石造文化財』3）、「南関東」（『中世石塔の考古学』高志書院）

小川剛生（おがわ たけお） 一九七一年生れ、慶應義塾大学文学部教授。［主な著書］『足利義満―公武に君臨した室町将軍―』（中公新書）、『中世和歌史の研究―撰歌と歌人社会―』（塙書房）、『兼好法師―徒然草に記されなかった真実―』（中公新書

佐々木健策（ささき けんさく） 一九七四年生れ、小田原市経済部小田原城総合管理事務所。［主な論文］「相模府中小田原の構造」（『戦国大名北条氏』高志書院）、「小田原北条氏の威信―文化の移入と創造―」（『東国の中世遺跡―遺跡と遺物の様相―』随想舎）、「御用米曲輪と北条氏城館の調査成果」（『発掘調査成果でみる16世紀大名居館の諸相』東国中世考古学研究会）

木下 聡（きのした さとし） 一九七六年生れ、東京大学大学院人文社会系研究科・文学部助教。［主な著書論文］『中世武家官位の研究』（吉川弘文館）、『室町幕府の外様衆と奉公衆』（同成社）、『美濃斎藤氏』（編著・岩田書院

福間裕爾（ふくま ゆうじ） 一九五六年生れ、福岡市博物館学芸専門員。［主な著書］『心と社会をはかる・みる 人間科学への招待』（共著・九州大学出版会）、『田中丸勝彦著 さまよえる英霊たち 国のみたま、家のほとけ』（共編著・柏書房

中島圭一（なかじま けいいち） 一九六四年生れ、慶應義塾大学文学部教授。［主な著書論文］『十四世紀の歴史学』（編著・高志書院）、『日本の中世』（共著・放送大学教育振興会）、「戦国時代の大名・国衆にとっての室町幕府的規範」（『発掘調査成果でみる16世紀大名居館の諸相』東国中世考古学研究会）

中世学研究 1
幻想の京都モデル

2018年7月10日第1刷発行

編　者　中世学研究会
発行者　濱　久年
発行所　高志書院

〒101-0051 東京都千代田区神田神保町 2-28-201
TEL03(5275)5591　FAX03(5275)5592
振替口座　00140-5-170436
http://www.koshi-s.jp

印刷・製本／亜細亜印刷株式会社

ISBN978-4-86215-181-0